I0070029

Das eigene Vermögen sinnvoll anlegen – Geldanlage und Investments

Das eigene Vermögen sinnvoll anlegen – Geldanlage und Investments

Finanziellen Schutz und Wachstum für Ihre Vermögenswerte und Geldanlagen sicherstellen.

Bernhard Führer

Vertreten durch: Dr. Peter Josef
Gestaltung: Romil Bhagat, BSc
Lektorat: Mag. Otto Wögenstein, Bernhard Mathias
Verlag: edition eco
Druck: Libri Plureos GmbH, Friedensallee 273, 22763 Hamburg
Für Fragen und Anregungen: office@strategy-plan.at
Printed in Germany
ISBN: 979-8-90046-936-2

Vorwort

Einer der Bausteine des *Glücks* sind starke persönliche Beziehungen. Doch die häufigste Ursache für Beziehungsumbrüche oder -abbrüche ist der Kampf ums Geld. Kämpfe um Geld und Vermögenswerte gab es seit jeher. So machten sich im frühen 14. und 15. Jahrhundert die *Europäer* auf, um neue Ländereien für sich zu vereinnahmen. Begehrt wie eh und je waren schon damals Edelmetalle wie Gold und Silber. Die herrschsüchtigen Kolonial-herren (allen voran *Hernán Cortés*) setzten alles daran, das gelbe Metall der *Azteken* an sich zu reißen. Diese benutzten es für künstlerische Zwecke, Schmuck und gelegentlich als Tauschobjekt, doch vor allem nutzten sie andere Rohstoffe als Währung. Deshalb verstanden sie die herrschsüchtigen *Konquistadoren* (Eroberer) aus Europa nicht und fragten diese, was sich hinter ihrem Streben nach dem gelben Metall verbirgt. Worauf diese den Azteken entgegneten: *„Wir leiden an einer seltenen Krankheit, die unsere Körper heimsucht und welche lediglich mit Gold zu behandeln ist.“* Dies war nicht die einzige Lüge der europäischen Eroberer, welche sie entfernten Stämmen auf-tischten, um sich deren Ländereien und Vermögenswerte zu vereinnahmen. Hinzu kamen Millionen von Toten, welche diese Raubzüge forderten. So waren es mehr als 20 Millionen *Azteken*, welche durch die Hände der Spanier ihr Leben lassen mussten (entweder durch direkte Todesfolgen, ausgelöst durch die Spanier oder indirekt, durch Krankheiten, welche die spanischen *Konquistadoren* mit sich brachten).

Die obigen Ausführungen machen deutlich, dass die Europäer einen starken *Glauben* an Gold hatten, welcher bei den Azteken schwächer ausgeprägt war. Selbst wenn die Azteken keine wirkliche Verwendung für das gelbe Metall gehabt hätten, hätte rein die Tatsache, dass die Europäer das Edelmetall stark nachfragten dazu geführt, dass auch die Azteken diesem einen höheren Wert zuerkannten.

Dies zeigt vor allem zwei Dinge und kann um einen dritten (*umstrittenen*) Punkt erweitert werden. *(I)* Das Gesetz von Angebot und Nachfrage in den Wirtschaftswissenschaften gibt es seit Jahrhunderten und hat nach wie vor Gültigkeit. *(II)* Es ist das Glaubenssystem, welches erheblichen Einfluss auf das wirtschaftliche Zusammenleben und die Kapitalmärkte, einschließlich der Börsen, hat. *(III)* Die Schilderungen machen deutlich, dass dem Geld ein gewisses Übel innewohnt. Die aufgetischten Lügen der Kolonialherren und Raubzüge selbiger belegen diesen Umstand eingehend. Die Wahrheit ist aber auch, dass mit Geld *Toleranz* und *Vertrauen* zwischen Menschen geschaffen wird, welche einander noch nie zuvor begegnet sind. Dank des Geldes können Menschen vorurteilsfrei zusammenarbeiten und kulturelle, sprachliche und gesetzliche Barrieren treten in den Hintergrund. *Papst Franziskus* teilt hingegen die Auffassung, dass Geld die Seele besticht, zu Selbstgefälligkeit, Prunk und Eitelkeit verführt und Hochmut und Stolz daraus resultieren.

Die Ausführungen machen deutlich, dass es nicht immer ein *Schwarz* und *Weiß*, ein *Richtig* oder *Falsch* geben kann, sondern vor allem auch die grauen Bereiche beleuchtet werden müssen, soll eine *richtige/ wahre* Lösung gefunden werden – so auch beim *Investieren.*

Meine gesammelte Erfahrung über die Jahre, in denen ich mich auf dem Feld des Investierens bewege, bestätigt dies. Dabei habe ich viele professionelle Investoren und private Anleger getroffen, die mir immer wieder interessante Einblicke in ihre Sicht auf die Märkte und das Investieren gewährten. Diese sind es, welche ich auch Ihnen näherbringen möchte.

Das zuvor erläuterte Beispiel aus dem 14./ 15. Jahrhundert mag schon in die Jahre gekommen sein, die dahinter stehenden Konzepte der Geldanlage und Ökonomie und das indirekt daraus resultierende Verhalten, sind jedoch über die Jahrhunderte dieselben geblieben. Dabei handelt dieses Buch nicht lediglich von Daten, Fakten, Mathematik und Statistik. Dieses Buch handelt vom Leben. Für finanzielle Belange und Geldanlage sind zu 90 Prozent das Verhalten und die dahinter stehenden verhaltenswissenschaftlichen Heuristiken von entscheidender Bedeutung für Ihren Erfolg. Die restlichen 10 Prozent beruhen auf wissensgestützen Konzepten. Die ökonomischen und wirtschaftlichen Prinzipien lassen sich nicht in eine magische Zahl oder Formel zwängen. Menschen missachten dies und geben sich so zumeist unnötigen Risiken an den Finanz- und Kapitalmärkten hin, jedoch nicht nur aufgrund äußerer Umstände oder des Umfelds, sondern weil sie sich selbst im

Wege stehen (Verhalten) oder Fehler aufgrund ihrer Vermögensverwalter oder -berater begangen werden. Ihr Verhalten (sei dies *bewusst* oder *unbewusst*) ist es letztendlich, das darüber entscheidet, wie erfolgreich sie sind.

Dieses Buch soll Ihnen zur Vermeidung von Fehlern und Risiken bei Investments verhelfen, Sie zu besseren Geldanlage-Entscheidungen und zu Erfolgen bei Ihren Veranlagungen führen. Leider gibt es nicht viele andere Sektoren außer der Finanzdienstleistungsbranche, wo es so häufig nach der Konsultation vermeintlicher *Experten* schlechter um einen bestellt ist als zuvor. Die Gründe dafür sind vielfältig und sollen in der Folge näher erläutert werden. Jedoch kann vorweg gesagt werden, dass die Interessen der Klienten nicht immer im Fokus der Berater stehen und sich diese häufig dem provisionsgetriebenen Verkauf hingeben. Die Unübersichtlichkeit der Finanzdienstleistungsbranche trägt das ihre dazu bei.

Viele Anleger und Investoren haben keinen Spaß am Investieren oder den damit verbundenen bürokratischen Hürden. Häufig haben sie auch nicht die nötige Zeit dafür oder kommen zur Erkenntnis, dass sie nicht gut darin sind. Diese Anleger und Investoren sind es auch, welche Investmentberater aufsuchen, um diese Belastungen zu mildern und den richtigen Weg einzuschlagen. Dabei ist einer der Fallstricke nicht nur die Unübersichtlichkeit der Finanzdienstleistungsbranche, sondern auch, dass Investmentberater häufig dieselben Fehler und Risiken begehen wie private Anleger. Zumeist wird den Kapitalmärkten, dem wirtschaftlichen Umfeld und Börsen die Schuld für mangelhafte Leistungen gegeben. Tatsächlich sind die Investmentberater, Anleger und Investoren selbst für ihre unterdurchschnittlichen Resultate verantwortlich (sie stehen sich selbst und damit ihren Veranlagungen im Wege das zuvor erläuterte *Verhalten* ist dabei angesprochen).

So betrug der reale Verlust des Geldvermögens für die Österreicher in den Jahren 2020–2025 mehr als 30 Milliarden Euro. Dies kommt aufgrund der mangelnden Veranlagungen der Sparer zustande und wird dem geringen Sparzins geschuldet, welcher unter der Inflationsrate lag. Die vorherrschende Situation kommt folglich einer Enteignung der Sparer gleich, die häufig davon erst gar nichts merken. Über einen langen Zeitraum macht sich dieser Kaufkraftverlust jedoch in Form hoher Vermögensverluste erheblich bemerkbar. Aktien, Anleihen, Rohstoffe und Währungen erzielten in den vergangenen Jahren hingegen einen realen Kaufkraftgewinn von mehreren Milliarden Euro. Wird langfristig veranlagt, werden auch die Schwankungen des Kapitalmarkts und damit auch Risiken begrenzt.

In den kommenden Jahren wird sich zeigen, dass *Anlegen* und *Investieren* noch an Bedeutung gewinnen wird. Dies deshalb, da sich die wirtschaftlichen und gesellschaftspolitischen Umstände über die kommenden Jahre noch weiter verändern werden. Hochgehaltene Arbeitnehmer wurden zu immer mehr zeitlich befristeten Arbeitnehmern verbannt. Oder denken wir an die Einschnitte in das staatliche Pensionssystem oder leistbares Wohnen. Dies vor dem Hintergrund, dass wir immer länger leben. Menschen, welche heute 65 sind, haben eine gute Chance 90 Jahre alt zu werden. Deshalb gilt es auch für die Zukunft zu planen, entsprechend für den Ruhestand vorzusorgen und an den noch folgenden erläuterten *Prinzipien* festzuhalten. Ziel des Buchs soll es jedoch nicht sein, überschwängliche Renditen zu erzielen oder zu beweisen, wie klug wir sind, sondern genug zu haben, um das Leben zu führen, das wir führen wollen. Dies hilft Ihnen nicht nur finanziell, sondern bereitet Ihnen auch weniger Stress und steigert so Ihre allgemeine *Lebens-qualität*.

Es wird darauf verwiesen, dass das im Buch zu vernehmende maskuline Wort nicht darauf abzielt, die weibliche Leserschaft in irgendeiner Weise zu verletzen. Dies erfolgte aus dem Grunde, dass der Lesefluss nicht gestört und in seiner natürlichen Art beibehalten wird.

Dank

Einen gebührenden Dank möchte ich all jenen aussprechen, die mich während des Schreibens an diesem Buch und auch abseits davon unterstützt haben.

Besonderer Dank ergeht an Andreas Button, ohne den dieses Buch erst gar nicht möglich gewesen wäre. Ein großes Dankeschön gilt natürlich auch meiner Familie, Bekannten und Verwandten, die im Zuge dieses Buchs tragende Säulen für mich gewesen sind und die eine oder andere wertvolle Anregung geliefert haben, mich dabei aktiv unterstützten und dazu konstruktive Denkanstöße eingebracht haben.

Vielen Dank auch den Klienten von *Strategy & plan*, welche mir immer wieder wichtige und anregende Inputs lieferten und wertvolle Denkanstöße für mich parat hielten. Diese sind es auch, ohne die wir erst gar nicht da wären und ohne die dieses Buch auch nie zustande gekommen wäre. Wir haben das Glück tolle Partner zu haben, die auch den ihrigen Traum leben. Die Kunden von *Strategy & plan* sind es, welche sich fortwährend ins Zeug legen, Ziele verfolgen und so auch ihren Anteil an der Gesellschaft haben und die uns letztendlich alle ein Stückchen weiter voranbringen. Schließlich sind wir alle auf die eine oder andere Weise miteinander verbunden, ob wir das nun wollen oder nicht.

Danke auch an meine Freunde Benjamin Grundschober, der mich seelisch und mental unterstützte und an Josef Mathias, Christian Waldner, Johannes Neuländtner, Viktoria Grundschober und meine Schwester für die Durchsicht und Hinweise auf die Struktur und den Inhalt des Buchs. Danke auch an meine Mentoren, welche mir zur Seite standen und die Einblicke, welche sie mir gewährten. Dabei war ich immer verwundert, welche unterschiedlichen Zugänge Menschen zu ein und demselben Thema haben können. Diese unterschiedlichen Perspektiven sind es, die dieses Buch zu dem machen, was es ist.

Dabei versuchte ich das Buch durch die Brille dieser Menschen zu betrachten und darauf zu achten, wie sich ihre Umfelder und Perspektiven auf die Themenstellungen dieses Buchs auswirkten.

Bernhard Führer

Inhalt

Einleitung

Reich ist man nicht durch das, was man besitzt, sondern mehr noch durch das, was man mit Würde zu entbehren weiß.

– Epikur

Geldanlage objektiv betrachtet

So verschieden wie Menschen sind, gibt es ebenso unterschiedlichste Investment-Lösungen. Die meisten Medien, Kommentatoren, vermeintlichen Experten und Börsengurus stellen den *„durchschnittlichen"* Anleger und Investor in den Mittelpunkt des Geschehens, wenngleich es solch eine Person erst gar nicht gibt. So wie Menschen unterschiedliche Geschmäcker präferieren, haben Anleger verschiedene Zeithorizonte, Lebensumstände, Risikoverhaltensweisen und Ziele im Leben. *Eugene Fama*, Träger des Alfred-Nobel-Gedächtnispreises für Wirtschaftswissenschaften, wurde einmal gebeten, das ideale Portfolio (Zusammenstellung der Vermögens-/ Anlage-klassen) zu definieren. Dabei musste er schmunzeln, da er die Ansicht vertrat, dass es für die Zusammenstellung vorhandener Vermögenswerte eine un-endliche Anzahl von Möglichkeiten gibt. Dies begründete er mit der Fülle unterschiedlicher Menschen, welche alle anders sind.

Das heißt, es lohnt sich vorsichtig zu sein, wenn jemand versucht Ihnen eine Lösung von der *„Stange"* zu verkaufen, Sie jedoch etwas auf Ihre Bedürfnisse zugeschnittenes benötigen würden. Das bedeutet nicht, dass es keine all-gemeinen *Faustregeln* gibt, jedoch *spezifische* Umstände für unterschiedliche Anleger mitunter zu berücksichtigen sind. Ein Portfolio sollte deshalb immer Ihre persönliche Situation beachten. Deswegen sollten Sie mit Veranlagungs-beratern arbeiten, welche ein an Sie angepasstes Portfolio zusammenstellen (unter Einbezug weiterer Faktoren u.a. anderwärtige Vermögenswerte, steuerliche Aspekte, Nachlass u.Ä.). Ein solch spezifisches Portfolio sollte auf Sie in der Art und Weise zugeschnitten sein, dass vergangene Renditen (welche zumeist erläutert werden) aufgrund der maßgeschneiderten

Ausrichtung ohnehin nicht mehr von Relevanz sind. Investmentberater können demnach von wesentlicher Bedeutung für den *Investmenterfolg* sein. Wichtig dabei ist, im Kopf zu behalten, dass niemand über eine *Kristallkugel* verfügt (im Wissen, dass Ihnen das viele Akteure der Finanzdienstleistungs-branche glaubhaft machen wollen). Sie können die Zukunft nicht vorhersagen und das „*perfekte*" Portfolio (die Aufteilung Ihrer Vermögenswerte auf die unterschiedlichen Vermögensklassen) wird erst rückblickend zum Vorschein gelangen. Jedoch können Sie sich an drei *Leitlinien* auf Ihrem weiteren Weg orientieren: *(I) Spare.* Sie können nicht investieren, wenn Sie nicht sparen. Letztendlich haben Ihre „*langweiligen*" Entscheidungen vor den eigentlichen Veranlagungsentscheidungen enormen Einfluss darauf, ob Sie genügend Vermögenswerte für Ihre Ziele ansammeln können (Ruhestandsplanungen u.Ä.). *(II) Vermeiden Sie Fehler und Risiken.* Dies setzt die Kenntnis dieser voraus. Es verwundert mich immer wieder, dass sich selbst sehr *kluge* und *umsichtige* Menschen bei Investments und Veranlagungen aufs „*Glatteis*" führen lassen. Entweder weil sich diese selbst im Wege stehen oder aufgrund „*vermeintlicher*" Experten. Das Wissen um *Fehler* und *Risiken* des Investierens (welche Sie in den geschilderten *Prinzipien* dieses Buch finden) hilft Ihnen diese zu vermeiden und die richtigen Geldanlage-Entscheidungen zu treffen. *(III) Machen Sie den ersten Schritt.* Ihre Vermögenswerte und Ihr Portfolio mögen noch so klein sein, es gibt nur einen Weg diese zu vergrößern: Legen Sie los. Mit entsprechenden *Wissen* und gesammelten *Erfahrungen* (durch andere oder eigene) werden sich Erfolge entsprechend einstellen.

Der Schlüssel für erfolgreiche Veranlagungen und Investments ist dabei nicht die Zukunft vorherzusagen. Wir können diese nicht prognostizieren. Es ist vielmehr das *Lernen aus der Vergangenheit* und das *Verstehen der Gegenwart.* Dabei hat es mich immer wieder verwundert, dass sich Menschen viel mehr damit beschäftigen, wie sie Erfolg haben oder wie sie ihre Ziele erreichen, anstatt damit wie *Misserfolg*, *Fehler* und *Risiken* vermieden werden können. Das ist auch ein Stück damit zu erklären, dass häufig die Erfolgreichen, Sieger und die, die es „*geschafft*" haben gepriesen werden, diejenigen (nicht minder an der Zahl), die weniger zuwege brachten, jedoch ein stilleres Dasein fristen. Menschen (so auch Anleger und Investoren) neigen dazu, die Welt durch die Augen der Medien und unterschiedliche ideologische Ideen zu betrachten, jedoch achten sie zumeist nicht auf versteckte Interessen oder *„klinische"* Objektivität.

Persönlichkeiten, welche *Abstürze/ Fehlschläge/ Misserfolge* erlitten, haben eine andere Herangehensweise an Dinge. Im Rückblick waren die erlittenen *„Verluste"*, zumeist das Beste, das ihnen je passieren konnte, solange sie eine Menge daraus gelernt haben. Dies steht eng in Verbindung mit dem Lernen von *Bescheidenheit*, welches dazu führt, sich zu fragen, wo man falsch liegen könnte und dadurch wiederum die *Erfolgswahrscheinlichkeiten* erhöht. Deshalb ziehen es *Start-ups* (Jungunternehmen) häufig vor, einen Geschäftsführer einzustellen, der mit einem *Start-up* bereits gescheitert ist. Der *Hintergedanke* dabei ist der folgende: Wer oft versagt hat, weiß, wie man zukünftige *Abstürze/ Fehlschläge/ Misserfolge* vermeidet. Menschen, welchen nur Erfolge widerfahren, können all die möglichen Gefahren verkennen und Fallstricke vernachlässigen, die es für einen erfolgreichen Ausgang zu beachten gilt. Erfahrung ist demnach das, was Sie bekommen, wenn Sie nicht bekommen, was Sie wollten. Und Erfahrung ist aus den oben genannten Gründen oft das Wertvollste, was Sie zu bieten haben. Ein Grund, warum Menschen, die offensichtlich ihr Leben im *„Wolkenkuckucksheim"* verbracht haben, auf die wahren Probleme des Lebens zumeist erst gar nicht vorbereitet sind. *Hochmut* kommt vor dem Fall und wer sein Leben lang nur die Treppe hinauf läuft, fällt sehr, sehr tief...

Das Buch soll für Sie vor allem eines tun: *Fehler* und *Risiken* des Anlegens und Investierens aufzeigen und vor Augen führen, was dagegen getan werden kann. Das Vermeiden von Fehlern trägt zu besseren Leistungen Ihrer Investments bei, gewöhnt Sie an einen besseren Umgang mit Geld und kann Sie, durch das Umsetzen von Investment-Plänen und den in der Folge geschilderten Prinzipien, ein Stück näher an Ihre *Lebensziele* heranführen. Folglich kann es sich als sinnvoll erweisen, anstatt sich zu fragen, wie überdurchschnittliche Erträge erzielt werden können, wie es vermieden werden kann, finanzielle Rückschläge zu erleiden bzw. wie man sich vor diesen sicher in Stellung bringt. So zeigt sich, dass die Gründe, warum Vermögen über Jahrzehnte und Jahrhunderte nicht vermehrt, an weitere Generationen übergeht oder gar vermindert wird, nicht nur in Kriegen, einer damit einhergehenden hohen Inflation, hohen Steuern, unfähigen Erben oder politischen Umbrüchen zu suchen sind, sondern zumeist auch eine schlechte Vermögensverwaltung und -veranlagung dafür verantwortlich gemacht werden kann (häufig ist auch den Medien zu entnehmen, dass die „*Reichen immer reicher werden*"; tatsächlich zeigt sich, wie schnell Vermögen nach ein paar Generationen wieder weg sein kann).

Es wurde eingangs bereits auf gesellschafts- und wirtschaftspolitische Umbrüche verwiesen (prekäre Arbeitsverhältnisse, längere Lebenszeit, Zunahme von weiteren Unsicherheiten u.Ä.). Deshalb gilt es auch für die Zukunft zu planen und entsprechend für den Ruhestand vorzusorgen. Geldanlage, Investments und Investieren wird damit für jeden einzelnen von uns noch an Bedeutung gewinnen. Deshalb ist es wichtig Vorsorge zu treffen und Lehren aus der Vergangenheit zu ziehen: *(1)* Denken Sie an Ihre vorhandenen Vermögenswerte und **Ersparnisse**. Dies deshalb, da diese es Ihnen ermöglichen ein gewisses Maß an Sicherheit und Freiheit zu erlangen. Ihre laufenden Ausgaben sollten Ihnen dabei Hilfestellungen bieten, wie lange diese ausreichen werden. Dabei sind zusätzliche Einkommensquellen zu beachten und ebenso, wie lange Sie gänzlich ohne jegliche Einnahmen auskommen würden. *(2)* Darüber hinaus sollten Sie beachten, wie Sie Ihre Vermögenswerte und Ersparnisse **investieren**. So verfügen Bankeinlagen über die geringsten Schwankungsbreiten und gelten gemeinhin als sehr risikoarm. Viele Anleger bevorzugen diese Anlageform. Sind sie aber deshalb die besten Veranlagungen? *NEIN!* Spar- und Bankeinlagen erbringen die schlechtesten Renditen über die Zeit hinweg. Das *perfide* dabei: Viele Menschen legen ihre Gelder/ Ersparnisse/ Vermögenswerte dennoch in diese an, <u>entweder weil es ihnen an Verstand mangelt oder weil ihnen ihre Anlageberater dazu raten</u> – auch diesen kann es an Verstand mangeln, was auch häufig der Fall ist. Oder <u>Anlageberater wissen was sie tun und verkaufen Produkte, da sich diese eben besser verkaufen</u> – Verstand wird bewusst gegen Personengruppen einge-setzt. Die mangelnden Leistungen dieser Spar- und Bankeinlagen können Sie anhand der Inflation und der Erträge nach Steuern leicht feststellen. Anleger und Investoren ließen sich so über die vergangenen Jahre *Milliarden* von Euro entgehen. Wollen Sie nicht dasselbe Schicksal erleiden, gilt es über den Tellerrand hinaus zu blicken und andere Anlageformen in Erwägung zu ziehen. Dies führt zu einem weiteren wichtigen Aspekt: *Diversifizieren* Sie. Streuen Sie Ihre Risiken (Aufteilung auf die unterschiedlichen Anlageklassen – wie Aktien, Anleihen, Rohstoffe), da Vermögensklassen, in welche Sie an den Finanz- und Kapitalmärkten investieren, ziemlich sicher nicht zu jedweder Zeit jene Renditen erzielen werden, welche Sie sich wünschen (denken Sie an das verlorene Jahrzehnt zwischen 2000 und 2009, in welchem Aktien mangelnde Erträge erzielten – jedoch erbrachten auch hier bestimmte Vermögensklassen entsprechende Renditen).

Wenn Sie *Geduld* und eine entsprechende *Ausdauer* mitbringen, langfristig Denken und Handeln, um an Ihrer Anlagestrategie auch in schwierigen Zeiten festzuhalten, werden nur wenige Veranlagungen Sie so *wohlhabend* wie Aktien und eine entsprechende Zusammenstellung Ihres Portfolios machen. Um ein erfolgreicher Anleger zu sein, ist es deshalb Grundvoraussetzung sich der Fehler einer schlechten Vermögensveranlagung bewusst zu sein, die Anleger und Investoren begehen oder zu denen sie neigen, sei dies aktives Handeln von Wertpapieren, Market-Timing, irreführenden Daten auf den „*Leim*" zu gehen (vergangene Resultate von Wertpapieren oder Fonds), das Fehlen eines soliden Plans oder das Nichtverstehen von Verhaltensverzerrungen. Das „*Gemeine*" dabei ist, dass Anleger sich selbst daran hindern, angemessene Renditen an den Finanz- und Kapitalmärkten zu erzielen (sie stehen sich dabei aufgrund ihres Verhaltens selbst im Wege).

Bevor wir uns Fehler und Risiken des Investierens näher ansehen, sollen einige grundlegende Begriffe näher erklärt werden, um bestehende Zusammenhänge besser zu verstehen.

Einführung in die Begrifflichkeiten der Finanz- und Kapital-märkte

Um Geld an den Börsen und Kapitalmärkten zu machen, muss man nicht lediglich vorhersagen, in welche Richtung sich die Aktien-, Rohstoff-, Währungs- oder Anleihemärkte bewegen oder versuchen herauszufinden, welche Aktie oder welcher Fonds sich in den nächsten Jahren verdoppeln wird. Viel mehr erfordert es für die große Mehrheit der Anleger und Investoren über einen Plan, Selbstdisziplin, einen durchsetzungsstarken Willen und ein grundlegendes Verständnis der Finanzmärkte zu verfügen. Ausnahmetalente, welche Geld wie *Mark Zuckerberg*, *Bill Gates* und *Jeff Bezos* verdienen, sind sehr spärlich anzutreffen. Auch haben solche Genies den *„Vorteil"* nicht über die Finanz- und Kapitalmärkte Bescheid wissen zu müssen. Sie sind eine Ausnahmeerscheinung auf Ihrem Gebiet und Sie häufen Vermögenswerte als Nebenprodukt Ihres Talents und Ihrer Fähigkeiten an. Aber durch diese Art zu Wohlstand zu gelangen ist selten, beinhaltet Glück und es ist sehr unwahrscheinlich, dass Sie oder ich solch ein Genie sind. Deshalb ist es für den durchschnittlichen Anleger und Investor vonnöten einen Finanzplan aufzustellen und ein grundlegendes Verständnis der Funktionsweise der Wirtschaft und der Finanzmärkte zu besitzen, soll ein entsprechendes Maß an Wohlstand erzielt werden. Die Finanz- und Kapitalmärkte verstehen sich dabei als Eckpfeiler für wirksam funktionie-rende Volkswirtschaften. In Anbetracht dessen werden nun kurz ein paar Begriffe näher erläutert, damit Sie den geschilderten Inhalten dieses Buchs näher folgen können.

Der Begriff *Anleger* und *Investor* hat mehr oder weniger denselben Bedeutungsgehalt. Häufig wird auf dem Finanzsektor zwischen privaten Anlegern (Familien, du und ich) und institutionellen Investoren (Unternehmen, Stiftungen u.Ä.) unterschieden. *Vermögensberater* und *-verwalter* haben unterschiedliche Aufgaben. In diesem Buch werden sie jedoch häufig für denselben Bedeutungsumfang verwendet. Zu deren

Aufträgen zählt im Wesentlichen die Veranlagung der Vermögenswerte der Anleger und Investoren.[*] Sie sollten hier vor allem auf die Unabhängigkeitserfordernisse achten, welche im Finanzdienstleistungssektor häufig nicht gewahrt werden.

Finanz- und *Kapitalmarkt* sind sehr breit gefächerte Begriffe. Genau genommen versteht sich der Kapitalmarkt als Teil des Finanzmarktes. Teil des Kapitalmarkts ist wiederum der *Rentenmarkt* (hier werden Anleihen u.Ä. festverzinsliche Wertpapiere gehandelt) und der *Aktienmarkt* (hier werden Aktien gehandelt). Und um noch mehr „*Verwirrung*" zu stiften, sei gesagt, dass auch der Aktienmarkt in mehrere Märkte unterteilt werden kann. Beispielsweise gibt es für den US-amerikanischen Markt den Dow Jones Industrial Average, der einen Aktienindex darstellt, welcher die Entwicklung eines Teils des US Aktienmarktes misst. Er beinhaltet 30 US-amerikanische Unternehmen (welche zu den größten der USA zählen). Der S&P 500 Aktienindex beinhaltet ebenso 500 große US-amerikanische Unternehmen und der NASDAQ-100 Aktienindex 100 US-amerikanische Aktien der größten elektronischen Börse in den USA. Der DAX ist ein sehr bedeutender Aktienindex für den deutschen Aktienmarkt und der ATX der wichtigste Index für den österreichischen Aktienmarkt. Es gibt ebenso Aktienindizes für Schwellenländer (beispielsweise Indien, Südafrika, Mexiko, Brasilien, Malaysia) und für sehr kleine Aktien (Aktien mit sehr geringer Marktkapitalisierung; die Marktkapitalisierung ist das Produkt aus dem Kurswert, also dem an der Börse gehandelten Börsenkurs und der Anzahl, der im Umlauf befindlichen Unternehmensanteile).

Eine *Aktie* stellt einen Gesellschaftsanteil an einer juristischen Person, der Aktiengesellschaft, dar und kann unter bestimmten Voraussetzungen an den Börsen gehandelt werden. *Bullen-* und *Bärenmärkte* sind bestimmte Phasen an

---

[*] Vermögensveranlagung und -verwaltung sowie Anlage-, Finanz- und Vermögensberater können in den unterschiedlichen Rechtsrahmen verschiedene Bedeutungen haben. Es wäre nun aber zu umfangreich, um auf diese Details einzugehen. Wichtig für Sie ist sich zu merken, dass die Unabhängigkeit gewahrt wird.

den Börsenmärkten. Ein Bullenmarkt ist von stetig steigenden Kursen gekennzeichnet. Ein Bärenmarkt von stetig fallenden Kursen. Häufig (jedoch nicht immer) sind im Falle von Bärenmärkten die Unternehmensgewinne im Sinkflug und die wirtschaftliche Situation ist allgemein sehr schlecht (beispielsweise ein konjunktureller Abschwung verbunden mit einer Rezession). Bei Bullenmärkten floriert die Wirtschaft hingegen, die Arbeitslosigkeit nimmt stetig ab und die Unternehmensgewinne sind im Steigen begriffen.

Ein *Portfolio* versteht sich als optimale Kombination von unterschiedlichen Anlagemöglichkeiten für die Anleger und Investoren. Ihr Portfolio kann aus den eben genannten Aktienindizes bestehen. Weitere Vermögensklassen (auch als *Anlageklasse* oder *Assetklasse* bezeichnet) sind beispielsweise Anleihen oder Rohstoffe (diese werden in der Folge noch näher erläutert). Die Vermögensklassen sind im Portfolio so zu kombinieren, sodass aufgrund vorhandener Vermögenswerte und eines gegebenen Risikoprofils der Anleger und Investor seine Gewinne maximiert. Die verschiedenen Vermögensklassen haben unterschiedliche Eigenschaften, auf welche wir später noch zu sprechen kommen werden. Sie sollten für Ihr Portfolio immer einen Plan aufstellen, welcher Ihre Zielsetzungen beinhaltet. Daran sollte sich das Portfolio auch ausrichten. Das Portfolio sollte nicht sehr aktiv sein, es sollten jedoch auch Nachlasspläne und steuerliche Aspekte Berücksichtigung finden. Auch sollte nicht nur Ihren Zielsetzungen Beachtung geschenkt werden, da mit steigenden Renditen auch höhere Schwankungen der Veranlagungen einhergehen. Sie sollten folglich mit dem Portfolio „*leben*" können. Häufig wird auf vergangene Renditen verwiesen, welche erzielt wurden. Tatsächlich gibt es keinerlei Anhaltspunkte oder Belege dafür, dass Fonds, welche in der Vergangenheit gut abgeschnitten haben, dies auch künftig tun werden. Es zeigt sich viel mehr, dass das gerade nicht der Fall ist. Ein Portfolio sollte deshalb immer Ihre persönliche Situation beachten. Deswegen sollten Sie mit Veranlagungsberatern arbeiten, welche ein an Sie angepasstes Portfolio zusammenstellen (unter Einbezug der zuvor genannten Faktoren, u.a. bereits vorhandene Anlageklassen, steuerliche Aspekte, Nachlass, weitere Vermögenswerte). Ein solch spezifisches Portfolio sollte auf Sie in der Art und

Weise zugeschnitten sein, dass vergangene Renditen aufgrund der maßgeschneiderten Ausrichtung ohnehin nicht mehr von Relevanz sind.

Market-Timing soll heißen, dass sich Investmentmanager, Börsengurus, vermeintliche Experten oder Ökonomen vor allem an den zeitlichen Abfolgen der Geschehnisse orientieren. Häufig geht das mit Prognosen einher – die zumeist falsch sind. Es kann sich aber auch um *„angepriesene"* Strategien von Fonds handeln, welche wissen zu welchem Zeitpunkt der Markt *„dreht"* (dass das niemand vorhersagen kann, werden wir noch hören). Aufgrund von Market-Timing sind Anleger und Investoren manchmal in den Finanzmärkten investiert und manchmal nicht. Wenn man gerade nicht investiert ist, solle man Barmittel aufbauen. Häufig liest man dann *„Cash is King"*. Das Halten von Barmitteln über einen längeren Zeitraum garantiert Ihnen jedoch den Verlust Ihrer Kaufkraft. Wenn Sie von Ihrer Bank 0,5 Prozent an Zinsen bekommen, mögen Sie sich vielleicht besser fühlen. Tatsächlich können Sie mit den jährlichen Preissteigerungen von Dingen des täglichen Gebrauchs nicht mithalten. Sie mögen sich in Sicherheit wiegen, letztendlich haben Sie jedoch unbemerkt etwas von Ihren Vermögenswerten abgeben müssen (mehr dazu später).

Manche Anleger und Investoren möchten Vorkehrungen für Kurseinbrüche treffen und steigen aus den Finanzmärkten aus, wenn sie glauben, dass es zu Kursrückgängen kommt. Oder sie kaufen viele Aktien, wenn sie glauben, dass eine Erholung an den Finanzmärkten bevorsteht. Populäre Autoren und andere vermeintliche Experten in Deutschland, Österreich oder der Schweiz mögen Ihnen weismachen, dass dies möglich ist. Sie reden von *„bestimmten Anzeichen oder Indikatoren"* oder *„Seismografen auf die man in den nächsten Monaten oder Jahren achten muss"* oder *„dass man aufgrund von schlechten Wirtschaftsdaten besser verkaufen sollte"*. Die Wahrheit aber ist, dass man damit seinen Vermögenswerten und Veranlagungen wenig Freude bereitet. Market-Timing funktioniert nämlich nicht. Die Finanz- und Kapitalmärkte bestehen aus Millionen von Anlegern und Investoren. Diese haben alle die unterschiedlichsten Risikoprofile, Motivationen, Zielsetzungen und Zeithorizonte. Folglich gibt es nicht lediglich einen Grund oder den einen Bericht, der die jeweilige Marktkorrektur oder den Abschwung an den Börsen verursacht hat oder noch verursachen wird. Deshalb sollten Sie sich immer vor Augen halten, dass Prognosen und Vorhersagen (mögen diese auch von noch so angesehenen Persönlichkeiten oder Institutionen stammen), wenig Wert beizumessen ist.[*]

„Ich steige aus Aktien aus, da die Finanz- und Kapitalmärkte bereits sehr teuer bewertet sind."

„Ich werde warten bis sich die Märkte beruhigen und dann meine verfügbaren Gelder investieren."

„Der nächste Crash an den Märkten kommt bestimmt, einstweilen ist genug Zeit, danach werde ich meine Barmittel in die Finanzmärkte investieren."

„Es kann noch viel weiter an den Börsen runter gehen. Ich werde noch etwas zuwarten."

„Cash Is King"; „Die Krise beginnt"; „Der Crash kommt"; „Die Krise erreicht ihren absoluten Höhepunkt"; „Bringen sie Ihr Geld in Sicherheit";

Wenn Sie so etwas schon mal gehört haben (in den Medien und Büchern immer wieder zu vernehmen!), dann handelt es sich um Market-Timing und Sie sollten einen weiten Bogen darum machen. Wenngleich es Ihnen noch so viele namhafte und vermeintliche Experten glaubhaft machen wollen, werden Sie durch solch ein Vorgehen schlechtere Resultate erzielen. Aber auch, wenn jemand glaubt er kann den Zeitpunkt von Krisen, Kursstürzen oder Börseneinbrüchen erahnen (und ja, früher oder später kommt es immer zu Krisen an den Börsen; im Durchschnitt alle vier bis acht Jahre) tut dies überhaupt nichts zur Sache und ist auch nicht von Nutzen für Sie. Selbst wenn Sie schon Jahre vorher wissen würden, wann es zu einem Börsenkrach kommen wird (vermeintliche *„Experten"* publizieren meist Jahre vor Börsenkrisen Bücher), müssten Sie Ihre Aktien und anderen Wertpapiere verkaufen und Sie würden nicht an den (bis zur Krise) folgenden

---

[*] Denken wir an den US-amerikanischen Präsidenten (*George W. Bush*), der von sich reden machte, als er am 15. Juli 2008 der Wirtschaft ein langfristig, solides Fundament bescheinigte. Nur zwei Monate später nahm die weltweite Finanzkrise mit dem Zusammenbruch von *Lehman Brothers* ihren Lauf.

Kurssteigerungen und ausbezahlten Dividenden teilhaben. Sie müssten exakt wissen, wann Sie aus den Aktienmärkten aussteigen, wann Sie wieder einsteigen und das in der Folge immer wieder tun. Ich kenne niemanden, der solche Fähigkeiten besitzt. Auch wenn das immer wieder behauptet wird und viele Experten (Ökonomen, Gurus, Kommentatoren) herumlaufen und glauben, dass sie es sind, die das könnten. Es kann niemand. Auch keine vermeintlichen Experten. Niemand. Vielleicht ein *Einhorn* aus einer Geschichtenerzählung oder der *Osterhase.*

Es stimmt, dass es im geschichtlichen Verlauf Phasen gab, in denen es Jahrzehnte dauerte bis Aktien wieder ihre Einstandskurse erreichten (vorausgesetzt, dass Sie gerade zum Höchststand gekauft haben). Aber genau deshalb sind die in diesem Buch geschilderten Prinzipien so wichtig: Langfristiges Investieren, Risikostreuung bzw. Diversifizierung (Senkung des Risikos durch Hinzunahme unterschiedlicher Vermögensklassen – Investition nicht nur in Aktien), Rebalancing (günstiges Nachkaufen, durch Umschichten der Vermögensklassen) und das Verhalten der Anleger und Investoren. Der letzte Punkt (Verhalten) ist der meist unterschätzte, da es bei jeder Strategie wichtig ist, sowohl das eigene Verhalten als auch das der übrigen Teilnehmer an den Finanz- und Kapitalmärkten zu verstehen.

Die Allokation bzw. die Aufteilung zwischen den Anlageklassen (auch „*Assetklassen*") ist entscheidendes Kriterium für den Anlageerfolg. Akademische Forschungen gehen davon aus, dass die langfristigen Anlagerenditen zu etwa 90 Prozent von den Allokationsentscheidungen (englisch „*Asset Allocation*") bestimmt werden. Dies soll heißen, wie „*ausgewogen*" eine Aufteilung der jeweiligen Vermögenswerte der Anleger und Investoren in die verschiedenen Anlageklassen, wie beispielweise Aktien, Anleihen, Rohstoffe und Währungen, vorgenommen wurde.

Erwähnenswert ist in diesem Kontext auch der „*Vergleichsmaßstab*". Dieser trifft Aussagen über die Bewertung von einzelnen Anlageklassen (wie bspw. Aktien) oder auch Fonds. Ein Fonds der 20 Prozent im Plus liegt und seine Benchmark (Vergleichsmaßstab) plus 30 Prozent im selben Zeitraum erzielt, weist eine relative Wertentwicklung von minus 10 Prozent auf. Trotz der

Erzielung einer positiven Rendite, erleidet der Fonds einen relativen Verlust. Selbige Vergleiche können zwischen den einzelnen Anlageklassen angestellt werden.

Aktives Handeln heißt, dass Strategien verfolgt werden, die auf Market-Timing, ständigem Handeln oder der Auswahl bestimmter Wertpapiere beruhen. *Passives Handeln* oder *Passives Investieren* heißt vor allem, in passive Indexfonds zu investieren und nicht ständig an den Börsen zu handeln (Kauf oder Verkauf von Wertpapieren).

Weltweit sind etwa 40.000 Unternehmen an den Börsen zum Handel zugelassen (die über eine bestimmte Größe verfügen, sodass der Handel überhaupt sinnvoll ist). Es gibt an die 110.000 aktive Investmentfonds und über 9.000 Hedgefonds.[*] Dazu kommen Private Equity Gesellschaften, aktive Exchange-traded funds (ETFs)[†] und eine große Anzahl gewöhnlicher Menschen, die an den Finanz- und Kapitalmärkten Handel treiben (alles Marktteilnehmer an den Börsen). Diese handeln tagtäglich diese 40.000 börsengelisteten Aktien nach vorne und wieder zurück. Ständig, hin und her und das jeden Tag. Das nennt sich aktives Handeln. Diese 40.000 Aktien zusammengenommen ergeben die *Marktrendite* und stellen die Benchmark (den Vergleichsmaßstab) dar. Da die angeführten Fonds, Millionen von Menschen und sonstigen Institutionen nicht so ohne weiteres handeln können, fallen Steuern, Börsengebühren und ähnliche Kosten an.[‡] Das heißt: **(1)** Rein mathematisch muss es Gewinner und Verlierer durch diesen ständigen aktiven Handel geben und **(2)** muss es aufgrund der angeführten Kosten weitaus mehr Verlierer als Gewinner geben. *Folglich erwirtschaften diese tausenden von Investmentfonds, Hedgefonds und Millionen anderer Anleger und Investoren durchschnittlich weniger Rendite als der Markt (= weniger als die Marktrendite = weniger als der Vergleichsmaßstab).* Aufgrund dieses Sachverhaltes und der in diesem Buch geschilderten Fehler und Risiken denen

---

[*] Es handelt sich dabei um aktive Fonds. Hedgefonds verfolgen mitunter sehr riskante Strategien, um maximale Renditen erzielen zu können.

[†] Exchange-traded funds können ebenso aktiv sein, jedoch handelt es sich bei Exchange-traded funds meist um passive Indexfonds.

[‡] Ähnlich wie Casinos und andere Spielstätten Gebühren verlangen.

sich Fonds, Anleger und Investoren aussetzen, erwirtschaften sie viel weniger an Rendite als sie eigentlich könnten. Wie wir noch sehen werden, sagt es nichts aus, dass Fonds, die sehr gute Leistungen erzielen, dies auch weiterhin tun werden. Meist beruhen diese guten Resultate der Gewinner auf Glück oder den hohen Risiken, denen sie sich auslieferten. Über einen Zeitraum von zehn Jahren schneiden mehr als 75 Prozent der aktiven Fonds schlechter als der Markt ab. Das heißt, Marktteilnehmer die überhaupt nicht aktiv handelten (bspw. mittels Investments in passive Fonds), hätten mehr als 75 Prozent der aktiven Fonds übertroffen. Blickt man noch weiter zurück, erhöht sich dieser Prozentsatz noch weiter. Das bedeutet: Wenn schon Investmentfonds so schlechte Resultate erbringen und diese das Geschäft des Investierens professionell ausüben, dann werden Sie als Privatanleger kaum bessere Resultate erzielen. Deswegen sollten Sie aktives Handeln und Market-Timing um jeden Preis vermeiden.

Die in diesem Buch geschilderten Prinzipien verfolgen einen Ansatz, der auf langfristiges Investieren und auf die Bildung eines Portfolios für Ihre individuelle Situation ausgerichtet ist. Dabei werden vor allem passive Investments herangezogen, da diese (wie wir noch sehen werden), gegenüber aktivem Handeln überlegene Renditepotenziale in sich bergen.

Bei all Ihren Handlungen sollten Sie sich jedoch ins Bewusstsein rufen, dass in der undurchsichtigen Finanzdienstleistungsbranche Fondsmanager, Analysten und Broker fehlende Investment-Erfahrung häufig zu deren eigenem Vorteil nutzen und nicht zu dem Ihrigen. Aber auch die Finanzmedien und Journalisten nutzen die *Angst* und *Gier* der Anleger und Investoren in steigenden bzw. fallenden Märkten zu ihrem Vorteil und nicht zu dem der Aktionäre. Nicht zuletzt verfolgen Regulierungsbehörden, gewählte Vertreter und die einst viel gepriesenen Ratingagenturen (= Organisationen, welche die Kreditwürdigkeit von Staaten und Unternehmen sowie das Ausfallrisiko von Wertpapieren bewerten) zumeist nicht dieselben Interessen wie die der Anleger.

Dennoch zeigt sich, dass mit einem Verständnis der wesentlichen Investment-Prinzipien, den Anlegern und Investoren geholfen werden kann. Dies ist ebenso vor dem Hintergrund der Notwendigkeit von Veranlagungen in einem derzeitigen Umfeld niedriger Zinsen zu betrachten. Bekam man in den 1990er Jahren noch so hohe Zinsen, die sicherstellten, der Inflation (*Geldentwertung*) noch einigermaßen Einhalt zu gebieten, sind die derzeitigen Zinsen so niedrig, dass es zu keinem realen Nettozuwachs des Vermögens auf den Sparbüchern kommt. Dies hat auch direkt Auswirkungen auf die Einkommens- und Vermögensaufteilung unserer alternden Bevölkerung. Investieren um für den Ruhestand vorzusorgen ist auch deshalb wichtig, da heute ältere Menschen, dank einer gesünderen Lebensweise, den Fortschritten in der Forschung und Medizin eine viel höhere Chance haben, ein sehr hohes Lebensalter zu erreichen. So hat ein heute 65-jähriges Ehepaar eine hohe Wahrscheinlichkeit relativ gesund ein stolzes Alter zu erreichen.

Es sollen 12 zeitlose und universelle Investment-Prinzipien aufgezeigt werden, welche sich über die Jahrzehnte an den Kapitalmärkten bewährt haben und Ihnen dabei helfen, Schutz und Wachstum Ihrer Vermögensveranlagungen und Vermögenswerte sicherzustellen. Dabei zeigt sich vor allem eins: Der *Schlüssel* für erfolgreiches Investieren und Anlegen ist vor allem darin begründet, dass es nicht gilt die Zukunft vorherzusagen (das wird noch in der Folge näher veranschaulicht werden), sondern im Lernen der Vergangenheit und im Verständnis der Gegenwart.

√ Prinzip I: Finanzielles Glück aufbauen und behalten

Ein finanziell glückliches Leben führen

Ich hoffe, dass Sie nach dem Lesen der geschilderten Prinzipien dieses Buchs, Geld/ Investments/ Vermögenswerte als Mittel ansehen, welche zu einem bereichernden Leben führen und Sie diese nicht mehr als Belastung empfinden. Lassen Sie mich klarstellen: Sie werden im Leben immer wieder mit Belastungen konfrontiert sein, wie Unfälle, Krankheiten, Umfelder in welche Sie hineingeboren wurden und andere außerhalb Ihrer Einflusssphäre liegende Faktoren. Dabei gilt es zu beachten: Welche Umstände Ihnen auch immer widerfahren, Sie werden eher ein bereicherndes und glückliches Leben führen, wenn Sie Verantwortung für Ihre Entscheidungen und Ergebnisse übernehmen, als wenn Sie sich über Umstände und Faktoren beklagen, welche außerhalb Ihres Einflussbereichs liegen und sich somit Ihrer Kontrolle entziehen. Dabei zeigt sich, dass Menschen, welche über solch eine (laut Forschern) *„interne Kontrollüberzeugung"* verfügen, ein glücklicheres und intensiveres Leben führen und das Erreichen, das sie erreichen wollen. Dies trifft ebenso auf die Geldanlage und das Investieren zu.

Festzuhalten gilt, dass es in erster Linie Ihr Leben ist und das ist es, was wirklich zählt. Dabei wenden wir einen Teil unserer Lebenszeit dafür auf uns zu fragen, warum wir tun, was wir tun, was Geld für uns tun kann und auf Grundlage dessen fällen wir wegweisende Entscheidungen für unser Leben.

Es zeigt sich, dass hohe Vermögenswerte und viele Besitztümer nicht viel mehr zum Glück beitragen, als die Deckung elementarer Grundbedürfnisse. Dies liegt darin begründet, da sich die bedeutenden Dinge des Lebens (interessante Erfahrungen, Musik, Schlaf, Freunde, zwischenmenschliche Beziehungen, Leidenschaften und andere Freuden) über einen bestimmten Punkt hinaus nicht mehr wesentlich verbessern.

Mit einigen Bemühungen können Sie Ihr Leben jedoch etwas mehr bereichern. Dabei muss es nicht das Ziel sein, die Börsen oder Kapitalmärkte zu übertreffen (einleitend erläutert: Bessere Leistungen als der *Marktdurchschnitt* zu erzielen), am erfolgreichsten in ihrem Umfeld zu sein oder zu beweisen, welche vortrefflichen Leistungen auf anderen Gebieten erlangt wurden. Vielmehr gilt es genug zu haben, um das Leben zu führen, welches man führen möchte.

Der Grund warum ich dieses *Prinzip* so früh in diesem Buch erläutere ist, dass wir nur dieses eine Leben haben und finanzielle Aspekte nicht immer in den Vordergrund zu stellen sind. In Ihrem Lebensumfeld ist Geld nur ein Werkzeug und Vermögen lediglich eine Nummer. Wir sollten nicht nur daran arbeiten mehr Geld zu verdienen. Stattdessen sollte unser Ziel sein, mit diesem Geld ein möglichst glückliches Leben zu führen.

Sicherlich, wir haben nur die eine Chance für unsere *finanzielle Reise* von jetzt bis zu unserem Ruhestand und Fehler können sehr kostspielig sein. Auch wenn man noch solange im Erwerbsleben bleiben möchte, so kommt der Tag, wo wir aus dem Arbeitsleben auszuscheiden haben, sei dies weil wir dazu gedrängt werden oder aufgrund gesundheitlicher Beschwerden. Zu diesem Zeitpunkt sollten wir über entsprechende Ersparnisse verfügen. Wenn Sie sich an die in diesem Buch geschilderten Leitlinien und Prinzipien halten (kontinuierlich Sparen, Schulden minimieren, Vermeidung risikoreicher Investments usw.), werden Sie nicht nur finanziell unabhängiger, sondern sichern sich auch ein erfolgreicheres Morgen.

Dabei sollen die finanziellen Aspekte unseres Lebens nicht die Oberhand über uns gewinnen. Einer meiner Klienten sagte einmal zu mir: „*Ich habe sehr viel Geld und Besitz angesammelt, aber ich konnte es nie wirklich genießen.*" Viele solcher Menschen denen ich begegnete, waren sehr sparsam und fleißig und dies ihre ganzes berufliches oder unternehmerisches Leben hindurch. Dabei gilt es sich in Erinnerung zu rufen, dass es einmal keinen Unterschied macht, ob Sie 200.000 oder 800.000 Euro als Vermächtnis hinterlassen, denn eines ist sicher: Dass all das nach Ihnen liquidiert, in einem großen Topf kommt und aufgeteilt wird. Deshalb sollten wir uns Gedanken machen, wie wir diese finanziellen Ressourcen nützen und wie sie uns zu einem erfüllteren Leben verhelfen können.

Es ist dabei zu bedenken, dass mehr Geld nicht immer zu einem glücklicheren Leben führt. So machen sich jährlich über die ganze Welt verstreut Forscher auf, um festzustellen, wie glücklich Menschen quer über den Globus sind. Üblicherweise werden dann Fragen gestellt, die dann lauten: *„Wie glücklich sind Sie in den vergangenen Tagen gewesen?"* Die Ergebnisse blieben dabei in den vergangenen Jahrzehnten sehr konstant (um die 30 Prozent der befragten Menschen in entwickelten Ländern geben dabei an, dass sie sehr glücklich sind). Bemerkenswert dabei ist, dass in der Zwischenzeit die Wirtschaftskraft (BIP = Bruttoinlandsprodukt; der Wert aller Leistungen, die innerhalb eines Jahres im Inland erbracht wurden) der Bevölkerung in den befragten Ländern im selben Zeitraum einen enormen Zuwachs erfuhr (und dies auch kaufkraftbereinigt). Dies bedeutet, dass wir eine beeindruckende Steigerung unseres Lebensstandards erfuhren (technologische Neuerungen, Erhöhung der Lebenserwartung, höhere Gesundheitsstandards, Einkommens-steigerungen, größere Häuser und Wohnungen, sicherere und teurere Autos u.Ä.), jedoch stieg unser Glücksempfinden nicht im selbigen Ausmaß. Dies kann die Frage aufwerfen, wie denn ein gehobener Lebensstandard zu einem glücklicheren Leben beigetragen kann. Dazu sollen nun wichtige Eckpunkte erläutert werden.

#1 Kauf von Erfahrungen

Ein wichtiger Punkt, um durch mehr Wohlstand ein erfüllteres Leben zu leben ist: Kaufen Sie *Erfahrungen* und keine *Besitztümer*. Dem zuvor erläuterten Klienten, der zwar Geld und Besitz ansammelte, aber es nicht genießen konnte, gab ich den Ratschlag, auf sich selbst zu achten. Er nahm sich dies zu Herzen und weitete seine Urlaubsplanung aus. Dies war auch ein guter Weg um Erfahrungen zu sammeln, sich dessen auch bewusst zu sein und

Besitztümer hinter sich zu lassen. Nennt man ein neues Auto, eine Luxuskarosse oder andere Dinge sein Eigen, kann sich dies von einer Quelle des Glücks zu einer Quelle des Unglücks wandeln, wenn es Schaden erleidet oder in sich zusammenfällt. Dasselbe ist mit anderen Besitztümern der Fall. Im Gegensatz dazu kann ein Urlaub nicht nur zwei oder drei wundervolle Wochen mit der Familie bedeuten, sondern auch viele Monate voller Erwartungen und Vorfreuden, die auch durch die gemachten Erfahrungen noch jahrelang in guter Erinnerung bleiben.

Gerade die junge Generation hat es deswegen auch schwer, da diese häufig (auch in den Medien) aufgrund ihrer Ausgabengewohnheiten kritisiert wird (teuren Kaffee zu trinken, zu viel zu reisen oder auf „*hippe*" *Foodtasting events* zu gehen, um neue Speisen zu probieren). Man kann an vielem Kritik üben, jedoch zeigt sich, dass es effektiver ist mit Geld Erfahrungen zu erwerben, als zu versuchen durch Besitztümer sein Glück zu steigern. Das Teilen von Erlebnissen verschafft uns nicht nur langjährige Erinnerungen, sondern bereitet auch weitaus mehr Freude, als wir jemals von Dingen bekommen würden.

#2 Plane und bezahle im Voraus

Planen und überlegen Sie einige Zeit im Voraus, ob Sie Käufe nicht etwas später ansetzen können und die Vorfreude bis dorthin genießen können. Das hat nicht nur den positiven Effekt der freudigen Erwartung, sondern Sie treffen auch gezieltere Entscheidungen, da Sie auch Impulskäufe vermeiden.

Wenn wir Geld ausgeben, ist häufig die Vorfreude das Beste das uns widerfährt. Dabei malen wir uns aus, wie großartig es sein wird, eine neue Aufführung zu sehen oder in den Urlaub zu fahren. Damit in Verbindung steht die Möglichkeit Anpassungen vorzunehmen, wann für Dinge bezahlt wird. Wird jetzt bezahlt und später konsumiert, stellt dies eine einfache Möglichkeit dar Ihr Glück zu steigern. Es hat sich gezeigt, dass die Bezahlung von Aktivitäten und Waren im Voraus dazu führt, das bevorstehende viel intensiver zu erleben und mehr zu genießen. Die Bezahlung zu einem späteren Zeitpunkt führt hingegen dazu, dass wir uns weniger glücklich fühlen.

#3 Investiere nicht nur an der Börse, sondern auch in andere

Wir haben zuvor von einem meiner Klienten gehört, welcher sein Geld und seinen Besitz nie wirklich genießen konnte. Sie sollten sich dabei immer vor Augen halten, wenn Sie sich nichts von Ihrem Ersparten leisten, es Ihre Erben auf jeden Fall tun werden. Das konnte ich immer wieder beobachten. Dabei können die Erfahrung und die Freude des Gebens, beispielsweise an karitative Organisationen, sehr bereichernd für einen selbst sein. Warum sollte man damit zuwarten, ohne selbst zu wissen wie viel Zeit einem noch gegeben ist? Denn eines ist sicher, dass sich Ihre Nachkommen etwas von Ihrem Vermächtnis leisten werden. Dabei kann man das *Geben* an diese bereits zu seinen Lebzeiten genießen.

Dazu gab es auch eine interessante Studie. So erhielten alle Teilnehmer eines Experiments jeweils 15 Euro. Einige der Teilnehmer wurden angewiesen, das erhaltene Geld für jemand anderen auszugeben, während andere die Aufgabe bekamen, das zur Verfügung gestellte Geld für sich selbst zu gebrauchen. Dabei zeigte sich, dass diejenigen, die mit diesem geringen Betrag andere beschenkten, oder das Geld diesen einfach gaben, ein höheres Maß an Glück empfanden, als jene welche den Geldbetrag für sich behielten.

Geben kann jedoch auch eine praktische Herangehensweise verfolgen. Dadurch verbessern Sie nicht nur das Leben anderer Menschen, sondern auch Ihre eigenes und hinterlassen so auch eine positive Wirkung. Freiwilligen-arbeit bewirkt, dass sich nicht nur unsere Mitmenschen besser fühlen, sondern auch wir. Dabei *„opfern"* Sie Ihre Zeit und nicht ihr Geld. Dies gilt ebenso für den Kauf von Geschenken für andere Menschen. Auch dies kann Freude bewirken, da wir schließlich alle auf die eine oder andere Weise miteinander verbunden sind.

Wenn Sie jemals für wohltätige Zwecke gespendet haben, sei es mit Geld oder mit Ihrer Zeit, haben Sie wahrscheinlich die damit verbundenen guten Gefühle genossen. Zurückgeben ist eine wunderbare Möglichkeit, nicht nur Ihr Glück zu steigern, sondern auch das Glück anderer. Letztendlich lässt sich eines sagen: *Es handelt sich bei all dem um Ihren Wohlstand.* Dieser kann aus Geld, aber auch aus Zeit bestehen und beides kann durch *Geben* von diesem bereichernd wirken.

#4 Aufgaben delegieren, die keinen Spaß machen

Es zeigt sich, dass durch das Kaufen von Zeit mehr Glück entstehen kann. Bezahlen Sie andere dafür, dass sie die Aufgaben erledigen, die Sie nicht mögen. Egal ob dies das Rasenmähen, Abendessen zubereiten oder Staubsaugen betrifft. Dieses „*Outsourcing*" steigert nicht nur Ihre Glücksgefühle, sondern auch Ihre allgemeine Lebensqualität. So legen Studienergebnisse nahe, dass ein langer Weg zur Arbeit das Glücksempfinden eintrübt. Wir fühlen gerne, dass wir alles unter Kontrolle haben. Dies ist bei öffentlichen Verkehrsmitteln und dem täglichen Verkehr nicht immer möglich. Wichtig dabei ist, dass Sie durch die erläuterten Handlungen mehr Zeit für bedeutsame private Dinge haben. Eine gründliche Überprüfung Ihres Terminkalenders kann hier auch nützliche Hilfestellungen bieten (der durchschnittliche Europäer verbringt mehr als drei Stunden vor dem Fernseher, dies wiederum summiert sich auf mehrere Wochen im gesamten Jahr). Die neu entdeckte Zeit können Sie dann für Aktivitäten nutzen, welche Ihnen mehr Spaß bereiten, wie beispielsweise sportliche Aktivitäten, das Zusammenkommen mit Familienmitgliedern oder Unternehmungen mit Freunden. So zeigt sich, dass die regelmäßige Gesellschaft von guten Freunden der Gesundheit dienlicher ist, als wenn man luxuriöse Besitztümer sein Eigen nennt. Das soll uns nicht vergessen lassen, unser hart verdientes Geld vor allem in den Ausbau unserer Freundschaften zu stecken und nicht lediglich in materielle Güter.

#5 Besondere Freuden

Gönnen Sie sich nicht zu oft etwas von ein und demselben, welches Ihnen viel Vergnügen bereitet. Wenn Sie ein Lieblingsrestaurant oder eine Lieblingsspeise haben, werden Sie wahrscheinlich jeden Besuch oder jedes Essen mehr genießen, wenn Sie nur es ab und zu besuchen bzw. verzehren, als wenn Sie dies häufiger tun würden. Wir passen uns schnell an neue Gewohnheiten und Routinen an, einschließlich der Speisen und Getränke, die wir konsumieren. Wenn wir uns daran gewöhnen, jeden Tag einen speziellen Wein zu trinken, spüren wir nicht die gleiche Freude, die wir anfangs genossen haben. Das soll heißen, auch seinen Freuden entgegenzuwirken steigert das Glücksempfinden. Man muss dabei nicht komplett auf Kaffee oder Wein verzichten, sondern der spezielle Wein oder Kaffee kann für einen bestimmten Wochentag reserviert sein. Diese Vorfreude steigert den Genuss und ist auch das, was uns glücklich macht.

#6 Sich nicht mit anderen vergleichen, sondern sich seiner Leidenschaften bedienen

Wir erläuterten zuvor bereits den Besitz von Luxuskarossen. Materielle Güter sind nicht *per se* abzulehnen. Vielmehr sollte man dankbar dafür sein. Sicherlich verlieren diese Dinge mit der Zeit ihren Glanz und man verspürt nicht mehr die Freude dafür wie früher, aber das kann uns wieder in Erinnerung rufen, dass Reichtum nicht darin besteht, über große Besitztümer zu verfügen, sondern darin, wenige Bedürfnisse zu haben. Ziehen Sie nicht in eine noblere Gegend, als Sie sich wirklich leisten können. Denn Ihre wohlhabenden Nachbarn werden Sie ständig daran erinnern, dass Sie nicht so glücklich sind. Sie werden sich mit diesen immer wieder vergleichen. Wenn Sie jedoch einen Moment innehalten und bewundern was Sie bereits haben und darüber nachdenken, wie viel Glück Ihnen widerfährt, können Sie etwas mehr Glück aus materiellen Dingen schöpfen.

Von *Marcus Tullius Cicero* stammt das Zitat: *„Wenn du ein glückliches Leben willst, verbinde es mit einem Ziel, nicht aber mit Menschen oder Dingen.“* Studien zeigen genau dies. Widmen wir uns der Arbeit und den Hobbys, die uns herausfordern, die wir leidenschaftlich lieben, die wir für wichtig halten und in denen wir uns gut fühlen, so steigt unser Glücksempfinden enorm an. Denken Sie an die Momente und Aktivitäten, in denen Sie sich mit Tätigkeiten beschäftigen, die Sie lieben, die Sie völlig in sich aufnehmen und Ihre Zeit wird wie im Flug vergehen. Diese Momente, die Psychologen *„Flow“* nennen, gehören zu unseren glücklichsten Zeiten.

Bei all dem gilt es zu bedenken, obwohl das Erreichen unserer Ziele, entgegen aller Erwartungen, zumeist nicht so zufriedenstellend ist, wie wir es uns vorstellen, können bereits kleine Fortschritte bei der Erreichung der gesetzten Ziele uns große Befriedigung verschaffen.

–

✓ I – Finanzieller Reichtum bedeutet nicht gleich Glück

Der verlorenste aller Tage ist der, an dem man nicht gelacht hat.

– Sebastien Chamfort

Die Erfahrung zeigt, dass die aufgezählten Eckpfeiler dazu führen, zumindest etwas Glück durch Geld kaufen zu können (jedoch nicht über einen gewissen Punkt hinaus). Über die vergangenen Jahrzehnte haben wir massiv an finanziellem Wohlstand gewonnen, unser Glückempfinden ist jedoch nicht im selben Ausmaß angestiegen. Um dem entgegenzutreten, haben Sie die Möglichkeit die aufgezählten Eckpfeiler für ein Mehr an Glück zu kombinieren. Das soll heißen, dass Sie versuchen können Ihr Glück auf viele Arten zu steigern. So können Sie in Ihrem Lieblingsrestaurant eine Geschenkkarte kaufen (**#2** Plane und bezahle im Voraus; konsumiere später), damit für einen Ihrer Freunde oder eine andere besondere Person bezahlen (**#3** in andere Menschen investieren) und dies auch noch für saisonabhängige Delikatessen nützen (**#5** besondere Freuden machen). Das alles kann Sie zu einem glücklicheren Menschen machen und so auch Ihre allgemeine Lebensqualität steigern.

√ Prinzip II: Haben Sie einen Plan und halten Sie langfristig daran fest

Vernünftiges Investieren kann Ihnen zu Wohlstand verhelfen, wenn Sie es nicht zu eilig haben.

– Warren Buffett

Ein langes Leben kann Risiken in sich bergen

Dank einer gesünderen Lebensweise, der Fortschritte in der Forschung und Medizin leben die Menschen länger. Deshalb ist es wichtig entsprechend Vorsorge zu treffen. Menschen, welche heute 65 sind, haben eine gute Chance 80 (an die 70 Prozent) oder 90 Jahre (an die 30 Prozent) alt zu werden. Ein Grund, warum es gilt für die Zukunft zu planen. Deshalb sollten Anleger früh zu sparen beginnen, diszipliniert investieren und einen langfristigen Plan haben. Noch mehr als die zuvor genannte Zahl mag überraschen, dass ein heute 65-jähriges Ehepaar eine Wahrscheinlichkeit von 50 Prozent hat, dass zumindest einer der beiden noch weitere 25 Jahre alt wird und das stolze Alter von 90 Jahren erreicht.

Ein langes Leben kann ein Risiko darstellen. Die „*Gefahr*" dabei: Wir verfügen über keine Vermögenswerte mehr, bevor uns selbst der „*Atem*" ausgeht. Daher gilt es *richtig* länger zu leben. Aber wie? Wie ein Portfolio (die Zusammensetzung Ihrer Vermögenswerte) im Ruhestand aussehen wird, kann Sie vor Herausforderungen stellen. Das Problem dabei ist, dass wir nicht wissen, wie hoch die Inflationsraten (die jährlichen Preissteigerungen) sein werden und mit welchen unerwarteten Aufwendungen wir rechnen müssen. Darüber hinaus ist es schwer zu prognostizieren, welche langfristigen Renditen wir erzielen werden und wann der nächste Marktabschwung an den Kapitalmärkten eintreten wird. Eine weitere große Unsicherheit betrifft den Umstand, dass wir nicht wissen, wie lange wir leben werden (die zuvor erläuterten Werte können einen Hinweis geben – in der Folge dazu mehr). Dementsprechend ist es schwierig einzuschätzen, wie viel Geld wir jedes Jahr sicher aus unseren Ersparnissen und Veranlagungen entnehmen können. Sind Sie mit Ihren Ausgaben im Ruhestand nicht „*zimperlich*" und sind Ihre Entnahmen hoch, könnten Ihre Ersparnisse nicht reichen. Entnehmen Sie zu wenig, können Sie Ihr Erspartes möglicherweise nicht gänzlich einsetzen und Sie verbringen unnötigerweise Ihren Ruhestand mit einem Lebensstandard unterhalb Ihres möglichen. Das ist folglich das Risiko der *Langlebigkeit*. Was also tun?

Planen Sie für die Zukunft

In erster Linie gilt es einige Punkte zu beachten. Einer davon (in der Folge gehen wir noch weiter darauf ein) betrifft die Aufstellung eines Plans. Dieser soll Ihnen mehr Freiräume verschaffen. Bei Einhaltung dieses Plans, werden Sie überrascht sein, wie viel es bewirkt, wenn man sich nach einem finanziellen Plan und nach dessen Leitlinien richtet, anstatt ohne Konzept einfach in den Tag hinein zu leben. Ein konzipierter finanzieller Plan sollte in realistischer Art und Weise aufgesetzt sein (in welchem Ihre Überzeugungen aufgelistet sind; beispielsweise auf welche Art/ mit welcher Strategie Sie Ihre Zielsetzungen erreichen möchten – siehe in der Folge *#1*) und an diesem sollte auch festgehalten werden. Es ist jedoch davon abzukehren, wenn sich Veränderungen „*breit*" machen (dazu ist wiederum Demut erforderlich und das Wissen um Verhaltensverzerrungen vonnöten – siehe *#2*). Auf den Punkt gebracht heißt das: Vermeiden Sie Fehler und Risiken, indem Sie über starke Überzeugungen verfügen und an diesen demütig festhalten. Dieses hört sich auf den ersten Blick etwas irritierend an, dennoch ist es sehr bedeutend für Sie, sollen Ihre finanziellen Zielsetzungen erreicht werden und wollen Sie über entsprechende Ersparnisse in einem bestimmten Zeitraum verfügen (beispielsweise für den Ruhestand).

#1 Strategien mit denen Sie eine hohe Wahrscheinlichkeit haben, um richtig zu liegen, sodass Sie langfristig über entsprechende Ersparnisse verfügen

Wenn es zu Anlagestrategien an den Börsen kommt, werden Ihnen zehn unterschiedliche Investmentberater zehn unterschiedliche Strategien präsentieren, von welchen alle der Ansicht sind, sie hätten die richtige.

Dabei gilt es folgendes zu beachten: Über die vergangenen 100 bis 200 Jahre konnte man mit Aktien (breit gestreut als gesamte Gruppe – sprich mit einem Index) um die 8 bis 10 Prozent Rendite pro Jahr erwirtschaften (vor Steuern, Kosten und Inflation). Dies stellt jedoch lediglich einen Durchschnitt dar. Investoren und Anleger erzielen jedoch diese 10 Prozent zumeist nicht, weil der Aktienmarkt manchmal sehr stark schwankt (auch Volatilität genannt) und sie aufgrund falscher Verhaltensweisen (siehe Lektion *Angst* und *Gier*) zum falschen Zeitpunkt Käufe und Verkäufe tätigen oder ähnliche Fehler begehen (mehr dazu in der Folge). Die unterdurchschnittlichen Renditen der Anleger und Investoren stehen auch ein Stück weit damit in Verbindung, dass diesen nur ein verschwommenes Bild ihrer Situation oder der Finanzindustrie gezeichnet wird. Dies hat auch mit mangelnder Unabhängigkeit der Menschen zu tun, welche in dieser Branche arbeiten. Viele Veranlagungs- und Vermögensberater offerieren Produkte, ganz einfach weil sich diese gut verkaufen, jedoch nicht weil es sich dabei um die besten für ihre Klienten handelt. Sie tun dies entweder **(1)** *weil sie nicht wissen*, dass es sich um schlechte Fondsprodukte oder die falschen Strategien handelt („*Market-Timing*", „*Absolute-Return*" – sprich die Vorhersage von Marktbewegungen u.Ä.). Also unbewusst, da Veranlagungs- und Vermögensberater daran glauben oder es ihnen an entsprechender Bildung fehlt. Oder **(2)** sie verkaufen Ihnen diese schlechteren Produkte *bewusst und wissen*, dass diese Produkte nicht die besten Leistungen erbringen, jedoch sich eben gut verkaufen. Sie bestreiten ihren Lebensunterhalt mit diesen Produkten und sind so vom Verkauf dieser abhängig. Beides wichtige Ausschlusskriterien für die Vermögensveranlagung. Dies gilt es bei Ihren Entscheidungen, so auch bei der Auswahl Ihrer Anlagestrategien, immer zu beachten.

Wie aber können Sie Ihre Chancen erhöhen, sodass Sie nach einem bestimmten Zeitraum an den Kapitalmärkten entsprechende Erfolge erzielen und Fehler und Risiken für Ihr finanzielles Glück vermeiden? Um dies zu erreichen sollten Sie vor allem auf die folgenden Eckpfeiler bauen:

- Entwerfen Sie einen langfristig durchdachten Plan (es wurde bereits erläutert, dass heute 65 jährige eine gute Chance haben 90 Jahre alt zu werden)
- Halten Sie an dem Plan fest, um Verhaltensverzerrungen zu vermeiden (*Angst/ Gier* und anderen Emotionen soll vorgebeugt werden; diese kommen Anlegern und Investoren teuer zu stehen)
- Streuen Sie Ihre Investments (Diversifizierung)
- Minimieren Sie Steuern
- Reduzieren Sie Schulden auf ein Minimum
- Treffen Sie Vorkehrungen für große finanzielle Risiken (Versicherungen)
- Vermeiden Sie riskante Veranlagungen
- Verfolgen Sie eine langfristige Strategie (Kapitalmärkte unterliegen Schwankungen)
- Sorgen Sie für Arbeitslosigkeit und Erkrankungen vor
- Sparen Sie diszipliniert und sorgsam
- Spareinlagen sind langfristig das schlechteste Investment

Auf den ersten Blick mögen die angeführten Punkte relativ simpel erscheinen, jedoch halten sich die meisten Anleger und Investoren nicht daran. Die Gründe dafür sind vielfältig, doch vor allem liegen diese darin begründet, dass Anleger über keinen Plan verfügen, an welchen Sie sich halten und so auch Verhaltensverzerrungen erliegen. Verstehen Sie mich nicht falsch, das Aufsetzen eines Plans heißt noch lange nicht, dass wir die darin enthaltenen Zielsetzungen auch erreichen. Es ist dennoch möglich hier den Kürzeren zu ziehen, jedoch ist es immer noch besser einen Plan zu haben und sich der aufgezählten Punkte bewusst zu sein, als erst gar nicht über einen Plan zu verfügen.

Kurzfristiger Handel an den Börsen (denken wir an den Tageshandel – auch „Day-Trading" – wo die blinkenden und leuchtenden Handelsplattformen von Anbietern bzw. Brokern zum Handeln bzw. „Spielen" verführen), riskante Veranlagungen, Investition in nur ein Unternehmen (mangelnde Risikostreuung) oder geliehenes Geld um in Mietimmobilien zu investieren, können Möglichkeiten darstellen, sodass Sie schneller an Ihre finanziellen Ziele herankommen. Die Wahrheit ist aber auch, dass dies ebenso in die andere Richtung ausschlagen kann, nämlich in Form der Abkürzung ins „Armenhaus".

Die aufgezählten Eckpfeiler mögen nicht nur zu einem gediegenen Wohlstand beitragen, sondern auch Ihre allgemeine Lebensqualität steigern.[*] Dadurch werden Sie nicht immensen Reichtum anhäufen, wie viele das glauben, jedoch sollte das Ziel sein Wohlstand mit einem gewissen Maß an Sicherheit zu erreichen und so mitunter Vorsorge für den Ruhestand zu treffen. Durch die angeführten Möglichkeiten (kurzfristige Spekulation, Investments mit Kredit, mangelnde Risikostreuung) können Sie auf schnellem Wege Ihre finanziellen Ziele erreichen, jedoch bergen diese auch erhebliche Risiken in sich. Vergessen Sie nicht, dass sich Risiken und potentielle Renditen immer synchron verhalten. Hohe Renditen zu bekommen, ohne hohe Risiken einzugehen, ist so als wolle man etwas umsonst bekommen, das es erst gar nicht gibt. Ziel soll es sein Wohlstand mit einem gewissen Maß an Sicherheit zu erreichen und nicht unnötige Risiken einzugehen. Je risikoreicher die Strategien sind, welche Sie verfolgen, desto höher die finanziellen Einschnitte, welche Sie erleiden können.

---

[*] Dies ist deshalb so wichtig, da Anleger und Investoren bei Kurseinbrüchen zu Stressreaktionen neigen und unüberlegte Handlungen tätigen. Aus diesem Grunde ist es bedeutsam, die bisherigen und die folgenden Prinzipien zu verstehen und sich daran zu halten, da Sie dies vor solch unüberlegten Handlungen schützt.

#2 Verhaltensverzerrungen, Selbstvertrauen und wie man mit diesen an der Börse und den Kapitalmärkten umgeht

Ihre finanzielle Reise sollte nicht vonstattengehen, wie impulsive Käufe in Einkaufszentren oder in sonstigen Geschäften. Sicherlich gehört ein wenig Spontanität im Leben dazu, aber bei finanziellen Dingen ist diese fehl am Platz. Dies ist auch darin begründet, dass wir nur dieses eine „*finanzielle Leben*" bis zu unserem Ruhestand haben und Fehltritte bis dorthin enorme Auswirkungen haben können. Unser *Selbstvertrauen* ist damit eng verknüpft und hat teils direkte Auswirkungen auf unsere Geldanlagen und Investments. Selbstvertrauen ist *per se* nichts Schlechtes. Wie der Name schon sagt, ist es ein Vertrauen in sich selbst und auch ein Faktor für den persönlichen, beruflichen und emotionalen Erfolg. Es zeigt sich auch, dass selbstbewusste Persönlichkeiten glücklicher und widerstandsfähiger sind. Wenn es jedoch zu Geld, Investments und Veranlagungen kommt, haben Sie vorsichtig zu sein. Erhöhtes Selbstvertrauen ist gemeinhin als *Verzerrungserscheinung* in der Forschung anerkannt. Dabei ist das Vertrauen in die eigene Urteilskraft höher, als es der Realität tatsächlich entspricht. Dies trifft auch auf dem Umgang mit Geld und Veranlagungen zu. Es sollen deshalb vier wichtige Punkte in diesem Zusammenhang angeführt werden.

#1 Es ist Realität, dass wir unsere Fähigkeiten an der Börse bzw. an den Kapitalmärkten überschätzen. Dies betrifft institutionelle Investoren und private Anleger gleichermaßen.* Über die letzten 20 Jahre erwirtschaftete der durchschnittliche Anleger rund zwei Prozent Rendite, bei einem Durchschnitt von 8 Prozent, welche Aktien insgesamt erzielt hätten. Die beschriebenen Verhaltensweisen sind zum Teil dafür verantwortlich und stark in der menschlichen Natur verankert. Dennoch werden die unterschiedlichsten

---

* Es sind auch viele andere Bereiche unseres Lebens davon betroffen. Studien zeigen, dass die meisten Menschen glauben (über 70 Prozent) überdurchschnittlich gute Fahrzeuglenker zu sein und dabei weniger Fehler als andere Autofahrer zu machen. Jedoch liegt es auf der Hand, dass es schon aufgrund der Mathematik nicht möglich ist, dass 70 Prozent besser als der Durchschnitt sind.

Gründe genannt (von Bankern und Finanzdienstleistern), warum doch bessere Renditen als der Markt (die Gesamtrendite) erwirtschaftet werden können.

#2 Ein weiterer wichtiger Punkt ist eine mangelnde Disziplin. Wir kümmern uns häufig nicht weiter um die Zukunft und geben heute lieber etwas Geld aus, als für die Zukunft zu sparen. Häufig geben wir uns dabei unrealistischen Annahmen, wie beispielsweise hohen zukünftigen Renditen oder potenziellen Erbschaften, hin.

#3 Wir haben zu hohe Erwartungen in Vermögenswerte, welche wir bereits besitzen und solche, welche wir noch nicht besitzen. Wenn wir ständig auf der Suche nach dem nächsten Produkt sind, den neusten Trends oder anderen Besitztümern, kann es schnell sein, dass wir für deren Unterhalt ständige Aufwendungen haben und sich diese mehr als Fluch, denn als Segen herausstellen. Aber auch eine steilere Karriere oder ein höheres Gehalt mögen Tücken in sich bergen. Diese Dinge stellen nicht notwendigerweise mehr Glück in Aussicht, sondern können sich rückwirkend als Bürde erweisen. Wenden wir viel Zeit für diese Aktivitäten auf, haben wir weniger zeitliche Ressourcen für unsere wahren Leidenschaften, für unsere Freunde oder Familien. Gerade diese haben aber entscheidende Bedeutung für unser Glück.

#4 Wir wissen nicht, was die Zukunft bringt und daher ist es sehr unwahrscheinlich die nächste Aktie zu finden, welche besser als der Gesamtmarkt abschneiden wird. Dabei sollte uns bewusst sein, dass die Mehrheit der professionellen Anleger, Fondsmanager oder Hedgefondsmanager schlechtere Renditen als der Gesamtmarkt erzielen. Auch der Handel von Immobilien, die Investition in das nächste Start-up, Casinos oder Derivate (Finanzinstrument, dessen Preis vom Preis anderer Produkte abhängt) führen nicht zum schnellen Reichtum. Geduld, Ausdauer, Disziplin und Beharrlichkeit helfen uns jedoch ein komfortableres Leben zu ermöglichen.

Stellt man rückblickend *Fehler* oder *Risiken* fest, welche begangen wurden, macht man gerne andere dafür verantwortlich. Dabei muss jedoch festgehalten werden, dass die Schuld nicht immer bei anderen liegt, sondern diese im eigenen Kreise oder bei den Veranlagungsberatern zu suchen ist. Über die Jahre hinweg konnte ich die genannten Fehler immer wieder beobachten.

Dabei wurde mir bewusst, dass Anleger und Investoren entweder nicht die Zeit haben diese zu beachten und zu analysieren oder ihre innere Einstellung es erst gar nicht zulässt, sich dagegen „zu stellen".

In Erwartung lange zu Leben und wie damit umgehen

Es wurde eingangs darauf hingewiesen, dass Menschen (dank einer gesünderen Lebensweise und medizinischen Fortschritten) länger leben. Die genannten Zahlen [Menschen mit 65, haben eine gute Chance 80 (an die 70 Prozent) oder 90 Jahre (an die 30 Prozent) zu erreichen] müssen jedoch näher unter die Lupe genommen werden. Die publizierten Zahlen zur Lebenserwartung können Verwirrung stiften, da manche die Lebenserwartung bei Geburt heranziehen. Diese Mittelwerte werden jedoch von denjenigen herabgesetzt, die vor Erreichen des Rentenalters sterben. Wenn Sie überlegen, Ihr Portfolio im Ruhestand zu reduzieren, sollten Sie sich stattdessen auf die erläuterte Lebenserwartung ab 65 Jahren konzentrieren.

Aber nicht lediglich die Lebenserwartung ist ein großer Unsicherheitsfaktor, auch die Inflation gilt es zu berücksichtigen. Bei einer jährlichen Geldentwertung von 3,5 Prozent, ist bei einer mangelnden Veranlagung nach 20 Jahren lediglich die Hälfte Ihrer Ersparnisse übrig. Ihre Kaufkraft würde sich somit mit 85 Jahren massiv von jener mit 65 Jahren unterscheiden.

Sie haben sich bei den genannten Zahlen in Erinnerung zu rufen, dass es sich dabei um Durchschnitte handelt. Im historischen Vergleich lag das wirtschaftliche Wachstum um wenige Prozentpunkte über der Inflation. Darüber hinaus leben die Hälfte der Pensionisten nicht nur länger als in den Zahlen angeführt wurde, sondern auch mit großen Schwankungen nach oben und nach unten. Manche Menschen werden Ihren 70. Geburtstag nicht erleben, wohingegen einige über 90 Jahre alt werden. Noch mehr als die zuvor genannten Zahlen mag überraschen, dass Paare in Ihrer Gesamtheit eine große Wahrscheinlichkeit haben ein hohes Lebensalter zu erreichen (ein heute 65-jähriges Ehepaar hat eine Chance von 51 Prozent, dass zumindest einer von beiden noch weitere 25 Jahre alt wird und das stolze Alter von 90 Jahren erreicht). Ebenso sei angeführt, dass diese Zahlen die allgemeine Bevölkerung repräsentieren und nicht nach individuellen Lebensweisen, Herkunft, Ernährungsweisen oder Bildung differenzieren. Menschen, die sich mehrmals pro Woche bewegen, nicht rauchen, sich gesund ernähren, ein normales Körpergewicht halten, Stress vermeiden und Alkohol in Maßen konsumieren sollten eher für eine Lebensspanne planen, welche das 80. Lebensjahrzehnt übersteigt.

Die steigende Lebenserwartung in Verbindung mit dem Verlust an Kaufkraft führt dazu, dass sich Menschen im Ruhestand zunehmend *„abgehängt"* fühlen. Dies auch deshalb, da selbst wenn Ihre Vorsorge für den Ruhestand mit der Inflation gleichzieht, der allgemeine Lebensstandard mit dem Wirtschaftswachstum pro Kopf Schritt hält und dieses Wachstum an die zwei Prozent höher ist als der Verlust an Kaufkraft. Genau deshalb ist es auch so schwer, das Familienvermögen weitestgehend wohlbehalten aufrecht zu erhalten (weitere Gründe warum Vermögen, neben der erläuterten Inflation, nicht in den Himmel wachsen sind Kriege, politische Umbrüche, Enteignungen, hohe Steuern und leichtsinnige Erben). Nachdem Vermögen an weitere Generationen ausgeschüttet und die Steuern bezahlt wurden, ist es unwahrscheinlich, dass die vorhandenen Vermögenswerte auf lange Sicht stark anwachsen, bzw. zumindest der Rate des Wirtschaftswachstums entsprechen. Und wenn ein Familienvermögen nicht mit dem Wirtschaftswachstum Schritt hält, kann es auf lange Sicht kein Einkommen abwerfen, dass es den Familienmitgliedern ermöglicht den bestehenden Lebensstandard zu bewahren.

Vermögenswerte aufrechterhalten

Nun, da wir einige Fallstricke des Investierens bereits erläutert haben und angeführt wurde, warum Vermögen über Jahrhunderte und Jahrzehnte nicht gemehrt, an weitere Generationen übergeht oder gar vermindert wird, ist es für Sie in erster Linie wichtig abzuklären, wie Sie für sich entsprechende Vorsorge treffen können.

Wie können Sie sich folglich eine Einnahmequelle für den Ruhestand verschaffen, die mit der Zeit hinweg ihre Früchte trägt und Sie mindestens so lange davon zehren können, wie Sie es möchten? Die genaue Strategie, auf die Sie sich festlegen, hängt von einer Reihe von Faktoren ab, einschließlich Ihrer Risikobereitschaft, ob Sie weitere Einkommensquellen neben der Rente haben, wie viel Sie an Ersparnissen haben, wie Ihre Vermögenswerte aufgeteilt sind oder ob Sie verheiratet sind. Weitere wichtige Punkte sind Ihr derzeitiger Gesundheitszustand, die voraussichtliche Lebenserwartung und was Sie wünschen Ihren Nachkommen zu hinterlassen. Es wurde bereits erläutert, dass häufig von Investmentberatern und Finanzinstitutionen auf vergangene Renditen verwiesen wird. Tatsächlich gibt es keinerlei Anhaltspunkte oder Belege dafür, dass diese Resultate in die Zukunft prognostiziert werden können. Eine Aufteilung Ihrer Vermögenswerte (Portfolio) und der Plan für Ihre Ruhestandsvorsorge sollte deshalb immer Ihre persönliche Situation beachten. Aufgrund der individuellen Ansprüche einzelner Anleger und Investoren ist solch eine Vorsorge bzw. Vermögensaufteilung auf die Weise auf Sie zugeschnitten, dass vergangene Renditen aufgrund dessen ohnehin nicht mehr von Relevanz für Sie sind.

Der traditionelle Ansatz der Pensionisten ist dabei kritisch zu betrachten, wonach diese zumeist Anleihen und andere festverzinsliche Wertpapiere erwerben, um von den laufenden Erträgen dann zu leben. Viele Anleger und Investoren sind sich dabei jedoch nicht bewusst, dass Sie sich der Inflation ausliefern, da der Kaufkraftverlust sowohl Ihre Zinseinkommen als auch den investierten Betrag in die Anleihen allmählich schmälert. Um der Inflation entgegenzuwirken, müssen Sie einen Teil Ihres jährlichen Anlagegewinns in den Anfangsjahren des Bestehens Ihrer Ansparziele wieder in Ihr Portfolio reinvestieren, damit das Wachstum Ihrer Ansparsumme einer aufkeimenden Inflation Einhalt gebietet. Das Grundübel dabei ist, dass Veranlagungen und Investments der Anleger und Investoren nicht in einem grundlegenden Verständnis der Funktionsweise von Volkswirtschaften und Finanzmärkten verwurzelt sind. Eine verlässliche Bestandserhaltung und ein verlässliches Wachstum des Portfolios kann folglich dann am besten erreicht werden, wenn das Verhältnis zwischen den Renditen der Anlageklassen und den sich entwickelnden wirtschaftlichen Bedingungen berücksichtigt wird. So kann eine Mischung von Vermögenswerten (Anlageklassen) für die Ruhestandsvorsorge zusammengestellt werden, welche ausgewogen genug ist, um sich mit der Zeit gut zu entwickeln und gleichzeitig vor hohen Schwankungen an den Finanz- und Kapitalmärkten schützt. Hinzu kommt, dass der erläuterte traditionelle Ansatz der Pensionisten, rein in Anleihen, Zertifikate oder andere konservative Veranlagungen zu investieren, wenig Spielraum für reinvestierte Gewinne lässt. Diese sind jedoch gerade in den beginnenden Jahren des Ruhestands vonnöten, um Kaufkraftverlusten entgegenzuwirken.

Aus diesem Grund sollten Sie ernsthaft in Erwägung ziehen, Aktien zu halten, damit Sie so weit als möglich sicherstellen, gesunde, inflationsgeschützte Gewinne zu erzielen. Das mag auf den ersten Blick riskant erscheinen, Sie können das Risiko, welches daraus resultiert, jedoch mit einer richtigen Vermögensaufteilung (wird in den folgenden Kapiteln noch näher erläutert) steuern. Darüber hinaus ist festzuhalten, dass der Zeitpunkt des Investierens nicht der entscheidende Faktor für die Erreichung entsprechender Resultate ist. Es empfiehlt sich jedoch, einen entsprechenden Anteil an langfristigen Aktienindizes in seinem Portfolio zu haben. Dies deshalb, und das zeigt auch unsere jahrzehntelange Erfahrung, da Aktien die beste Vermögensklasse sind, um langfristig zu veranlagen und zu investieren. Aktien beziehen die Inflation der Unternehmen ein und stellen eine reale Beteiligung an Unternehmen dar. So bleibt auch Ihre Kaufkraft über einen langen Zeitraum gut erhalten und Sie haben darüber hinaus an entsprechenden Renditen auf Ihr eingesetztes Kapital teil.

Während das Halten von Aktien Anleger, Investoren und Pensionisten beunruhigen kann, haben Menschen im Ruhestand oft genug Zeit, um mit schwankenden Märkten zu Recht zu kommen. Anders als beim Kauf eines Eigenheims, Autos oder der Ausbildung ist Ihnen im Rentenalter keine feste Frist gesetzt. Angenommen Sie sind 60 Jahre alt und möchten Ihren Kindern und Enkelkindern einen Teil Ihres Portfolios überlassen. Dies unterstellt einen Zeithorizont von 40 oder mehr Jahren. Es ist schwer vorstellbar, dass Aktien über einen so langen Zeitraum keine attraktiven Gewinne erzielen würden. Ganz im Gegenteil hat ein Portfolio über solch einen langen Zeitraum konsistente Renditen erbracht. Festzuhalten ist, dass hier immer ein langfristiger Zeitraum und eine ausreichende Risikostreuung beachtet werden.

Menschen fragen mich häufig, wie es an den Finanz- und Kapitalmärkten in absehbarer Zeit weitergehen wird. Ich teile ihnen dann mit, dass man dies kurzfristig nicht sagen kann. Zumeist hätten Sie mit einer anderen aufregenderen Antwort gerechnet. Man kann mit Prognosen und der Vorhersage der Finanz- und Kapitalmärkte (*Market-Timing* – Prognose der Ein- und Ausstiegszeitpunkte) bestimmt mehr Aufmerksamkeit auf sich ziehen und schneller Menschen beeindrucken oder aber auch Klienten gewinnen. Nachhaltig sinnvoll ist dies aber nicht – dabei wird gerade diese Art der Fehlinformation von der Finanzindustrie, wie in keinem anderen Sektor der Wirtschaft, honoriert. Was man jedoch sagen kann, ist, dass noch auf jeden Bärenmarkt ein Bullenmarkt folgte und auf jeden Kurssturz wieder eine Erholung. Und so verhält es sich an den Finanz- und Kapitalmärkten schon seit Jahrhunderten. Letztendlich sind es robuste Geschäftsmodelle der Unternehmen und die daraus resultierenden Gewinne, die dafür verantwortlich sind, dass die Wirtschaft wieder auf die Beine findet. Und das tut sie auch. Jedes Mal.

Um Ihre Einkommensvarianten zu ergänzen (beispielsweise neben der staatlichen Vorsorge), können Sie einen Teil Ihrer Ersparnisse in eine feste Rente stecken, die Ihnen auf Lebensdauer ausbezahlt wird. Eine lebenslange Vorsorge hat in der Regel keinen „*Ansparwert*". Stattdessen erhalten Sie ein regelmäßiges Einkommen, solange Sie leben. Viele Menschen mögen jedoch keine lebenslangen Renten, weil sie befürchten, dass sie früh im Ruhestand sterben und das angesparte Vermögen, welches sie über die Jahre in die Rente gesteckt haben, gänzlich weg ist.

Produkte, welche an dieser Stelle in Frage kämen, sind beispielsweise Garantiefonds oder Kapitallebensversicherungen (es gibt eine Reihe anderer Alternativen, jedoch ähneln diese aneinander). Das Problem mit Garantiefonds ist, dass diese während der Laufzeit auch einmal im Minus liegen können und die Inflation zumeist unberücksichtigt bleibt. Dabei handelt es sich um eine Art von Aktienprodukten, welche jedoch aufgrund der

„*Sicherung*" zusätzlich Kosten verursachen und Ihre Rendite schmälern. Die erläuterte Kombination aus Lebensversicherung und Sparvertrag (Kapitallebensversicherung) ist zumeist sehr undurchsichtig und von hohen Gebühren gekennzeichnet und darüber hinaus sehr unflexibel. Deshalb bietet sich eine reine Risikolebensversicherung[*] an, wollen Sie Ihre Angehörigen für den Fall eines unerwarteten Ablebens absichern.

Wenn Sie keine lebenslange Rente erwerben möchten, können Sie stattdessen vielleicht 25 Prozent Ihres Angesparten im Alter von 65 Jahren auf die „*Seite legen*" und lassen es bis zum Alter von 85 Jahren weiter anwachsen. Stellen Sie sich dies als Ihre finanzielle Absicherung vor, falls Sie eine überraschend lange Zeit leben. In der Zwischenzeit können Sie die restlichen 75 Prozent bis zum Alter von 85 Jahren ausgeben. Wenn Sie vor dem Alter von 85 Jahren sterben, gehen die 25 Prozent an Ihre Nachkommen, zusammen mit allen anderen Ersparnissen, die Ihnen verblieben sind. Bedenken Sie darüber hinaus andere Möglichkeiten. Wenn Ihre Gesundheit über das 85. Lebensjahr robust bleibt, benötigen Sie möglicherweise zusätzliche Ersparnisse oder Einkommen. Wenn Sie ein Eigenheim besitzen, können Sie dessen Wert jederzeit durch eine „*umgekehrte Hypothek*"[†] erschließen. Wenn Ihre Gesundheit jedoch gebrechlich ist, könnten die 25 Prozent, die Sie beiseitelegten, reichen und Sie sich dieser bedienen. Wichtig dabei ist Vorsorge zu treffen und über einen Plan zu verfügen, welcher Ihre individuelle Situation und alle etwaigen Eventualitäten berücksichtigt.

—

---

[*] Risikolebensversicherungen enthalten im Vergleich zu kapitalbildenden Lebensversicherungen keinen Sparplan, woraus weitaus geringere Beträge resultieren.
[†] Die klassische Umkehrhypothek funktioniert in dieser Art und Weise: Der Eigentümer bekommt meist von einem Finanzinstitut ein Darlehen (in Monatsraten oder als Einmalbetrag ausbezahlt). Dafür lässt sich der Geldgeber eine Grundschuld auf das jeweilige Haus oder die jeweilige Eigentumswohnung eintragen.

✓ II – Besser einen Plan und Ersparnisse zu haben als keine zu haben

Hoffe auf das Beste, aber bereite dich auf das Schlimmste vor.

– Englisches Sprichwort

Die Ausführungen verdeutlichen vor allem eins: **(1)** Besser über einen finanziellen Plan zu verfügen, als keinen zu haben und **(2)** sich an diesen zu halten, im Wissen, dass dies vor Verhaltensverzerrungen schützt (wie überschätztes Selbstvertrauen oder *Angst* und *Gier*). Dabei kommt Ihnen selbst eine enorme Bedeutung zu.

Eine Vielzahl von Studien zeigen, dass Anleger nicht die Marktrendite erzielen (die besagten 8 bis 10 Prozent), da sie sich selbst im Wege stehen und Fehler und Risiken begehen, die ihren Vermögenszuwachs bzw. ihre spätere Ruhestandsvorsorge schmälern. Wenn Ihr Gesundheitszustand nicht zu kränklich ist, sollten Sie für einen Ruhestand planen, der bis zum Alter von 90 Jahren dauert oder möglicherweise auch länger. Dabei ist auch in Erwägung zu ziehen, wie Sie sich ein höheres Einkommen auf Lebenszeit sichern. Eine Möglichkeit besteht darin, Ihr Pensionsantrittsalter zu verschieben und dadurch eine größere monatliche Rente zu erhalten. Die angeführten Prinzipien in diesem Buch beschäftigen sich deshalb mit einer langfristig erfolgreichen Strategie für Anleger und Investoren und sollen auf eine nachhaltige und umsichtige Vermögens- und Ruhestandsplanung verweisen und den Rahmen liefern, welcher auf Problemstellungen der Anleger und Investoren eingeht und in weiterer Folge Lösungsmöglichkeiten aufzeigt. Damit wir uns dabei nicht selbst im Wege stehen, sind die erläuterten Fehler und Risiken des Investierens und die aufgezeigten Prinzipien zu beachten (rechtliche und steuerliche Themen sind davon nicht ausgenommen). Zumeist nehmen wir die eine oder andere der angeführten Lektionen ernst. Wir geben dem Markt oder der Börse die Schuld an mangelnden Resultaten unserer Veranlagungen oder Investmententscheidungen, anstatt die Fehler bei uns selbst oder unseren Investmentberatern zu suchen und daraus entsprechende Lehren zu ziehen.

√ Prinzip III: Nutze die Zeit, denn sie kann so wertvoll wie Vermögenswerte sein

Der Sieg hat tausend Väter, aber die Niederlage ist ein Waisenkind.

– John F. Kennedy

Planung der Lebenszeit

Wenn das Erwachsenenleben beginnt verfügen wir zumeist über wenig bis gar keine Vermögenswerte und etwaige Schulden, seien diese zur Finanzierung eines Eigenheims, Unternehmensgründungen oder durch andere große Aufwendungen entstanden. Dies alles erscheint auch legitim, da wir noch mehrere Jahrzehnte im Erwerbsleben stehen, sofern uns keine erheblichen gesundheitlichen oder sonstigen Einschränkungen treffen. Wenn wir das Ruhestandsalter erreichen, verfügen wir zwar über ein geringeres laufendes Einkommen, jedoch sollten Ersparnisse angehäuft und Schulden für das Haus oder Auto abbezahlt worden sein. Im Idealfall bestehen diese Ersparnisse dann aus Aktien, Anleihen und anderen Vermögensklassen (siehe dazu in der Folge das nächste Prinzip).

Während diesen beiden Phasen Ihres Lebens (Beginn des Erwachsenenlebens und Ruhestand), ist es wichtig, dass Sie die Zusammensetzung zwischen Schulden und Vermögenswerten richtig gestalten. Schulden *per se* zu verurteilen ist nicht angemessen. Sicherlich können uns diese schnell über „*die Ohren wachsen*", wenn wir uns damit ein Auto oder Immobilien kaufen. Hier gilt es Vorsicht walten zu lassen. Jedoch ist zu bedenken, dass es auch klug sein kann, Fremdmittel (u.a. Kredite) aufzunehmen, da diese uns einen schnelleren Start in unser finanzielles Leben erst ermöglichen.

Gleichzeit sollte begonnen werden Ersparnisse aufzubauen. In der Regel werden diese für größere Anschaffungen, außerordentliche Ereignisse, Kinder oder den Ruhestand geplant. Da wir über ein angemessenes Ausmaß an Zeit früh in unserem Erwachsenenleben verfügen, sollte *ein erheblicher Anteil unserer (zukünftigen) Vermögenswerte in Aktien veranlagt* werden.

Dies vor allem aus drei Gründen: *(1)* Ganz allgemein steht dies in Verbindung mit der Vermögensklasse der Aktien an sich. Dabei zeigt sich, dass die meisten Anleger und Investoren bereits hier Fehler begehen.

Bis zu 80 Prozent des neu angelegten Geldes werden im deutschsprachigen Raum in Bankeinlagen veranlagt. Lediglich ein Bruchteil des Gesamt- vermögens entfällt auf Aktien. Die Geschichte lehrt uns jedoch, dass es zu fortwährenden Preissteigerungen kommt und zu realen Kaufkraftverlusten für die Sparer, welche innerhalb weniger Jahre enorm sein können. Es zeigt sich auch, dass ein hoher Anteil an langfristigen Aktien eine gute Vermögens- aufteilung im Portfolio darstellen kann, da Wertpapiere (Aktien) eine der besten Vermögensklassen sind, um langfristig zu investieren. Dies deshalb, da sie die Preissteigerungen der Unternehmen einbeziehen (Inflation) und reale Beteiligungen an Firmen verkörpern. Das trägt wiederum dazu bei, die Kaufkraft über einen langen Zeitraum gut zu erhalten. *(2)* Ein weiterer Grund, warum ein hoher Anteil in Aktien veranlagt werden sollte ist, dass in den vergangenen 100 Jahren Anleger und Investoren von Aktien ein Kapital- wachstum von etwa 8 Prozent pro Jahr (vor Steuern, Inflation und Gebühren) erzielt haben. Keine andere Anlageklasse bzw. Anlageform – ob nun Immobilien, Anleihen, Gold oder Bargeld – bieten ein vergleichbares Renditepotenzial. Da wir am Beginn unseres Erwerbslebens stehen, kann ein hoher Aktienanteil überdies in Kauf genommen werden, da unsere Vermögenswerte im Portfolio im Vergleich zu den zukünftigen Gehalts- zahlungen (bzw. anderen Einnahmen) noch relativ klein sind. Das bedeutet weniger von Anlageklassen abhängig zu sein, die über die Zeit hinweg eine potenziell geringere Rendite erbringen (wie beispielsweise Anleihen – welche jedoch stabilere Erträge erwirtschaften und geringeren Schwankungen unterliegen). *(3)* Um unseren „*Zeitvorteil*" noch weiter auf unsere Seite zu ziehen, bietet es sich an, die erhaltenen Einnahmen kontinuierlich zu veranlagen.[*] Dies hat den Vorteil regelmäßig Käufe, sowohl zu hohen als

---

[*] Werden Vermögenswerte über einen bestimmten Zeitraum veranlagt, um etwaige Risiken abzufedern, spricht man auch vom *Durchschnittskosteneffekt*. Des Weiteren besteht die Möglichkeit Vermögenswerte *(1)* nach Abwarten eines Markteinbruches

auch niedrigen Preisen an der Börse zu tätigen. Kommt es zu sinkenden Kursen an den Kapitalmärkten (zu größeren Abschwüngen an den Börsen kommt es auch im Durchschnitt alle vier bis acht Jahre), weiß der kluge Anleger und Investor, dass Abschwünge temporäre Verläufe nehmen und nützt diese mitunter noch, um günstige Nachkäufe zu tätigen. Sie sollten sich dabei immer in Erinnerung rufen, dass Ihnen niemand sagen kann, wann diese Korrekturen eintreten (auch wenn Ihnen das viele Börsenteilnehmer, Gurus oder andere Anleger, Fondsmanager oder Investoren glaubhaft machen wollen). Festzuhalten ist jedoch, dass auf Kursabschwünge an den Börsen wieder steigende Kurse folgen (eine entsprechende *„Diversifikation"* – Risikostreuung – vorausgesetzt). Dies war bis jetzt immer der Fall. Im Wissen, dass auf Kurskorrekturen wieder steigende Kurse folgen, können Sie Abschwünge erstens weniger beunruhigen und zweites als Anlass für günstige Nachkäufe nehmen.

Wenn wir uns dem Ruhestandsalter nähern verändern sich unsere zeitlichen Rahmenbedingungen. Nicht nur, dass sich unsere regelmäßigen Einnahmen verändern, sollten wir unser Portfolio in einer Weise anpassen, dass ständige Wertzuwächse sichergestellt sind (gegebenenfalls Erhöhung des Anleihenanteils, um stabilere Erträge durch Zinszahlungen zu erzielen).

Die Anhäufung von Vermögenswerten (der Zinseszins)

Warren Buffett's erste Regel des Investierens lautet: *„Verliere niemals Geld."* Seine zweite Regel lautet: *„Vergiss niemals die erste Regel." Buffett's* Regeln mögen simpel und naiv klingen, jedoch zeigen unsere langjährigen Erfah-

---

oder *(2)* auf einen Schlag zu investieren. Ersteres ist nicht anzuraten, da keine Zeit damit vergeudet werden sollte, Marktbewegungen vorherzusagen. Die erste Option scheidet folglich für den umsichtigen Anleger aus (Abwarten eines Markteinbruches). Viele Anleger und Investoren, die diesen Ratschlägen zuwiderhandelten und ihre Gelder in Spareinlagen *„parken"*, verpassten enorme Zuwachsraten ihrer Vermögenswerte. Zweiteres ist da schon zielführender, geht jedoch ebenso mit entsprechenden Risiken einher.

rungen, dass die meisten Menschen Geld durch überhebliche Investments, Gier, Angst, ständiges Handeln an den Börsen, Optionen, Kredite oder durch ihre eigenen Geschäfte verlieren. Dabei konnte beobachtet werden, dass das Verhalten der jeweiligen Personen (sie selbst) und das ihrer Berater Auslöser für ihre Probleme waren. Leider werden Veränderungen oft erst dann getroffen, wenn der Bogen schon „*überspannt*" ist. Kunden wechseln häufig erst dann ihre Anlage- und Investmentberater, wenn es bereits zu spät ist. Gründe dafür sind die ungenügende Zufriedenheit mit der Beratertätigkeit, die mangelnde Aufmerksamkeit, die man ihnen schenkt oder weil man ihren Wünschen schlichtweg nicht entspricht. Noch schlimmer ist, wenn die gewünschten Resultate ausbleiben oder ein erheblicher Teil der Vermögenswerte der Kunden – entgegen deren Zielsetzungen – unnötigen Risiken ausgesetzt wird und der gewünschte Erfolg ausbleibt. Sie sollten alle Anstrengungen unternehmen, dass Ihnen dies nicht widerfährt und Vorkehrungen treffen (die in diesem Buch genannten Prinzipien beachten), um nicht fehlerhaften oder riskanten Investitionen, Glücksspielen, schlechten Geschäftsabschlüssen, Gier und schlechtem Timing („*Market-Timing*") zu verfallen. Nach mehreren Jahrzehnten an den Kapitalmärkten, kann ich Ihnen definitiv sagen, dass viele Anleger und Investoren dies jedoch nicht beachten und an den Aktienmärkten, mit Derivativen (Finanzinstrument, dessen Preis vom Preis anderer Produkte abhängt – beispielsweise *Optionen* und *Futures*), Immobilien, schlechten Krediten oder dem Glücksspiel Vermögenswerte verlieren.

Eine der wichtigsten Lektionen für das Leben in unserer schnelllebigen Welt ist, dass man über (zumindest einige) Vermögenswerte verfügt, um zu überleben (mag man auch noch so bescheiden leben). Aber um glücklich zu sein, sind ein entsprechendes Maß an Gesundheit (*geistig* und *körperlich*), Freiheit, Liebe und intellektuelle Herausforderungen – und zusätzlich ein entsprechender Lebensstandard – erforderlich.

Um Schutz und Wachstum für zu veranlagende Vermögen sicherzustellen, braucht es mehr als lediglich Kursentwicklungen von Aktien oder Anleihen zu prognostizieren oder vorherzusagen, welche Fonds oder Rohstoffe in absehbarer Zeit gut abschneiden werden. Anleger und Investoren brauchen ein grundlegendes Verständnis der Finanzmärkte, einen klaren Plan und die notwendige Selbstdisziplin, um sich an diesen zu halten – in stürmischen wie in guten Zeiten.

Ein wesentlicher Eckpfeiler dabei ist, das simple, aber wirkungsvolle Konzept des *Zinseszins* (welches sich in beide Richtungen anwenden lässt). Dieses wird häufig Missverstanden oder aufgrund mangelnder Selbstdisziplin nicht konsequent angewendet. Der Zinseszins ist der Prozess, der Geld erst zum Wachsen bringt. Dabei bekommen wir nicht lediglich die Erträge auf unser ursprüngliches Investment, sondern ebenso Renditen auf Erträge, welche auf unserem Konto belassen wurden. Das soll heißen: Wenn Sie 8 Prozent an Rendite pro Jahr erwirtschaften und dies auf 1.000 Euro Startkapital, würden Sie nach 10 Jahren 1.800 Euro besitzen (nach 20 Jahren 2.600 Euro, nach 30 Jahren 3.400 Euro). Dank des Zinseszinses sind diese Zahlen jedoch erheblich größer. So würden Sie, wenn Sie die erhaltenen Zinsen weiter zur Verzinsung heranziehen und auf Ihrem Konto belassen, nach 10 Jahren über 2.159 Euro, nach 20 Jahren über 4.661 Euro und nach 30 Jahren über mehr als 10.062 Euro verfügen. Diese 10.062 Euro sind folglich weit mehr als das Doppelte wert, als würden wir bereits erhaltene Erträge nicht wieder reinvestieren (3.400 Euro). Das heißt folglich, dass mehr als die Hälfte der Gewinne von Gewinnen entsprießen, die wiederum von Gewinnen entstammen. Die anderen Gewinne kommen von Erträgen des ursprünglichen Investments (den erläuterten 1.000 Euro). Die beschriebene Aufzinsung ist eine der wenigen sicheren Straßen, um zu Wohlstand zu gelangen, welche jeder beschreiten kann. Sie brauchen jedoch Selbstdisziplin und Ausdauer, sodass die Kraft des Zinseszinses auch zum Vorschein kommt. Dabei gilt es zu bedenken, dass der Zinseszins nur über die Zeit hinweg seine Wirkung entfaltet.

Beginnen Sie beispielsweise mit dem Investieren nur 10 Jahre später und mit einem Startkapital von 10.000 Euro und einer Rendite von 6 Prozent, so haben Sie nach 35 Jahren um 242.000 Euro weniger, als jemand der 10 Jahre früher mit demselben Anfangskapital begann und eine Rendite von 8 Prozent erzielte. Wie man sieht, kann die Aufzinsung im Zeitverlauf einen exponentiellen Unterschied bewirken. Sparen und investieren Sie über die erläuterten

35 Jahre laufend weiter, und reinvestieren Sie beispielsweise erhaltene Gewinne und Dividenden von Aktien, so erhöht sich dieser Unterschied noch zusätzlich über die Zeit hinweg. Aufgrund der „*Kraft*" des Zinseszinses, wird dieser auch gerne als „*Weltwunder*" bezeichnet.

Für diese große Kluft zwischen diesen beiden Anlegern ist jedoch nicht lediglich das „*Wunder*" des Zinseszinses verantwortlich, sondern auch das Fehlen und die mangelnde disziplinierte Umsetzung eines Anlageplans und Investmentansatzes, der auf bestimmten Prinzipien beruht, welche aus einer Reihe von Gründen, die noch Erläuterung finden, nicht befolgt werden (siehe u.a. den Abschnitt zum Verhalten der Anleger und Investoren).

Der Effekt des Zinseszinses hat jedoch auch Nachteile. *(1)* Die Opfer, welche Sie bringen müssen sind, dass Sie Gelder nicht ausgeben und gleichzeitig verzinsen können. *(2)* Es kann lange dauern und langweilige Züge annehmen, bis Sie die Früchte ernten. *(3)* Vergessen Sie nicht, dass der Zinseszins auch in die andere Richtung arbeitet. So begeistert Sie von dem Konzept auch sein mögen, führen Sie sich immer vor Augen, dass Verlustjahre genauso kumulativ wirken wie Gewinnjahre. Dabei können Kredite über die Zeit hinweg enorme Auswüchse annehmen. Wenn Sie Ihrer Bank 10.000 Euro Schulden und die Überziehungszinsen 15 Prozent betragen, so stauen sich nach 5 Jahren Schulden in Höhe von über 20.000 Euro an.

Die Aufzinsung kann ihre volle Wirkung entfalten, wenn Sie ein gewissenhafter Sparer sind. Dies soll heißen, dass Sie durch zielstrebiges, beständiges Sparen viel zu Ihrem Wachstum Ihres Portfolios beitragen können. Ohne Anfangskapital werden Sie jedoch kaum an Ihre Ziele herankommen. Es sollen nun einige gewichtige Gründe angeführt werden, warum es sich „*bezahlt*" macht, weniger auszugeben und mehr zu sparen:

#1 Wenn Sie es schaffen rund 15 Prozent Ihres Einkommens jährlich anzusparen und entsprechend zu investieren, sind Sie andern Anlegern bereits weit voraus (die durchschnittliche Sparquote der Haushalte liegt weit unter diesem Wert). Dies hat auch einen angenehmen Nebeneffekt: Da Sie bereits gelernt haben mit weniger auszukommen, brauchen Sie auch im Ruhestand den „*Gürtel*" nicht noch enger schnallen. Darüber hinaus gelangen wir auch schneller an unsere gewünschten Ansparsummen.

#2 Auch können wir durch strebsames Sparen mehr Zufriedenheit erlangen. Menschen sind sich häufig nicht darüber im Klaren, was „*notwenige Ausgaben*" sind und was nicht. Diese *notwendigen Ausgaben* steigen immer dann, wenn unsere Einnahmen und unser Einkommen steigen, sofern wir uns nichts anderes zum Ziel gesetzt haben. Deswegen ist es klug, sich der zuvor genannten Sparrate bewusst zu sein. Sie werden auch bemerken, dass das Leben im Rahmen unserer Möglichkeiten dazu führt, eine höhere finanzielle Zufriedenheit zu erfahren.

#3 Sie sollten Ihre Ausgaben- und Lebensgewohnheiten gründlich untersuchen. Viele von uns wissen, wo ihr Geld hinfließt, jedoch machen sie sich keine Gedanken über bestimmte Ausgaben, welche ohne viel Nachdenken einfach hingenommen werden. Häufig können gerade hier, bei solch stillschweigenden Aufwendungen, Kürzungen vorgenommen werden.

#4 Wie wir bereits gehört haben, befriedigen uns materielle Güter nicht langfristig. Impulsive Käufe haben lediglich vorübergehende Auswirkungen auf unser Wohlbefinden. Wenn wir uns hingegen etwas Zeit vor Anschaffungen einräumen, können wir in Ruhe darüber nachdenken, ob denn die Ausgaben in Relation, nicht nur zum erhaltenen Nutzen, sondern auch zu einer dem ausgegebenen Geld entsprechenden Freude stehen werden.

#5 Wie bereits gezeigt wurde, verhilft uns ein früherer Start des Sparens und Investierens zu einer Reihe von Vorteilen. Es schafft auch für Sie Erleichterungen, nämlich in dreifacher Form. *(I)* Je früher Sie Ansparraten ins Auge fassen, desto schneller kann der Zinseszins seine „*Fahrt*" aufnehmen. Die Erträge auf die bereits erhaltenen Erträge können, wie bereits geschildert, so exponentiell ansteigen. *(II)* Durch den früheren Start reduzieren wir zusätzlich das Risiko, dass Abschwünge an den Börsen uns hart treffen. So müssen wir nicht noch zusätzlich unsere Ansparquote erhöhen und können auf den „*Rückenwind*" der Finanzmärkte zählen. *(III)* Wenn Sie früher für Ihre finanziellen Ziele zu sparen beginnen, so werden die monatlich erforderlichen Ansparraten geringer sein, da Sie Ihre „*Aufwendungen*" ganz einfach über mehrere Monate verteilen können.

Die meisten von uns wissen, dass es wichtig ist Ersparnisse für eine Reihe von Zielen auf die Seite zu legen. Sei dies für Rückführungen von Immobilienfinanzierungen, die Ausbildung für die Kinder, Ruhestandsplanungen oder andere persönliche Vorhaben. Und obwohl wir dies wissen, fällt es uns schwer entsprechend vorzusorgen und Gelder anzusparen. Die fünf angeführten Gründe können als Motivation dienen, um weniger Ausgaben zu tätigen und mehr zu sparen.

Achten Sie auf Ihr Budget

Die beschriebenen Gründe, warum es klug ist über Ersparnisse zu verfügen und diese entsprechend zu investieren leuchten ein. Dennoch tun es die meisten Menschen nicht. Dies liegt auch zu einem Teil darin begründet, dass darüber *(I)* mangelndes Bewusstsein herrscht und *(II)* ein erheblicher Teil unseres Spar- und Investitionsverhaltens von Mechanismen gesteuert werden, welche aus einem Zeitraum stammen, in welchem es um das nackte Überleben ging. *Selbstkontrolle* war vor hunderten von Jahren nicht nötig und man konsumierte sofort und alles was man bekommen hatte. Muster, die unser Verhalten beeinflussen (u.a. Konfrontation, Kampf, Angriff und Flucht), wirken sich auch heute noch auf unsere erhaltenen Einnahmen und Erträge aus und auf das Investitionsverhalten der Anleger und Investoren.

Wir wissen zumeist, dass wir zu wenig sparen, mäßig Sport betreiben, häufig fragliche Einkäufe tätigen oder Kreditschulden nicht entsprechend bedienen. Menschen, die das, was sie sich wünschen, mit dem was wirklich wahr ist verwechseln, schaffen sich selbst verzerrte Bilder der Realität. Dies wiederum macht es ihnen unmöglich, die besten Entscheidungen zu treffen. Das bedeutet folglich, dass Sie sich manchmal Ihren negativ behafteten „*Neigungen*" stellen müssen, um einen ersten Schritt in Richtung Ihrer Ziele zu machen. Das in der Folge noch näher beschriebene Denken in mehreren Konsequenzen (erster/ zweiter/ dritter Ordnung) kann hier ebenso Abhilfe schaffen (von kurzfristig wünschenswerten auf langfristigere Auswirkungen zu schließen).

Im praktischen Sinne kann das heißen, sich selbst Regeln aufzustellen und sich daran zu halten. Häufig wird mit erhaltenen Dividenden, Einnahmen aus nebenberuflichen Tätigkeiten, Überstundenzahlungen, Versicherungs- oder Steuerrückzahlungen anders und leichtfertiger umgegangen als mit unseren Einkünften unserer Beschäftigung. So zeigten Forscher anhand von Studien, dass diese irrationalen Verhaltensweisen (wonach unverhoffte Einkünfte weniger rationalen Überlegungen unterliegen) durch *mentale Kalkulationen* (auch Bildung mentaler Konten), die jeder von uns (unbewusst) anstellt – auch fernab der Geldanlage – vonstattengehen. Dabei kam deutlich zum Ausdruck, dass Menschen (imaginäre) Konten bilden und ihnen dies nicht immer bewusst ist. Durch die Aufstellung praxisrelevanter Regeln, sodass Ausgaben lediglich von unserem Bankkonto erfolgen und wir alle erhaltenen Prämien, Dividenden, Einnahmen aus nebenberuflichen Tätigkeiten, Überstundenzahlungen, Versicherungs- oder Steuerrückzahlungen u.Ä. ansparen, kann Ihre Sparquote erheblich gesteigert werden. Dabei sollten Sie sich zum Ziel setzen, Ihre Sparkonten, Ruhestandsvorsorgen und andere Ersparnisse nicht anzufassen.

Für Investments und Geldanlage bedeutet dies, dass Sie sich nicht einer „*Illusion*" des Sparens und Investierens hingeben sollten (den angeführten *mentalen Kalkulationen*). Es sollen folglich keine Summen angespart werden und parallel dazu Schulden angehäuft bzw. es zu einer ständigen Überziehung Ihrer Konten kommen. Treten solche Verhaltensweisen zu Tage, spricht man in der Forschung von Verzerrungserscheinungen, welche der Heuristik der *Komplexitätsreduzierung* zuzuordnen sind. Sparer und Anleger betrachten dabei Vermögenswerte und Veranlagungen isoliert. Im Bewusstsein dessen wird es Ihnen leichter fallen, Ihre finanziellen Ziele zu erreichen und dabei über ein entsprechendes Maß an Selbstkontrolle zu verfügen.

Machen Sie den ersten Schritt

Menschen sind verschieden und haben unterschiedliche Zugänge zu Geld, Investments und Ersparnissen. Zum Teil weil Sie unterschiedliche Erfahrungen in Ihrem Leben gesammelt haben, zum Teil auch aufgrund mangelnden finanziellen Wissens in unserer Gesellschaft. Wir haben das Glück in einer freien Gesellschaft zu Leben und haben die Wahl unbeeinflusst Entscheidungen zu treffen. Manche Menschen leben mehr im Augenblick (*heute*) andere wiederum denken mehr an das Morgen – mit mehr Weitblick wenn man so will. Egal wo Sie sich einordnen, sollten Sie zumindest mit einem Auge an das Morgen denken. Wir wissen nicht wie lange uns bleibt, deshalb sparen und investieren wir heute, um für die Zukunft Ausgaben zu tätigen, bzw. für diese besser gerüstet zu sein.

Die Gründe für das Leben im *„Jetzt"* sind *(1)* die Möglichkeit der augenblicklichen Befriedigung. Mangelnde Selbstbeherrschung oder unzureichende Berücksichtigung von alternativen Verwendungsmöglichkeiten (das Konzept der *Opportunitätskosten* wird dementsprechend zumeist nicht verstanden oder ist erst gar nicht geläufig – dieses wird in der Folge noch näher erläutert) können dafür verantwortlich gemacht werden. Ein weiterer möglicher Grund *(2)*, warum sich Menschen mehr auf das *Heute* konzentrieren ist, dass wir morgen vielleicht nicht mehr unter den Lebenden verweilen. Zugegeben, wenn unser letztes *„Stündchen"* schlägt sind wir mit unseren Gedanken wahrscheinlich wo anderes, als bei unseren Vermögenswerten. Zumal wir unseren Nachlass mitunter ohnehin schon zu Lebzeiten aufgeteilt haben.

So sehr Sie auch im Augenblick leben, so sei Ihnen auch gesagt, dass es ein guter Rat ist, sich nicht jeder *„Versuchung"* hinzugeben. Heute 20-jährige haben eine über 80 prozentige Chance das 65. Lebensjahr zu erreichen (noch ältere Jahrgänge haben eine noch höhere Aussicht auf dieses Alter). Einen *Kompromiss* zu finden, welcher eine hohe Wahrscheinlichkeit ein stolzes Lebensjahrzehnt zu erleben und ebenso einschließt zu sparen und zu investieren, bei gleichzeitiger Vermeidung bzw. Reduktion von Schulden, ist daher angebracht.

Deshalb sollten Sie mit Weitblick an das *Morgen* denken. Die Gründe dafür sind noch vielfältiger als die zuvor genannten. *(1)* Sie müssen sich darüber im

Klaren sein, dass Zeit unendlich viel wertvoller als Geld ist. Eine kluge und bedächtige *Vermögensallokation* (auf das Konzept der Aufteilung der Vermögenswerte wird in der Folge näher eingegangen) ist die Grundlage für einen erfolgreichen langfristigen Investitionsplan, während eine umsichtige *Zeitallokation* (= einen sinnvolle mir entsprechende Zeiteinteilung) die Grundlage für einen erfolgreichen langfristigen Lebensplan ist. Anleger und Investoren berücksichtigen zumeist *Ersteres* (Investitionsplan) jedoch selten *Letzteres* (Lebensplan). Seien Sie sich daher im Klaren, dass kein Geldbetrag die Vergangenheit kaufen kann. Konzentrieren Sie sich daher mehr auf Letzteres. Denken Sie dabei daran, dass 1.000 Euro, welche wir heute nicht ausgegeben haben, nicht 1.000 Euro für zukünftige Ausgaben sind. Vielmehr können diese 1.000 Euro durch umsichtiges Investieren 3.000 Euro für Ihre Ruhestandsplanung sein. Dies dank des Zinseszinses und aufgeschobener Ausgaben. Der gegenteilige Weg ist ebenso zu berücksichtigen. Geliehene 1.000 Euro oder aufgeschobene Kredite von heute können 2.000 Euro oder ein Vielfaches von morgen kosten. Zinsen und Zinseszinsen sind auch hier zu berücksichtigen. *(2)* Wenn wir heute etwas weniger ausgeben und damit morgen mehr Geld zur Verfügung haben, verschaffen wir uns ein Gefühl der finanziellen Sicherheit. Diese finanzielle Sicherheit verschafft uns ebenso ein Stück weit eine höhere Lebensqualität, da wir uns bewusst sind, dass etwaige *„üble"* Überraschungen gedeckt und auch laufende Rechnungen leicht bezahlt werden können. Zusätzliche Ersparnisse oder ersparte Einkäufe, erhalten dabei nicht die Aufmerksamkeit, welche Sie verdienen. Renditen an den Börsen wird die meiste Beachtung geschenkt, doch ist es mindestens genauso wichtig wie viel Sie sparen. Wenn Sie über 30 Jahre 8 Prozent Ihres Einkommens (= 5.000 Euro) sparen und das bei 1 Prozent an Rendite, so schlagen Sie damit bei weitem eine Rendite von 8 Prozent und einer jährlichen Sparrate von 1 Prozent (625 Euro) Ihres Einkommens (70.800 gegenüber 173.900 Euro). Sie sehen wie wichtig Sparen bei Ihren Veranlagungsentscheidungen ist. *(3)* Ein weiterer Anstoß an das Morgen zu denken, könnte sein, wenn wir Ausgaben bewusst verzögern. Damit treffen wir nachdenklichere Kauf-Entscheidungen, welche wir weniger wahrscheinlich bereuen. Damit einher geht die Möglichkeit der Vorfreude, welche das flüchtige Zufriedenheitsgefühl von Impulskäufen bei weitem übertrifft. Es wurde bereits erläutert, dass diese Vorfreude den Genuss steigert und auch das es ist, was uns ein Stück weit glücklicher macht.

Sie sehen, an das *Morgen* zu denken, kann Ihnen nicht nur finanzielle Vorteile einbringen, sondern auch immaterielle Freuden. Dennoch scheinen viele Europäer ihrem Verhalten nach nicht an das Zukünftige zu denken. Dies zeigt sich an mangelnden finanziellen Kenntnissen, dem Nichtvorhandensein einer Ruhestandsplanung oder einer angemessenen Altersvorsorge, sowie Renten-antrittsaltern, welche mit der Lebenserwartung nicht Schritt halten. Ein *düsterer Blick* in die Zukunft scheint für die überwiegende Anzahl der Menschen als nicht gerechtfertigt, blickt man auf die zuvor genannten Zahlen der Lebenserwartung.

Es gibt keinen besten Tag um zu starten

Die Wahrheit ist, dass es nicht einfach ist, dauerhaft und strebsam sich dem Sparen und dem langfristigen Investieren Ihrer Ersparnisse zu verschreiben. Ausgaben zu kontrollieren und Investments zu managen kann auf die Dauer entmutigen, wo doch der Ruhestand und andere finanzielle Ziele noch in weiter Ferne zu liegen scheinen. Die Wahrheit ist aber, dass es keinen besten Zeitpunkt gibt, um mit dem Sparen zu beginnen. Genauso wenig wie es keine perfekte Zeit gibt, um in die Finanz- und Aktienmärkte zu investieren. Niemand kann in die Zukunft blicken und die meisten Prognosen stellen sich rückblickend als falsch heraus. Deshalb sollte man keine unnötige Zeit damit vergeuden zu überlegen, wann wir aus dem Arbeitsleben ausscheiden werden, uns ein einschneidendes Lebensereignis trifft oder an den Kapitalmarkten zu warten bis der nächste Marktabschwung kommt, in der Hoffnung auf einen Marktaufschwung in absehbarer Zeit.

Da wir nun wissen, dass jederzeit die beste Zeit ist, um zu sparen und zu investieren, sollten wir uns nun den diesbezüglichen anfänglichen Schwierig-keiten widmen. Die beginnenden Jahre können etwas mühselig für Sie sein, da wir zu Beginn des Ansparens über lediglich bescheidene Summen verfügen werden. Aber mit der Zeit und etwas Geduld kommt zum Vorschein, dass sich selbst aus bescheidenen Summen, sehr ansehnliche Beträge entwickeln können. Neben der bereits erläuterten Wirkung des Zinseszinses, ist ebenso die Aufzinsung unter Berücksichtigung regelmäßiger Ansparraten beeindruckend. Wenn Sie 150 Euro monatlich ansparen und das mit einer Verzinsung von 6 Prozent pro Jahr werden die Ansparsummen über die Zeit hinweg beeindruckend sein. So erhält man nach einem Jahr 1.859 Euro, nach fünf Jahren 10.477 Euro, nach 10 Jahren 24.497 Euro und nach 40 Jahren *„mausern"* sich die Ansparraten zu beachtlichen 287.625 Euro. Wie Sie diesen Zahlen entnehmen können, werden die ersten Jahre mitunter etwas entmutigend sein. Mit der Zeit schreitet die Aufzinsung jedoch schneller voran und Sie werden dies dann mehr genießen können. Dies liegt daran, dass Sie den Punkt erreichen werden, wo die jährlichen Zuwächse auf Ihre Veranlagungen und Investments, die Summe überschreiten werden, welche Sie jährlich ansparen. So bekommen Sie im 13. Jahr bereits Gutschriften in Höhe von 1.940 Euro, welche bereits höher sind als Ihre jährliche Ansparrate von 1.800 Euro (im Gegensatz zum fünften Jahr, wo die Relation noch 546 Euro zu 1.800 Euro betrug). Ab dem Zeitpunkt, wo die jährlichen Veranlagungsgewinne Ihre Ansparraten übersteigen, werden Ihre Vermögenswerte durch die Kombination von Ansparsummen und Investmentgewinne ein zunehmend schnelleres Wachstum erleben.

Der langfristige Anleger kennt dieses Überschreiten der *„kritischen Masse"*, wird dafür *„belohnt"* und trägt so seine *„Früchte"* in Form von überdurchschnittlichem Wachstum und Zinsansammlungen davon. Von diesem Punkt an geht es mit Ihren Veranlagungen bergauf, da Sie vor allem durch die Kapitalmärkte *„Rückenwind"* erfahren werden und Sie so Ihre Investments *„hebeln"*. In den kommenden Jahren werden Ihre Anlagegewinne somit den Betrag, den Sie jährlich Ansparen und Investieren, in den Schatten stellen. All dies setzt jedoch voraus, dass Sie in den ersten Jahren Ihres Erwerbslebens mit dem Sparen beginnen und daher relativ schnell eine entsprechende Summe erhalten, welche Sie langfristig investieren. Wenn Sie dagegen zu lange zuwarten und das Sparen aufgrund von Krediten und anderen Ausgaben ständig aufschieben, werden Sie nicht annähernd so viel Hilfe von den Finanz-

und Kapitalmärkten erhalten. Sie müssten dann jeden Monat jede Menge Geld auf die Seite legen, um für Ihren Ruhestand entsprechend vorzusorgen. Dies soll Sie jedoch auch nicht entmutigen, wenn Sie bereits ein stolzeres Lebensalter erreicht haben, denn den Zinseszins kann sich jeder zu Nutze machen und die Lebenserwartung steigt ohnehin laufend an (wie bereits erläutert wurde, haben heute 65 jährige gute Chancen das Alter von 90 Jahren zu erreichen). Die Kehrseite der Medaille ist aber auch diesen Umstand nicht als Anlass für die Aufschiebung Ihrer Ansparraten zu nehmen.

Wenn wir die eingangs erläuterten entmutigenden Anfangsjahre überstehen und ein bescheidenes Portfolio bestehend aus unseren Vermögenswerten aufbauen können, so werden die Belohnungen immens sein – und wir sollten beginnen, die erstaunlichen Vorteile eines frühen Starts zu erkennen. Dabei ist es nie zu spät den ersten Schritt zu tun.

Behalten Sie die Kontrolle über Ihr finanzielles Leben

Wenn Sie in den Zwanzigern oder Dreißigern mit dem Sparen beginnen und einen anständigen Teil ihres Einkommens und Ihrer Erträge angemessen und langfristig investieren, haben Sie nicht lediglich das richtige Maß an Kapitalrendite und Zeit gewonnen. Sie können auch Ihre Lebenshaltungskosten senken. Wenn Sie etwas gespart haben, können Sie die Gesundheits-, Eigenheim-, Rechts- und Autoversicherung reduzieren. So können auch längere Wartezeiten in Kauf genommen werden, bevor Leistungen Ihrer Kranken- und Invaliditätsversicherung in Anspruch genommen werden. Ein weiterer angenehmer Nebeneffekt ist, dass genug Ersparnisse angesammelt werden, damit Ihre Familie finanziell abgesichert ist, wenn Sie nicht mehr unter ihnen weilen. Daher können Sie auch hier an den „*Schrauben drehen*", da Sie wahrscheinlich Ihre Lebensversicherungssummen reduzieren oder gänzlich auflösen können. All dies senkt Ihre Versicherungskosten und schafft zusätzlich Einsparpotenzial und Freiräume für Sie.

Was aber wenn Sie Ihre *Altersvorsorge-Pläne* (aus welchen Gründen auch immer) aufschieben mussten und Ihre Zielsumme, welche Sie ansparen müssten, monatlich so hoch wäre, sodass dies Ihre Möglichkeiten übersteigt? Ein zu langes Zuwarten zum Ansparen birgt den inhärenten Nachteil in sich, dass Sie mit weniger Hilfe von den Finanz- und Kapitalmärkten rechnen können. Dies soll heißen, dass der Zeitpunkt, wo die jährlichen Veranlagungs-gewinne Ihre Ansparraten übersteigen, in weitere Ferne rückt und die Investmentgewinne ein etwas langsameres Wachstum „*abwerfen*" werden. Aber auch dem können Sie entgegenhalten.

Sie könnten die Zeit am anderen Ende Ihres Erwerbslebens zu Ihrem Vorteil nutzen, indem Sie den Ruhestand um einige Jahre nach hinten verschieben. Das gibt Ihnen mehr Zeit zum Sparen und mehr Zeit zur Ansammlung von Investmentgewinnen (sodass die jährlichen Veranlagungsgewinne Ihre Ansparraten über einen längeren Zeitraum übersteigen). Dabei liegt auf der Hand, dass Sie Ihren Ruhestand verkürzen. Dies bedeutet folglich, dass Sie bei Verlassen des Erwerbslebens möglicherweise Ihre monatlichen Entnahmen aggressiver gestalten können. Wenn Sie später aus Ihrer Beschäftigung ausscheiden, kann dies darüber hinaus Verzögerungen bei der Inanspruchnahme von Sozialversicherungsleistungen bewirken, welche ebenfalls Vorteile in sich bergen – nämlich in Form von höheren monatlichen Auszahlungen. Wenn Sie jedoch nicht länger im gewohnten Ausmaß im Arbeitsleben verweilen möchten, so können Sie immer noch Ihre Arbeitszeit reduzieren. Das bewirkt wiederum, dass bei der Ausübung einer Teilzeit-beschäftigung kaum regelmäßige Ansparraten für Ihre Veranlagungen getätigt werden können. Jedoch muss Sie dies nicht weiter stören, da Sie die monatlichen Entnahmen für *Altersvorsorge-Pläne* (Ihre gewählte Zielsumme, welche Sie erreichen möchten) durch die gewählte reduzierte Beschäftigung hinauszögern können. Sie räumen damit Ihrem Portfolio zusätzliche Zeit ein, Anlagegewinne zu erzielen. Sie sehen, durch die Ausgestaltung eines möglichst flexiblen Portfolios haben Sie Freiräume, welche Sie individuell gestalten können.

In der Zwischenzeit bedeutet Ihr wachsendes Vermögen, dass Sie niemals Ihr Konto überziehen und die damit verbundenen „*strafbaren*" Finanzierungskosten tragen müssen (Finanzierungskosten können – ebenso aufgrund des Zinseszinses – über die Zeit hinweg enorm sein). Möglicherweise können Sie vor dem Kauf Ihres ersten Eigenheims auch 30 Prozent ansparen, um die Kosten einer privaten Hypothekenversicherung zu vermeiden. In ähnlicher Weise können Sie andere größere Anschaffungen, wie Autos oder Möbel, bar bezahlen oder zumindest den geliehenen Betrag niedrig halten, um die von Ihnen gezahlten Zinsen zu senken. Und wenn Sie Kredite aufnehmen, können Sie sich, aufgrund Ihres zunehmenden Wohlstands und Ihrer steigenden Bonität, für einen niedrigeren Zinssatz qualifizieren. Dabei sind Fremdkapital und Kredite nicht gänzlich abzulehnen, sofern der Zinssatz für das aufgenommene Darlehen unterhalb der Rendite liegt, welche Sie mit Ihren Veranlagungen und Ersparnissen erzielen (das damit in Verbindung stehende Konzept der *Opportunitätskosten* wird in der Folge noch erläutert). Darüber hinaus besteht die Möglichkeit eine Menge weiterer Gebühren zu vermeiden, einschließlich solcher für Finanzkonten, welche unter einem bestimmten Mindestbetrag liegen. Möglicherweise verfügen Sie sogar über genügend Ersparnisse dank Ihrer Veranlagungen, dass Sie Sonderkonditionen für sofortige Bezahlungen bekommen und um sich für die Gebührenreduzierung bei großen Konten zu qualifizieren, die von einigen Finanzinstitutionen für bestimmte Dienstleistungen angeboten werden.

Dies klingt nicht nur sinnvoll und ansprechend, es ist es auch. Anstatt sich dem häufig undurchsichtigen Finanzleben einfach *„auszuliefern"*, haben Sie die Kontrolle. Wenn Sie Einsparungen verwirklichen, können Sie Ihre Lebenserhaltungskosten senken. Das gibt Ihnen wiederum noch mehr freie Vermögenswerte, um jeden Monat Ansparungen und Investments zu tätigen. Es ist ein tugendhafter Zyklus, welcher Sie auf die Überholspur zur finanziellen Unabhängigkeit führt. Dies alles setzt voraus, dass Sie den ersten Schritt machen, sich an die angeführten finanziellen Eckpfeiler halten und Kontrolle für Ihr finanzielles Leben übernehmen.

–

✓ III – Investieren und Sparen Sie früh, regelmäßig und langfristig und nutzen Sie den Zinseszins

Der Langsamste, der sein Ziel nicht aus den Augen verliert, geht immer noch schneller als der, der ohne Ziel herumirrt.

– Gotthold Ephraim Lessing

Viele von uns beginnen das Erwachsenenleben mit wenig Vermögenswerten, jedoch mit viel Zeit. Dies kann sich als Vorteil für die Anleger und Investoren erweisen, wenn sie das Konzept des Zinseszinses verstehen, welcher bereits kleine Summen in erhebliche Vermögenswerte transferieren kann. Die Früchte, die der Zinseszins über die Zeit hinweg trägt, können enorm sein. Jedoch ist anzuführen, dass Anleger und Investoren dies häufig (aufgrund der bereits erläuterten mangelnden Selbstdisziplin) nicht beachten. Einkäufe, üppiges Essen oder Ausgaben für Dinge, die uns am Herzen liegen, mögen sich heute gut anfühlen, lassen uns aber am nächsten Tag zumeist schlechter fühlen. Deswegen ist es besser Entscheidungen mit Weitblick zu treffen und in Konsequenzen mehrerer Ordnungen zu denken. Das Ergebnis, das Sie als Konsequenz erster Ordnung erhalten, kann kurzfristig wünschenswert sein (beispielsweise kein Sport; Einkäufe u.ä.), während die Konsequenzen zweiter oder dritter Ordnung das Gegenteil sein können (ein entsprechendes Erscheinungsbild; weniger Ersparnisse). Für Sie gilt es *festzuhalten*: Um das Beste aus dem Zinseszins Ihrer Veranlagungen herauszuholen, sollten Sie sich bemühen, gleich nach dem Eintritt in das Erwerbsleben mit dem Sparen zu beginnen und Vermögenswerte entsprechend zu veranlagen (wobei es auch sinnvoll ist später zu beginnen, wie erläutert wurde). Sie müssen dann die Geduld aufbringen, ein oder zwei Jahrzehnte lang regelmäßig zu sparen, soll der Punkt der „*kritischen Masse*" erreicht werden, an dem Ihre jährlichen Investitionsgewinne die Summe übersteigen, welche Sie jedes Jahr für Ihre Investments ansparen. Dabei sollten Sie Ihr zunehmend anwachsendes Vermögen nutzen, um nach Möglichkeiten Ausschau zu halten, die Kosten reduzieren – an dieser Stelle zu nennen, beispielsweise Aufwendungen für Kreditaufnahmen, Versicherungen und ähnliche Ausgaben.

√ Prinzip IV: Spareinlagen und Bargeld sind keine guten Investments und Veranlagungen

Geld kostet oft zu viel.

– Ralph Waldo Emerson

Bedeutung unterschiedlicher Zeiträume für den langfristigen Erfolg

Zeiten andauernd steigender Märkte mit hohen Bewertungen und leicht steigenden bis stagnierenden Zinssätzen, wie wir diese von 2009 bis 2020 beobachten konnten, können Anleger und Investoren davon abbringen, ihre Vermögenswerte in die Finanz- und Kapitalmärkte zu investieren. Dies deshalb, da sie sich nicht darüber im Klaren sind, dass es keinen idealen Zeitpunkt gibt, um in die Märkte Gelder zu veranlagen. Es sollte auch keine Zeit damit vergeudet werden, Marktbewegungen vorherzusagen. Jedoch warten Anleger und Investoren auf Korrekturen an den Börsen oder auf einen Markteinbruch (sie versuchen also den Markt/ die Börse vorherzusagen) und möchten so den Vorteil auf ihre Seite ziehen (die Wahrheit ist jedoch, dass sie damit schlechtere Renditen erzielen). Viele Anleger und Investoren, die diesen Ratschlägen zuwiderhandelten und ihre Gelder in Spareinlagen „parkten", verpassten enorme Zuwachsraten für ihre Vermögenswerte. Gerade diese Zuwächse sind es aber, die Sie benötigen, wollen Sie entsprechende Resultate für Ihre Ansparpläne und Ziele erreichen.

Wichtig ist jedoch nicht lediglich dieses „Konzept", der mangelnden Vorhersagekraft zu verstehen, sondern auch die von Emotionen getriebene Verhaltensweisen (dazu später noch ein separater Abschnitt). Anleger werden zumeist gebeten ruhig zu bleiben, wann immer Aktien sich im freien Fall befinden. Bleiben Sie investiert und halten Sie den Kurs, raten Experten, Börsengurus, Newsletter und die Medien. Wenn Sie lange investieren müssen, spielt diese Art von Marktverrücktheit tatsächlich keine Rolle. Das trifft es jedoch nicht ganz auf dem Punkt. Sicher, Sie können sich nicht in die Knie zwingen lassen, den Kurs halten und nicht zur Panik neigen. Und in der Tat, nach schlechten Marktrenditen zeichnen sich schließlich gute Ergebnisse ab (eine entsprechende Risikostreuung vorausgesetzt). Das war bist jetzt immer der Fall. Jedes Mal. Da robuste Geschäftsmodelle und Unternehmensgewinne dem Wirtschaftswachstum und den Aktienkursen wieder auf die Beine helfen und diese in die Höhe treiben. Ich bin kein Verfechter von kurzfristigen Handlungsweisen, aber dennoch gilt es diese im langfristigen zeitlichen Verlauf zu berücksichtigen.

Im Zusammenhang mit den unterschiedlichen Zeiträumen ist anzuführen, dass es nicht nur wichtig ist, wo Sie gerade in Ihrem Leben stehen. Es muss ebenso berücksichtigt werden, wie sich die Resultate/ bzw. Leistungen Ihres Portfolios mit Ihren tatsächlichen (oder beabsichtigten) Käufen und Verkäufen überschneiden. Wenn Sie etwa am Beginn Ihres Erwerbslebens stehen und noch relativ jung sind, beginnen Sie womöglich für den Ruhestand vorzusorgen und möchten Ihre Veranlagungen und Investments natürlich an Wert gewinnen sehen. Auch wenn Sie zu Beginn lediglich geringe Summen veranlagen (welche, wie wir bereits gehört haben, sich zu erheblich größeren steigern können). Jedoch empfiehlt sich genau Gegenteiliges (wie so häufig, zeigt sich auch hier, dass *konträre Denkweisen* an der Börse zumeist die richtigen sind). Stehen Sie gerade am Anfang Ihrer beruflichen Laufbahn, wäre es für Sie vorteilhafter, wenn es zu einem Abschwung an der Börse käme, gefolgt von einem lang anhaltenden Bullenmarkt (stetig steigende Kurse), bis Sie sich in den Ruhestand verabschieden. Auf diese Weise kaufen Sie Aktien zu unterbewerteten Kursen („*Discountpreisen*") und erhalten in der Folge, wenn Sie das wirtschaftliche Umfeld entsprechend entwickelt, steigende Kurse mit höheren Bewertungen.

Die Kehrseite der *Medaille* ist jedoch, wenn Sie sich zu einem weniger „*gesegneten*" Zeitpunkt an der Börse engagieren, werden Sie magere Renditen an den Finanz- und Kapitalmärkten erhalten. Bedenken Sie die schwierigen Situationen, in welchen sich die Börsen in den Jahren 2000/01 (Dotcom-Blase) oder zu Beginn des Jahres 2008 (Finanzkrise) befanden. Dies würde Sie stärker treffen, wenn Sie zu dieser Zeit gerade das Erwerbsleben verlassen und in den Ruhestand treten. Wenn Sie jedoch noch einer Beschäftigung nachgehen, kann ein starker Marktrückgang zum Anlass genommen werden, um günstige Nachkäufe zu tätigen. Da wir wissen, dass langfristig Börsen, Indizes und Wertpapiere steigen, sind unvermeidliche Kurskorrekturen viel besser zu verdauen. So können Sie etwaige monatliche Ersparnisse sinnhaft nutzen und bessere Resultate erzielen. Wenn Sie jedoch den Ruhestand antreten, sieht die Sache wieder anders aus. Anstatt Aktien, Anleihen oder andere Wertpapiere zu erwerben, möchten Sie diese abgeben (zu einem entsprechenden Kurs). In der Tat kann Ihr Erspartes, wenn Sie gerade den Ruhestand antreten, eine ansehnliche Summe erreicht haben (Zinseszins wurde bereist erläutert). Dabei gilt es jedoch zu berücksichtigen, dass etwaige Bärenmarkte enorme Auswirkungen auf Ihren *„finanziellen Polster"* haben können. Sie können dem jedoch entgegenhalten, indem Sie sich gegen einen Abschwung an den Finanz- und Kapitalmärkten rüsten. Dies ist auch deshalb notwendig, da Sie vor der Situation stehen können, auf Ihr Erspartes zurückgreifen zu müssen, just zu dem Zeitpunkt, zu welchem es zu einer Kurskorrektur an den Märkten kommt. Das Risiko dabei: Mitunter erholt sich Ihr Portfolio nicht wieder davon. Etwaige Umschichtungen, auf Ihre persönliche Situation abgestimmt, wären folglich anzuraten. Anleihen stellen eine etwaige Möglichkeit dar. Diese weisen eine etwas geringere Schwankungsbreite auf, jedoch ebenso etwas geringere Renditen als Aktien. Wäre dies anderes (hätten Anleihen ebenso die gleiche Rendite, jedoch eine gleichbleibend niedrige Schwankungsbreite), würden die meisten Anleger und Investoren in Anleihen investieren. Dies würde jedoch in der Folge wieder die Renditen dieser Anlageform schmälern. Sie sehen, dass unterschiedlichen Zeiträumen eine Bedeutung bei Veranlagungen zukommt, die für Ihre langfristigen Resultate von Relevanz sein können.

Ein weiterer wichtiger Punkt, den es zu verstehen gilt, sind die Schwankungsbreiten der Renditen über die Zeit hinweg. So gilt es zu beachten, dass sehr schlechte Leistungen Ihrer Veranlagungen und Investments, eine langbleibend negative Wirkung auf den Zinseszins Ihrer Vermögenswerte entfalten können. Die notwendigen Wertsteigerungen für verlorengegangene

Prozentpunkte Ihrer Veranlagungen und Investments können dabei enorm sein. So benötigt ein Verlust von 50 Prozent einen Gewinn von 100 Prozent. Diese überproportional hohen Steigerungen sind notwendig, nur um sein ursprünglich eingesetztes Kapital wieder zu erreichen. Bei einem Verlust in Höhe von 60 Prozent, beträgt die notwendige Wertsteigerung bereits 150 Prozent, nur um zurück zu seinem ursprünglichen Anfangsinvestment zu gelangen. Dies zeigt, wie schwer es sein kann, zu große bestehende Verluste wieder „gut" zu machen.

Die Finanzkrise von 2007/08 führte uns vor Augen, wie schnell einzelne Wertpapiere sich über Nacht in „Luft" auflösen können und sich von katastrophalen Verlusten nicht mehr erholten. Diversifikation (Risikostreuung durch das Halten einer Vielzahl von Aktien), welche u.a. durch passives Investieren ermöglicht wird, verhilft uns jedoch am Wachstum aufstrebender Branchen teilzuhaben, ohne auf einzelne Aktien setzten zu müssen, welche ihre Erwartungen zumeist ohnehin nicht erfüllen. Verstehen Sie mich nicht falsch, auch Indizes können sehr starke Verluste durchmachen, jedoch empfiehlt es sich deshalb auch unterschiedliche Vermögensklassen zu halten, welche Rückgänge an den Börsenmärkten zumindest teilweise abfedern.

Wichtig ist sich darüber im Klaren zu sein, dass Sie den Performance-Kennzahlen nicht ohne weiteres über den Weg trauen sollten. Ein Problem dabei ist die Verwendung „durchschnittlicher Jahresrenditen", mit denen die Finanzbranche in der Vergangenheit häufig ein wenig bessere Renditen erzielte als sie tatsächlich waren. Diese Zahl wird berechnet, indem einfach ein Durchschnitt der jährlichen Renditen über einen bestimmten Zeitraum ermittelt wird. Angenommen, Sie waren im Besitz von Aktien mit einem Wert von 200 Euro und der gesamte Markt stieg im ersten Jahr um 100 Prozent und verlor im nächsten Jahr 50 Prozent. 100 Prozent Gewinn minus dem Verlust von 50 Prozent geteilt durch 2 würde uns eine durchschnittliche jährliche Rendite von 25 Prozent bringen. Somit würde ein Wert von 250 Euro zu erwarten sein. In Wirklichkeit wären die 200 Euro auf 400 Euro angestiegen (200 Euro plus 100 Prozent Wachstum) und dann wieder auf 200 Euro gesunken (400 Euro um 50 Prozent gesunken), sodass man zu selbigem Ausgangkapital gelangt und eine tatsächliche Rendite von 0 Prozent erhält.

Die Sinnhaftigkeit eines konsistenteren (sprich: diversifizierteren) Portfolios, welches höhere Schwankungen vermeidet (überproportional hohe Steigerungen, nach einschneidenden Verlusten wurden zuvor bereits angeführt) soll auch an diesem Beispiel gezeigt werden: Stellen Sie sich *zwei Portfolios* vor, von denen eines (Portfolio A) 8 Prozent pro Jahr konsistent und stetig steigend an Rendite erwirtschaftet und das andere (Portfolio B) abwechselnd 24 Prozent pro Jahr ansteigt und 12 Prozent im darauffolgenden Jahr fortwährend einbricht. Addiert man einfach die Einzelrenditen für die beiden Portfolios über einen Zeitraum von 10 Jahren, erhält man in beiden Fällen insgesamt 60 Prozent an Gesamtrendite. 60 Prozent ist jedoch nicht die richtige Antwort, da mit solch einer Vorgehensweise die Art und Weise, wie das Vermögen über die Zeit hinweg wächst ignoriert wird, wonach die jährlichen Gewinne bzw. Verluste auf den vorhergehenden Wertentwicklungen aufbauen. Wenn Sie die Aufzinsung näher betrachten, so stellen Sie fest, dass das beständige Portfolio A über 10 Jahre kumulativ 79 Prozent erwirtschaftet hat, wohingegen das unstetige Portfolio B lediglich 55 Prozent erzielt hat. Sie sehen, in der Tat wird die Zusammenstellung Ihrer Portfolios wesentlich effizienter, sofern Sie Ihre Renditen von Jahr zu Jahr „*glätten*" und so große Verluste vermeiden.

Kurzfristig liquide Mittel und warum Sie dennoch sinnvoll sein können

Es ist Fakt, dass es zu einer Geldentwertung aufgrund mangelnder Investitionen im Laufe der Zeit kommt. Bargeld und Spareinlagen bleiben langfristig hinter den Erwartungen zurück. Folglich führt das Halten von Barmitteln über einen längeren Zeitraum zu unterdurchschnittlichen Renditen und zum Verlust Ihrer Kaufkraft. Barmittel oder Spareinlagen werden über die Zeit von der Inflation (den jährlichen Wertsteigerungen) „*aufgefressen*". Das

Investieren in Aktien und Anleihen kann Sie davor schützen und darüber hinaus an attraktiven Renditen teilhaben lassen. So bleiben bei jährlichen Preissteigerungen von 3 Prozent bei mangelnder Veranlagung nach 50 Jahren von 10.000 Euro lediglich unter 2.300 Euro übrig. Die Inflation ist sozusagen der „*Feind*" Ihrer Vermögenswerte. Wie schnell diese Wertsteigerungen gegen einen arbeiten können, soll folgendes Beispiel zeigen. Bei einer jährlichen Inflationsrate von 3 Prozent hat sich das Geldvermögen in 24 Jahren um die Hälfte verringert (ohne Veranlagungen). Die Inflationsrate ist demzufolge bei Ihren finanziellen Plänen unbedingt zu berücksichtigen, da diese erhebliche Auswirkungen auf Ihre Ersparnisse und zu veranlagenden Vermögenswerte hat. Wenn Sie jedoch Ihre Vermögenswerte (10.000 Euro) veranlagen und damit eine Rendite von 5,5 Prozent pro Jahr über 50 Jahre erzielen, so verfügen Sie danach über 145.000 Euro. Sie sehen, dass die Vermögensdifferenz zwischen jemanden, der sein Vermögen investiert und jemanden der sein Vermögen nicht investiert innerhalb weniger Jahrzehnte enorm sein kann. In unserem Beispiel beträgt der geldwerte Unterschied über 140.000 Euro.

Abbildung 1: Entwicklung von 10.000 Euro mit und ohne Veranlagung im zeitlichen Verlauf

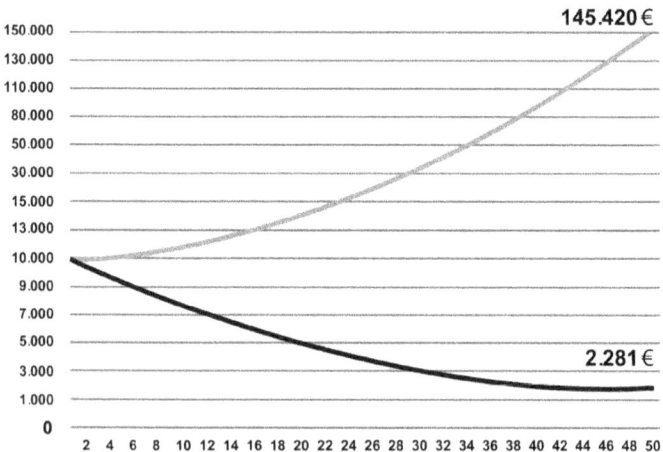

Dennoch kann es unter gegebenen Umständen sinnvoll sein, kurzfristig liquide Finanzanlagen zu halten (jedoch ist darauf zu achten, welche dies sein sollen). Aus dem einfachen Grund, da Sie vor der Situation stehen können, gerade den Ruhestand angetreten zu haben, es zu einem Abschwung an den Finanz- und Kapitalmärkten kommt und Sie erhebliche Verluste hinnehmen müssen. Die damit einhergehende Gefahr ist folglich, dass die Kurskorrektur an den Märkten zu dem Zeitpunkt eintritt, wenn Sie ihre Ersparnisse brauchen und somit dem Wert des Portfolios (im negativen Sinne) doppelt zusetzen. Wie also mit dieser „*Gefahr*" am besten umgehen und welche Maßnahmen gilt es zu ergreifen, um dieses Risiko entsprechend abzufedern?

Wenn Sie noch im Erwerbsleben stehen, sollten Sie Ihr Portfolio regelmäßig strukturieren und gegebenenfalls Umschichtungen vornehmen (auch unter dem Namen „*Rebalancing*" bekannt). Dies verhilft Ihnen dazu, niedrig kaufen und hoch verkaufen zu können. Darüber hinaus können damit verhaltens- wissenschaftliche Effekte gekonnt umgangen werden (später dazu mehr). Möglicherweise möchten Sie weitere Käufe tätigen, wenn es an den Aktien- märkten zu Einbrüchen kam. Diese Marktrückgänge können Sie sinnvoll nutzen und zwischen der soeben erläuterten Umschichtung, zusätzlichen Neukäufen und reinvestierten Dividenden wählen bzw. diese Möglichkeiten in Kombination anwenden. Im Vorhinein festgelegte Grenzen, wann ein Port- folio umzuschichten ist, stellen eine Möglichkeit dar, dies konsequent umzusetzen. Prozentuale Abweichungen nach unten bzw. oben oder bestimmte Kursvorgaben bieten Hilfestellung. Dabei kann eine Zielvorgabe sein, dies nur dann zu tun, wenn das Aktien-Portfolio einen bestimmten Wert unterschreitet – beispielsweise 8 Prozent (dies setzt wiederum die Festlegung solcher Grenzen im Vorfeld voraus und damit man sich tatsächlich daran hält).

Für Menschen im oder kurz vor dem Ruhestand kann es etwas schwieriger sein. Daher ist auf folgende Weise vorzugehen: Zum einen sollten Sie in herausfordernden Märkten keine Wertpapiere verkaufen und zum anderen einschneidende Verluste vermeiden (da diese, wie zuvor bereits erläutert, *massive* Auswirkungen auf Ihr Portfolio haben können). Um unakzeptablen Verlusten aus dem Weg zu gehen, sollten Sie sich darauf konzentrieren breit zu diversifizieren. Passive Produkte (ETFs – Exchange traded funds) stellen dazu eine Möglichkeit dar und bilden die Entwicklungen von Indizes nach (zumeist Aktienindizes, jedoch zunehmend auch andere). Neben der breiten Streuung zur Reduktion des Risikos, empfiehlt es sich ebenso die Hälfte Ihres Portfolios in konservative Anlagen zu veranlagen. Dabei sollten Sie sich überlegen, wie im Falle starker Abschwünge an den Finanz- und Kapitalmärkten vorzugehen ist (Bereithaltung liquider Mittel), sodass der Verkauf von Wertpapieren just zu diesem Zeitpunkt vermieden wird (Sie würden ansonsten zu billigen Kursen Verkäufe tätigen). Um sicherzustellen, dass Sie dies tun können, ohne Wertpapiere zum falschen Zeitpunkt verkaufen zu müssen, haben Sie herauszufinden, wie viel an Vermögen Sie in den nächsten 4 Jahren von Ihrem Portfolio entnehmen werden.

Angenommen Sie erstellen einen Entnahmeplan mit einer Rate von 4 Prozent. Dies entspricht dem Prozentsatz des Wertes Ihres Portfolios, den Sie im ersten Jahr Ihres Ruhestands ausbezahlt bekommen. Danach wird davon ausgegangen, dass Sie die Summe mit der Inflation erhöhen würden. Das heißt, wenn Sie 100.000 Euro angespart haben, mit einer Rate von 4 Prozent Entnahmen tätigen und sich die Inflation bei 2 Prozent bewegt, so würden Sie im ersten Jahr 4.000 Euro, im zweiten Jahr 4.080 Euro, im dritten Jahr 4.162 Euro erhalten und so weiter. Dies dient dazu, dass Sie neben Ihren staatlichen Einkünften auch über weitere verfügen, um Ihre Kosten decken zu können. Jedoch kommen die angeführten Ausschüttungen nicht lediglich von Dividenden und Zinszahlungen, sondern auch von Verkäufen von Wertpapieren aus Ihrem Portfolio. Wenn Sie nicht alle Ihre Lebenserhaltungskosten decken können, so besteht die Möglichkeit, dass diese Verkäufe mitunter höher ausfallen.

In aller Regel machen sich Anleger und Investoren darüber kaum Gedanken und begehen auch hier Fehler und Risiken, welche *Verhaltensverzerrungen* zuzurechnen sind (dessen sind sie sich häufig nicht bewusst). Wir neigen dazu mehr auszugeben, wenn sich unsere Veranlagungen und Investments sehr gut entwickeln und Kürzungen vorzunehmen, wenn sich die Finanz- und Kapitalmärkte in Korrekturphasen befinden. Dies sollte jedoch genau so nicht sein. Wenn Sie weiterhin von einer 4 prozentigen jährlichen Entnahme Ihres Portfolios ausgehen, so bedeutet das, dass Sie rund 20 Prozent des Portfoliowerts in den nächsten 5 Jahren aufbrauchen werden. Folglich sollen zumindest diese 20 Prozent Ihre *„eiserne Reserve"* sein und diese lediglich in nicht risikobehaftete Veranlagungen investiert werden. Kurzfristige Staats- oder Unternehmensanleihen, Geldmarktfonds oder Sparbriefe würden sich dazu eignen. Diese 20 Prozent der konservativen Veranlagungen stellen sicher, dass Sie den anderen Teil Ihres Portfolios ertragreicheren Vermögensklassen zuführen können (breit gestreut in Aktien, Anleihen, Rohstoffe und andere Anlageklassen). Dabei sollte jedes Jahr die erläuterte *„eiserne Reserve"* herangezogen werden, um die benötigten Entnahmen aus Ihrem Portfolio tätigen zu können. In der Zwischenzeit können Sie Ihr finanzielles Polster auffüllen, indem Sie alle Dividenden, Zinsen und andere Ausschüttungen von Investmentfonds in Ihre risikoarmen Veranlagungen lenken (kurzfristige Staats- oder Unternehmensanleihen, Geldmarktfonds oder Sparbriefe). Wenn sich die Finanz- und Kapitalmärkte gut entwickeln, stoßen Sie einen Teil Ihres Aktienportfolios und andere riskante Investments ab. Diese Erträge fließen dann in Ihre *„eiserne Reserve"*, sodass Ihre Rücklagen bei 20 Prozent des Gesamtwerts Ihres Portfolios bleiben.

Kommt es zu Korrekturen an den Börsen ist anders vorzugehen. So haben Sie sich mit Verkäufen zurückzuhalten, bis sich die Märkte erholt haben. Die erläuterte *„eiserne Reserve"* dient nun dazu, um Verkäufe während dieser Phasen zu vermeiden. So verkraften Sie fallende Kurse an den Börsen besser und müssen keine ertragreicheren, riskanten Wertpapiere verkaufen.

Eine verlässliche Bestandserhaltung und ein verlässliches Wachstum des Portfolios kann folglich dann am besten erreicht werden, wenn das Verhältnis zwischen den Renditen der Anlageklassen und den sich entwickelnden wirtschaftlichen als auch persönlichen Bedingungen berücksichtigt wird.

Zeit – unsere kostbarste Ressource

Werfen Sie einen Blick in den Rückspiegel und betrachten Sie Ihre klugen und weniger klugen Handlungen der letzten Woche. Dabei gilt es zu beachten: Waren Ihre intelligenten Handlungen wirklich intelligent und Ihre weniger intelligenten Handlungen wirklich unklug?

Kurz vor Börseneinbrüchen wie 1973/74 („*Nifty Fifty*"), 2000/01 („*Dotcom-Blase*") oder 2007/08 („*Immobilienblase*") seine Vermögenswerte zu investieren und das noch in seiner Gesamtheit (auf einen Schlag) wäre keine kluge Vorgehensweise gewesen. Jedoch wären die „*Zeichen der Zeit*" nur schwer vorhersehbar gewesen. In Wirklichkeit gibt es viele Dinge in unserem finanziellen Leben, die wir nicht kontrollieren können. Dem *Unvorhersehbaren*, also Glück, und zu welchem Zeitpunkt die Ereignisse seinen Lauf nehmen, kommt folglich eine gewisse Rolle zu. Die Bedeutung der unterschiedlichen zeitlichen Rahmenbedingungen für jeden Einzelnen von uns ist dabei von wesentlicher Relevanz für die Resultate, welche wir an den Finanz- und Kapitalmärkten erzielen (so wurde u.a. darauf verwiesen, wie mit Korrekturen an den Märkten umzugehen ist, wenn wir am Beginn unseres Erwerbslebens stehen). Ein wichtiger Punkt dabei, welcher Ihnen jedoch häufig nicht mitgeteilt wird, ist, dass langfristiges Investieren schon alleine deshalb eine Herausforderung darstellt, da Sie damit gegen die Zeit ankämpfen. Egal zu welchem Zeitpunkt Sie in den Markt einsteigen, aus welchen Vermögensklassen Ihr Portfolio besteht oder ob Sie versuchen die nächste Gewinneraktie ausfindig zu machen. Sie werden es dabei zumeist nicht gleich merken, aber Zeit ist dabei Ihr wertvollster Vermögenswert, welchen Sie jemals an den Finanz- und Kapitalmärkten haben können. Das Problem dabei ist, dass niemand von uns davon genug zur Verfügung hat.

Gehen wir von der hypothetischen Annahme aus Sie hätten 100 Jahre zu leben, was bedeutet 100 Jahre, in welchen Sie investieren können. Sie überlegen sich, wie Sie am besten Vorgehen und entscheiden sich für eine Zusammenstellung von Vermögensklassen bestehend aus sicheren Staatsanleihen und Aktien. Sie können Wertpapiere im Wert von 40.000 Euro erwerben und es ist mit einer Rendite von 6 Prozent zu rechnen. Bei 6 Prozent verdoppelt sich das Geld in 12 Jahren. Der Plan ist, dass Sie jedes Mal wenn sich Ihre Vermögenswerte verdoppeln, Sie weitere 20.000 Euro hinzufügen. Nach 12 Jahren haben Sie also 80.500 Euro plus die 20.000 Euro, die Sie hinzugefügt haben, was bedeutet, dass Sie nach 12 Jahren im Besitz von 100.000 Euro wären. Am Ende der nächsten 12 Jahre haben Sie 200.000 Euro, Sie addieren 20.000 Euro und erhalten dann 220.000 Euro. Sie reinvestieren alles zu 6 Prozent (Aktien und Anleihen) und am Ende der nächsten 12 Jahre verfügen Sie über 447.000 Euro und addieren 20.000 Euro hinzu, wonach Sie auf 467.000 Euro kommen. Am Ende der nächsten 12 Jahre hätten Sie 940.000 Euro und Sie addieren 20.000 Euro, wonach Sie über 960.000 Euro verfügen. In 100 Jahren verdoppelt sich Ihr Kapital 9 Mal und am Ende des 100. Jahres besitzen Sie so viel Vermögen, dass Sie nicht wüssten wohin damit (an die 32 Millionen Euro). Dabei hätten Sie dies mit breiter Streuung, sicheren Staatsanleihen und geringem Risiko erreicht. Mit genügend Zeit wären Sie also vermögend und das mit ziemlich hoher Sicherheit. Sie müssen keine Zeit damit verschwenden, die richtige Aktie, die richtige Branche oder den richtigen Investmentfonds auszuwählen. Sie würden einfach und beharrlich Ihren Weg zu mehr Wohlstand gehen. Das wichtigste, dass Sie dabei einsetzen, ist die *Zeit*. Jedoch ist das Problem an der Sache: Keiner von uns hat 100 Jahre zu investieren (die meisten werden auch keine 100 Jahre, wenngleich die Lebenserwartung stetig steigt). Aber wenn Sie jung genug beginnen oder wenn Sie für Ihre Kinder etwas tun und früh beginnen, haben Sie oder Ihre Kinder möglicherweise eine Zeitspanne von 30 bis 80 Jahren vor sich.

Wir können sich dem jedoch nicht sicher sein. Wir wissen nicht wie viel Zeit uns bleibt und dies ist eines der Dinge, welche wir in unserem finanziellen Leben nicht kontrollieren können. Wir wissen ebenso nicht, ob die Finanzmärkte morgen einbrechen werden. Anleger und Investoren können nicht kontrollieren, ob sie schwer krank werden und staatliche Institutionen eine ausreichende medizinische Versorgung zur Verfügung stellen. Wir können unseren Arbeitgeber nicht davon abhalten, unseren Geschäftsbereich zu schließen, Gehaltskürzungen vorzunehmen oder Mitarbeiter zu entlassen. Auf diese Dinge haben wir keinen direkten Einfluss. Obwohl wir dies nicht kontrollieren können, haben wir jedoch die Möglichkeit diese Sachverhalte einzuplanen, indem wir sicherstellen, dass unser Portfolio ausgewogen (mithilfe unterschiedlicher *Anlageklassen*) und nicht zu riskant ist. Eine angemessene Versicherung gegen fatale Ereignisse und finanzielle Rücklagen für lange Phasen der Arbeitslosigkeit bieten ebenso Möglichkeiten auf der sicheren Seite zu landen. Darüber hinaus gibt es viel in unserem finanziellen Leben, das wir kontrollieren können und wo wir die Möglichkeit haben, um unserer finanziellen Zukunft zu helfen oder aber ihr auch zu schaden. So schützt uns das Wissen, dass auf jeden Bärenmarkt ein Bullenmarkt folgt und auf jeden Kurssturz wieder eine Erholung. Zyklen verhalten sich auf diese Weise bereits seit Jahrhunderten an den Finanz- und Kapitalmärkten. Schon das Bewusstsein darüber verhilft Ihnen zu besseren Resultaten. Ein kluger Schachzug ist es ebenso, finanziell vorzusorgen, regelmäßig Ersparnisse aufzubauen und diese planmäßig und sinnvoll zu investieren. Das ständige Ausschöpfen von Kreditkartenlimits oder unnütze Ausgaben sind hingegen unkluge Entscheidungen.

Was können wir sonst noch kontrollieren? Sehen Sie sich noch einmal die einfachen, sachlichen Strategien an, die wir bereits erläutert haben. Wir besitzen viel Kontrolle darüber, wie viel Schulden wir machen, welche Versicherungen wir abschließen, welche Investments wir tätigen und wie riskant unser Portfolio ist. Auch haben wir Kontrolle darüber, ob wir Steuern minimieren, indem wir die Altersvorsorgemodelle ausschöpfen und die Kosten dafür niedrig halten. All dies sind Bereiche, in denen sich ein kleiner Aufwand nicht nur auszahlt, sondern auch dazu beiträgt, ein größeres Gefühl an finanzieller Sicherheit zu erlangen, welches auch Ihrer allgemeinen Lebensqualität dienlich ist. Ebenso können wir unser finanzielles Leben genügsamer angehen, indem wir uns an Veranlagungen und Investments halten, die verständlich und nachvollziehbar sind. *Warren Buffett's* erste Regel des Investierens wurde bereits erläutert: *„Verliere niemals Geld."* So auch seine zweite Regel: *„Vergiss niemals die erste Regel."* Buffett's Regeln mögen simpel und naiv klingen, jedoch zeigen unsere langjährigen Erfahrungen, dass viele Menschen Geld in überhebliche oder komplexe

Investments und Veranlagungen stecken, welche weder Ihre Investment-berater geschweige denn Sie selbst verstehen.[*]

Zusätzliche Erträge sichern

Anleger und Investoren können weitere Fehler und Risiken vermeiden und dabei kein ansehnliches Geld auf der Straße liegen lassen, indem sie **Opportunitätskosten** berücksichtigen (*„Kosten entgangener Gewinne"* – gerade das tun sie jedoch zumeist nicht).

Wenn wir mit unserem Geld ein Produkt kaufen, können wir damit nichts anderes mehr kaufen. Wenn wir heute Geld ausgeben, können wir es nicht unseren Ersparnissen von morgen hinzufügen. Wenn wir uns entscheiden, dass wir das große Auto, Haus oder sonstige Sachwerte haben wollen, werden wir weniger für andere Ziele haben, wie die Ausbildung unserer Kinder oder den eigenen Ruhestand. Unser finanzielles Leben ist dabei eine endlos lange Reihe von Kompromissen. Das bedeutet: Jedes Mal, wenn wir unsere Vermögenswerte für einen unserer Wünsche verwenden, fordern wir etwas anderes heraus. Ökonomen nennen dies *Opportunitätskosten*. Dennoch denken die meisten Anleger, Investoren und Menschen darüber nicht nach und sind sich verpasster, zukünftiger Chancen nicht bewusst. Diese Kosten bedeuten: Wenn wir uns entscheiden unsere Euros in etwas zu stecken oder zu investieren, geben wir etwas anderes dafür auf. Wir denken jedoch nicht lange genug darüber nach, um die damit verbundenen Chancen, Risiken und Kompromisse zu berücksichtigen.

Die schöne Uhr, das neue Apple iPhone oder der teure Wein sind nicht gleich mit den Kosten eines mehrtägigen Urlaubs gleichzusetzen. 500 Euro, welche heute an Kosten aufgewendet werden, bedeuten vielmehr 3.000 Euro für die

---

[*] Denken wir an *Credit Default Swaps* (Kreditausfallversicherungen), welche selbst Führungskräfte großer Unternehmen nicht richtig verstanden, jedoch im großen Volumen in ihren Bilanzen ausgewiesen waren. Im Zuge der Finanzkrise 2007/08 fielen solch komplexen Produkten viele Unternehmen zum Opfer und tausende von Arbeits-plätzen wurden dadurch vernichtet.

spätere Pensionsvorsorge aufzugeben. Wie können wir dem jedoch entgegenwirken? Eine *Möglichkeit* besteht darin, nicht lediglich daran zu denken, was wir bekommen, sondern auch daran zu denken, was wir damit aufgeben, wenn wir es bekommen. Dies kann uns jedoch vor Herausforderungen stellen. Vor allem deshalb, da wir heutige Ausgaben gegenüber Ausgaben in ein paar Wochen oder Monaten bevorzugen. Dabei zeigen Studien, dass Menschen die Angewohnheit innewohnt, einen kleineren Gewinn heute gegenüber einen viel größeren Gewinn innerhalb der nächsten Monate zu bevorzugen. Das Paradoxe ist, dass die Belohnung in den kommenden Monaten viel höher wäre. Auswirkungen auf Ihre gesamten Vermögenswerte sind damit absehbar. Hinterlassenschaften werden übernommen, Unternehmen veräußert, erarbeitete Vermögenswerte angespart, jedoch wird die Möglichkeit des Vergleiches zwischen den Veranlagungsformen nicht entsprechend wahrgenommen. Anleger sind sich weder der Risiken und Chancen der unterschiedlichen Vermögensklassen (Aktien, Anleihen u.a.) bewusst, noch wie diese in den verschiedenen wirtschaftlichen Umfeldern reagieren. Werden diese Gelder dann fehlerhaft veranlagt (beispielsweise aufgrund von zu hohen Bewertungen von Immobilien, welche zu weiterführend geringeren Renditen führen; Kosten in Form der Illiquidität von Immobilien können ebenso angeführt werden), sind dies die „*Kosten entgangener Gewinne*" für Anleger und Investoren.

Um diesen Trugschlüssen nicht auf den Leim zu gehen, müssen Sie sich die Handlungsweisen des mangelnden Vergleichs mit Alternativen ins Bewusstsein rufen. Die Vorteile von späteren Ausgaben gilt es dabei zu berücksichtigen. Dabei kann uns die „*Verlustaversion*", welche eigentlich eine Verhaltensverzerrung darstellt, behilflich sein. Menschen, Anleger und Investoren neigen dazu, *verlustavers* zu sein. Dies bedeutet nichts anderes, als dass uns Verluste weitaus mehr Schmerz zufügen als wir Freude an unseren erzielten Gewinnen haben. Die Wissenschaft vermutet, dass Verluste deshalb schwerer auf uns wiegen, da ein asymmetrisch evolutionärer Druck auf uns lastet. Für jemanden, der ums Überleben kämpft, kann die vergebliche Suche nach Nahrung zum Tod führen (die entgangene Beute, der Verlust), während der Gewinn einer zusätzlichen Mahlzeit nicht einen zusätzlichen „*Lebenstag*" verspricht. Wenn wir folglich die heutige kleinere Belohnung als Verlust betrachten, kann dies dazu beitragen, unsere (negativen) ureigensten Instinkte auf Distanz zu halten.

Dieser „*Belohnungsaufschub*" wurde in zahlreichen wissenschaftlichen Experimenten nachgewiesen. So führte der US-amerikanische Persönlichkeitspsychologe, *Walter Mischel*, bereits in den 1960er Jahren diesbezüglich Forschungsarbeiten durch. Er stellte Kinder vor die Wahl Süßigkeiten jetzt (geringere Belohnung) oder später (höhere Belohnung) zu essen. Das unter dem Namen *Marshmallow-Test* bekannt gewordene Experiment zeigte, dass die Kontrolle von impulsartigen Handlungsweisen zu mehr Erfolg im späteren Leben beiträgt.

Ein weiterer Grund, warum wir *Opportunitätskosten* nicht rational berücksichtigen, ist, dass wir uns über die jeweiligen Sachwerte erfreuen und (ohne viel Nachdenken) uns dies einen spontanen Kauf tätigen lässt. Gerade diese impulsartigen Verhaltensweisen sind es, welche für den mangelnden Vergleich möglicher (zukünftiger) Alternativen verantwortlich sind. Unsere Emotionen (u.a. *Aufregung*) sind dabei so groß, dass alle Überlegungen zu potenziell sinnvolleren Wahlmöglichkeiten zunichte gemacht werden. Eine Lösungsvariante besteht im Innehalten. Das soll heißen, betätigen Sie einen „*emotionalen Schutzschalter*", welcher Ihnen Abstand verschafft. Pausieren Sie für ein paar Stunden oder warten Sie noch länger bei sehr hohen Ausgaben. Schon wenige Minuten Abstand bis zum finalen Kauf, verhelfen Ihnen einen klareren Kopf zu bewahren.

Vermeiden Sie Stresssituationen

Erfolgreiche von nicht erfolgreichen Anlegern und Investoren unterscheidet indes, dass sie in kritischen Situationen (u.a. unter Einfluss von Stress und anderen Verhaltensverzerrungen) unbeeinflusst von äußeren Umfeldern Entscheidungen fällen. In diesem Zusammenhang zeigen Studien, dass nicht nur die Berichterstattung über Finanzen Stress verursacht und zu kontraproduktiven Handlungen durch die Anleger und Investoren führt, sondern finanzielle Angelegenheiten ganz generell. Die emotionale Komponente wird von vielen Marktteilnehmern an den Kapitalmärkten jedoch nicht berücksichtigt und führt zu unnötigen Risiken und Fehlern, denen sie sich aussetzen. Wollen Sie Ihre finanziellen Belastungen und Stress reduzieren, so werden Sie nicht daran vorbeikommen einige Maßnahmen zu ergreifen, um diesen Einflüssen entgegenzuwirken. Das kann sein keine Schulden zu machen oder diese zu reduzieren, über Einsparpotenziale nachzudenken oder regelmäßig zu Ihren Ersparnissen weitere hinzuzufügen, um gelassen Ihren Ruhestand entgegenzusehen. Dies alles kann Ihren *„finanziellen Stress"* verringern und Ihre allgemeine Lebensqualität steigern, da Sie so auch Vorsorge für etwaige ungeplante gesundheitliche Einschränkungen treffen oder Sie über finanzielle Rücklagen bei der Erreichung Ihres Ruhestandsalters verfügen. Ein allgemeines Verständnis der unterschiedlichen Vermögensklassen ist wichtig, um dies zu erreichen.

–

✓ IV – Bargeld und Spareinlagen bleiben langfristig hinter den Erwartungen zurück

Die vier teuersten Wörter sind: „Dieses Mal ist alles anders."

– John Templeton

Bei der Zusammenstellung eines Portfolios ist darauf zu achten, dass Sie nicht den Fehler begehen und warten, bis die nächste Korrektur an den Börsen eintritt. Der nächste Markteinbruch kommt bestimmt, jedoch kann Ihnen niemand sagen, wenn das der Fall ist (viele glauben dies jedoch und versuchen den Markt/ die Börse vorherzusagen). Die Wahrheit ist jedoch, dass durch diese Prognosen Milliarden von Euros jedes Jahr in den Sand gesetzt werden und Sie damit schlechtere Renditen erzielen. Anleger und Investoren, die diesen Ratschlägen zuwiderhandelten und ihre Gelder aufgrund von Marktprognosen auf Sparbüchern oder Sparkonten hatten, verpassten enorme

Zuwachsraten auf ihre Vermögenswerte und verloren unterm Strich Gelder, obwohl Sie durch die richtige Vermögensaufteilung in den vergangenen Jahren reale Kapitalzuwächse verbuchen hätten können. Sie sind sich darüber jedoch nicht im Klaren und begehen diese Fehler u.a. aufgrund von Verzerrungen ihres Verhaltens, welche in der Folge noch näher unter die Lupe genommen werden. Dennoch sei angeführt, dass liquide Mittel sehr wohl eine Daseinsberechtigung haben. Zum einen können diese die Renditen Ihres Portfolios „glätten". Dies ist sinnhaft, da konsistentere (sprich: diversifiziertere) Portfolios, welche höhere Schwankungen vermeiden (überproportional hohe Steigerungen, nach einschneidenden Verlusten wurden zuvor bereits angeführt), durchwegs stetigere Resultate erzielen (so benötigt ein Verlust von 50 Prozent einen Gewinn von 100 Prozent nur um wieder das Anfangskapital zu erreichen). Zum anderen kann Marktabschwüngen entgegengewirkt werden, gerade dann, wenn Sie dies am dringendsten benötigen. Indem Sie ein Portfolio aufbauen, welches dies berücksichtigt und bei dem kurzfristig keine größeren Verluste zu erwarten sind (durch Zusammenstellung unterschiedlicher Vermögensklassen), sollten Sie die langfristige Kapitalrendite Ihrer Vermögenswerte verbessern. Die langfristige Entwicklung an den Finanz- und Kapitalmärkten ist in der Tat entscheidend für Ihre Ziele von morgen. Jedoch gilt es ebenso Ihre individuellen Lebensumstände zu beachten, um ein optimales Portfolio zu konzipieren und um zu besseren finanziellen Entscheidungen, einem höheren materiellen Wohlstand und damit einer erhöhten Lebenszufriedenheit zu gelangen. Wenn Sie für den Ruhestand sparen, sollten Sie daher keine Börseneinbrüche befürchten, sondern diese als Chance begrüßen. Befinden Sie sich hingegen bereits im Ruhestand so halten Sie eine Barreserve von etwa 4 Jahren, um über eine „eiserne Reserve" zu verfügen, damit Sie das Risiko verringern, dass Sie während Korrekturen an den Märkten zum schlechtesten Zeitpunkt Wertpapiere verkaufen müssen.

Mit genügend Zeit wären wir mit der geschilderten Veranlagungsstrategie vermögend und das mit ziemlich hoher Sicherheit (eine mehrfache Verdoppelung des eingesetzten Kapital wurde aufgezeigt). Die Wahrheit ist jedoch, dass die meisten Menschen keine 100 Jahre zu investieren haben.

Geld mag sich für Anleger als eine unserer knappsten Ressource anfühlen, insbesondere wenn wir jung und am Beginn unseres Erwerbslebens stehen. Aber in Wahrheit ist unsere endlichste Ressource die Zeit – das vergessen die meisten Menschen.

√ Prinzip V: Auf- und Abschwünge (Schwankungen, auch Volatilität) sind normal, da keine Anlageklasse frei von Risiken ist

Anleger, die sich auf Korrekturen vorbereiteten oder versuchten Korrekturen vorwegzunehmen, haben viel mehr Geld verloren, als Korrekturen selbst verloren haben....

– Peter Lynch

Missverstandene Auf- und Abschwünge an den Finanz- und Kapitalmärkten

In den Jahren 2008 und 2009 suchte die Weltwirtschaft eines der wohl schlimmsten Finanzdebakel seit der *Großen Depression der 1930er* Jahre heim. Es kam zu einem verheerenden Ineinandergreifen unterschiedlicher Kräfte, welche sich in massiv fallenden Aktienkursen, sinkenden Immobilienpreisen, einer steigenden Gesamtverschuldung und steigender Arbeitslosigkeit entluden. Die wirtschaftlichen Entwicklungen waren von einem Rückschlag nach dem anderen gekennzeichnet. Hinzu kommt der Wandel des gesellschaftspolitischen Hintergrunds. Die Arbeitsplatzsicherheit nahm stetig ab, Ausbildungskosten sind gestiegen, das Pensionsantrittsalter erhöhte sich und Pensionszahlungen wurden gekürzt. Betriebliche Vorsorgen verschwanden gänzlich oder blieben hinter den Erwartungen zurück.

Nichtsdestotrotz entwickelten sich, von dieser *„ausweglosen"* Situation, die zukünftigen Aktienrenditen, gemessen an herkömmlichen Maßstäben, durchaus akzeptabel (in manchen Märkten sahen wir einen der längst anhaltenden Bullenmärkte). Wie war dies zu diesem Zeitpunkt und angesichts des schrecklichen Zustands der Weltwirtschaft und ihres zunehmend komplexer werdenden Finanzsystems möglich? Dies erklärt sich mit den desaströsen Jahren 2008/09, wonach die weltweiten Finanz- und Kapitalmärkte gänzlich *„ausgebrannt"* waren und ein Maß an Volatilität (Schwankungsbreite) erreichten, welches seit der großen Weltwirtschaftskrise nicht mehr zu beobachten war.

Die Märkte sind nicht Ihr Feind, sie wollen Ihr Freund sein

Die Geschichte sagt Ihnen folglich nicht, wann Sie Aktien oder andere Wertpapiere kaufen sollen (zu welchem Zeitpunkt). Die Preise in Relation zu den Werten an den Finanz- und Kapitalmärkten und das daraus resultierende Verhalten (*Psychologie*) der Anleger und Investoren tun dies jedoch. Dabei ist für Ihren Erfolg nicht nötig, die Zukunft vorherzusagen, sondern das Lernen aus der Vergangenheit und das Verstehen der Gegenwart. Ein wichtiger Punkt dabei ist, dass Sie sich im Klaren darüber sind, Auf- und Abschwünge (Schwankungen, auch Volatilität) als völlig normal anzusehen, da keine Anlageklasse frei von Risiken ist. Hinzu kommt, dass Kursabschwüngen an den Börsen wieder steigende Kurse folgen. Dies war bis jetzt immer der Fall. Jedes Mal und ohne Ausnahme.

Wenn jeder glaubt, dass Aktien zu jeglichen Preis zu „*verschleudern*" seien und Anleger dabei denken sie wären immer noch zu teuer, haben Investoren den Verstand verloren (dies aufgrund des angeführten Verhaltens – der *Psychologie*). Wenn die breite Öffentlichkeit nach einer Korrektur an den Märkten oder nach einem *Börsen-Crash* der Meinung ist, dass Aktien keine guten Investments sind, sollten Sie letztendlich dafür belohnt werden, wenn Sie genau zu diesem Zeitpunkt investieren.[*]

Ende 2008 und Anfang 2009 bot sich eine derartige Möglichkeit für „*Schnäppchen*". Aktien und viele andere Anlageklassen sind seitdem in einem solchen rasanten Tempo zurückgekehrt, dass viele der günstigen Kaufmöglichkeiten nach kurzer Zeit nicht mehr vorhanden waren. Das bedeutet, dass Ihre zukünftigen Renditen wahrscheinlich niedriger sein werden und nicht höher, wie die meisten Anleger zu glauben scheinen. Daraus kann der Schluss gezogen werden, dass einem die Finanz- und Kapitalmärkte nicht leicht ans Herz wachsen. Die Börsen explodieren augenblicklich, nur um dann festzustellen, dass sie in der Folge wieder abstürzen. Und auch das ober-

---

[*] Das ist ein typisches Beispiel eines „*gegenteiligen*" (konträren) Indikators. Es ist häufig zu beobachten, dass positive Berichterstattungen der Medien zu negativen Resultaten für die Anleger führen. Dies gilt sowohl für einzelne Unternehmen, als auch für ganze Länder und Volkswirtschaften.

lehrerhafte „*Finanz-Chinesisch*" ist nicht jedermanns Sache. Die Einsätze sind enorm (für jeden Einzelnen von uns) und die Komplexität nicht weniger verblüffend. Dennoch muss Ihnen dies kein Anlass zur Sorge bereiten, wenn Sie ein paar der einfachen angeführten Prinzipien beachten.

Behalte einen kühlen Kopf und die Kontrolle

Angesichts des erläuterten Wandels des gesellschaftspolitischen Hintergrunds und der damit immanent verbundenen Problematiken (Arbeitsplatzsicherheit, Ausbildungskosten, Pensionen u.Ä.), stellt sich die Frage, wie damit am besten umgehen? Ein wichtiger Ansatz dabei ist, dass wir uns auf die Dinge konzentrieren sollten, die wir kontrollieren können. Wir sind möglicherweise nicht in der Lage die Arbeitslosenzahlen, Inflationsraten, die Richtung der Anleiherenditen oder die Entwicklung der Rohstoff- oder Aktienkurse vorherzusagen. Aber wir können vieles kontrollieren, einschließlich wie viel wir sparen und ausgeben, wie viel wir an Steuern zahlen, wie hoch die Risiken sind, welche wir an den Finanz- und Kapitalmärkten eingehen und wie wir auf Auf- und Abschwünge an den Märkten reagieren. Daher empfiehlt es sich, sich keine Gedanken mehr über die Dinge zu machen, die wir nicht kontrollieren können und sich stattdessen auf das zu konzentrieren, was innerhalb unseres Einflussbereichs liegt. Dies ist eine einfachere Vorgehensweise im Umgang mit Vermögenswerten, welche zugleich eine effizientere ist, als finanzielle Prognosen abzugeben. Diesen sollten Sie lediglich geringfügig Bedeutung beimessen.

Neben dem Fokus auf die Dinge, welche Sie kontrollieren können, ist es wichtig sich darüber bewusst zu sein, dass Korrekturen und Turbulenzen es Anlegern und Investoren nicht leicht machen, einen kühlen Kopf zu bewahren. Die unterdurchschnittlichen Renditen der Anleger zeigen, dass sie die Kontrolle über ihr finanzielles Leben lediglich unzureichend erlangen. Sie müssen daher die Finanz- und Kapitalmärkte in einer Weise einbeziehen, sodass Sie Ihr Verhalten berücksichtigen (dazu später mehr), um an den durchschnittlichen Renditen entsprechend partizipieren zu können. Ihr

Verhalten (sei dies bewusst oder unbewusst) ist es letztendlich, das darüber entscheidet, wie erfolgreich Sie sind. Für die meisten von uns ist das ein entmutigender Vorschlag. Dies deshalb, da viele Anleger nicht gerne investieren, keine Zeit dafür haben oder sich nicht besonders gut darin fühlen. Das trifft auch in den meisten Fällen zu. Über die letzten 20 Jahre erwirtschaftete der durchschnittliche Anleger rund 2 Prozent Rendite, bei einem Durchschnitt von 8 Prozent, welche Aktien insgesamt erzielt hätten (der Gesamtmarkt). Diese große Differenz lässt sich mit Fehlern und Risiken erklären, zu welchen vor allem Verhaltensverzerrungen der Anleger zu zählen sind. Das tragische dabei ist, dass die Investoren, welche Investmentberater aufsuchen, um Abhilfe und Verbesserungen herbeizuführen, meist dieselben Fehler begehen wie die ratsuchenden Einzelpersonen.

Schwankende Märkte müssen kein Kopfzerbrechen bereiten – sie sind dein Freund

Da Sie nun wissen, dass Sie früh beginnen und emsig sparen sollen, um das meiste aus Zinszinsen und Nachkäufen herauszuholen, müssen Sie herausfinden, wo Sie diese monatlichen Einsparungen am sinnvollsten veranlagen und, noch wichtiger, wie Sie mit den Schwankungen der unterschiedlichen Vermögensklassen richtig umgehen.

Auf den ersten Blick mag die folgende Abbildung so aussehen, als würde sie Ihnen einen „*Stinkefinger*" zeigen. Aber in Wirklichkeit handelt es sich um die Renditen des Aktienmarktes, welcher im Schnitt an die 8 Prozent pro Jahr erwirtschaftet. Wie Sie sehen, tut er dies aber nicht in einer stressfreien Art und Weise, sondern die Renditen unterliegen in jedem Jahr Schwankungen. Im langfristigen Durchschnitt erzielen Sie jedoch mit dem gesamten Aktienmarkt 8 Prozent an Rendite pro Jahr. Da der Aktienmarkt aber keinen stressfreien und linearen Verlauf nimmt und die Renditen die ganze Zeit schwanken, müssen Sie sich mit diesem Umstand zufrieden geben, wollen Sie an den Renditen Anteil haben.

Abbildung 2: Jährliche prozentuale Renditen des S&P 500 Marktindex im zeitlichen Verlauf (-50 bis +60 Prozent)

-50	-40	-30	-20	-10	0-10	20	30	40	50	60
					2016					
					2011					
					2007					
					2005					
					1994					
					1993					
					1992					
					1987					
					1984	2020				
					1978	2017				
					1970	2014				
					1960	2012				
					1956	2010				
					1948	2006				
					1947	1986				
					1923	1979				
				2018	1916	1972				
				2015	1912	1971	2024			
				2000	1911	1968	2023			
				1990	1906	1965	2021			
				1981	1902	1964	2019			
				1977	1899	1959	2017			
				1969	1896	1952	2013			
				1962	1895	1949	2009			
				1953	1894	1944	2003			
				1946	1891	1926	1999			
				1940	1889	1921	1998			
				1939	1887	1919	1996			
				1934	1861	1918	1983			
			2022	1932	1877	1905	1982			
			2001	1929	1875	1904	1976			
			1973	1914	1874	1898	1967			
			1966	1913	1872	1897	1963	1997		
			1957	1903	1871	1892	1961	1995		
			1941	1890	1870	1886	1951	1991		
			1920	1887	1869	1878	1943	1989		
			1917	1883	1868	1864	1942	1985		
			1910	1882	1867	1858	1925	1980		
			1893	1876	1866	1855	1924	1975		
			1884	1861	1865	1850	1922	1955		
			1873	1860	1859	1849	1915	1950		
		2002	1854	1853	1856	1848	1909	1945		
		1974	1841	1851	1844	1847	1901	1938	1958	1954
		1930	1837	1845	1842	1838	1900	1936	1935	1933
		1907	1831	1835	1840	1834	1880	1927	1928	1885
	2008	1857	1828	1833	1836	1832	1852	1908	1963	1879
1931	1937	1839	1825	1827	1826	1829	1846	1830	1943	1862

Quelle: Daten von S&P Dow Jones Indices, LLC 2024.

Die Wahrheit obiger Abbildung ist: Aufgrund dieser Schwankungen begehen Anleger und Investoren viele Fehler und gehen unnötige Risiken ein. So kaufen und verkaufen diese zum falschen Zeitpunkt, erliegen irreführenden oder falschen Daten, verfügen über keine Planung ihrer Geldanlagen oder erliegen Verzerrungen ihres Verhaltens. Dies hat zur Folge, dass Anleger und Investoren nicht den Marktertrag erzielen, sondern bedeutend weniger (im

Schnitt an die 2 Prozent). Anleger, die sich Risiken und Fehlern der Geldanlage bewusst sind und sich an die in diesem Buch geschilderten Prinzipien
halten, können folglich höhere Anlagerenditen erwirtschaften und so ihre
finanziellen Zielsetzungen besser erreichen.

Aktien sind eine gute Wahl, um langfristig Wertsteigerungen zu erzielen.
Diese vereinfachte Beschreibung erfordert natürlich alle Arten von Vorbe-
halten. Zum einen steigen die Aktienmärkte in ihrer Gesamtheit nicht im
Gleichschritt mit dem Wirtschaftswachstum. In vielen Jahren haben Aktien
nicht annähernd 8 Prozent an Rendite erbracht (das ist in etwa der
Durchschnitt dieser Vermögensklasse über die letzten 100 Jahre – vor
Inflation, Gebühren und Steuern) und wir wissen nicht, ob diese auch in
Zukunft einen Durchschnitt von 8 Prozent pro Jahr erzielen werden. Zum
anderen verhalten sich auch einzelne Aktien nicht im Einklang mit dem
Wirtschaftswachstum. So werden Aktionäre möglicherweise nicht in vollem
Umfang am Wirtschaftswachstum teilhaben, wenn das Management der
jeweiligen Unternehmen eine hohe Anzahl neuer Aktien ausgibt
(Verwässerung der Gewinne) und Profite unfähig in die Unternehmen
reinvestiert.

Dennoch sollten Anleger und Investoren, einen entsprechenden Anteil an
langfristigen Aktien/ Aktienindizes in ihrem Portfolio haben. Dies deshalb,
und das zeigen die historischen Entwicklungen, da Aktien die beste Vermögensklasse sind, um langfristig zu veranlagen und zu investieren. Aktien
beziehen die Inflation (*Kaufkraftverlust*) der Unternehmen ein und stellen eine
reale Beteiligung an Unternehmen dar. So bleibt nicht lediglich Ihre Kaufkraft
über einen langen Zeitraum gut erhalten, sondern Sie haben darüber hinaus an
entsprechenden Renditen auf Ihr eingesetztes Kapital teil.

Wir hören häufig (sei es in den Medien, Newsletter o.Ä.), dass die Finanz-
und Kapitalmärkte geradewegs steigen oder auch fallen. Und die Anleger
wollen auch an den soeben erläuterten durchschnittlichen 8 Prozent (oder
mehr) an Rendite teilhaben. Die Wahrheit ist jedoch, dass der Gesamtmarkt
diese 8 Prozent nicht auf einem stetigen, steigenden und für Sie angenehmen
Weg erreicht. Die meisten Anleger und Investoren kommen auch nicht in die
Nähe dieser Renditen, da die Aktienmärkte (und auch andere Märkte) zu

jedweder Zeit, sehr hohen Schwankungen (*Volatilität*) unterliegen. Sie erzielen folglich unterdurchschnittliche Resultate auf ihre Investments. Der Grund dafür ist, dass Anleger und Investoren sich selbst daran hindern, an den skizzierten Renditen teilzuhaben, die der Markt ihnen so einfach geben möchte. Sie haben sich dieses Konzept der Durchschnittsrendite (mit den Auf und Abs – den Schwankungen) in Erinnerung zu rufen, da sich die überwiegende Mehrzahl der Anleger die Mühe machen, Fehler zu begehen (das mangelnde Verständnis der Schwankungen ist solch einer), die sie davon abhalten, die Marktrendite zu erzielen.

Behalten Sie einen kühlen Kopf, wenn alle um Sie herum verlieren. Jedes Jahr hat Ausreißer nach oben oder Rückschläge nach unten. Diese sind jedoch nicht vorherzusagen. Sie sollten allerdings berücksichtigen, dass zweistellige Rückgänge an den Finanz- und Kapitalmärkten in den meisten negativen Jahren eine Tatsache darstellen. Investoren sollten diese Volatilität (Schwankungen an den Börsen) nicht lediglich erwarten, sondern Sie als etwas ansehen, das zu den Märkten einfach dazugehört. Jedoch gilt es zu beachten, sich darauf vorzubereiten, anstatt emotional oder falsch darauf zu reagieren, wenn Investoren durch diese Auf- und Abschwünge in die Enge „*gedrängt*" werden (Verhaltensverzerrungen lösen meist Fehler bei den Anlegern aus – dazu später mehr). Ein vorgefasster Plan stellt diesbezüglich eine Möglichkeit dar. Die Erfahrung zeigt, dass sich die Kapitalmärkte trotz der alljährlichen Rückschläge wieder erholen. Und nicht nur das. Es werden ebenso wieder positive Renditen erzielt. Keineswegs in jedem Jahr, aber in der überwiegenden Anzahl der Fälle. Mit diesem Wissen ausgestattet, sind Rückgänge an den Börsen nicht als Grund zur Sorge anzusehen, sondern Sie werden diese als Gelegenheit wahrnehmen, um etwaige günstige Nachkäufe zu tätigen.

Wann diese erläuterten Korrekturen eintreten, kann Ihnen niemand sagen. Ich kenne niemanden, der die Fähigkeit besitzt die erläuterten Korrekturen vorauszusagen. Auch wenn das immer wieder behauptet wird und viele Experten (Ökonomen, Gurus, Kommentatoren) herumlaufen und glauben, dass sie es sind, die das könnten. Es kann niemand. Was man Ihnen jedoch sagen kann, ist, dass auf Kursabschwüngen an den Börsen wieder steigende

Kurse folgen. Dies war bis jetzt immer der Fall. Jedes Mal und ohne Ausnahme (eine entsprechende Diversifikation vorausgesetzt). Wichtig ist, dass Sie darauf vorbereitet sind und im Hinterkopf behalten, dass über die vergangenen Jahrzehnte Aktien innerhalb eines Jahres zu 75% positive Renditen erzielten. Dieser Prozentsatz steigt noch weiter an, je langfristiger Sie veranlagen.

Wenn es an den Börsen niemals zu Kursschwankungen kommen würde, würden Aktien und Anleihen keine höheren Renditen gegenüber sichern Alternativen erzielen. Sichere Anlageformen haben es jedoch an sich, nicht lediglich geringere Renditen zu erbringen, sondern zumeist weniger zu erwirtschaften als die Inflation (man verliert letztendlich aufgrund jährlicher Preissteigerungen ersparte Vermögenswerte). Mit diesem Wissen ausgestattet, sollte man denken Anleger und Investoren hätten ein „*Heimspiel*". Dem ist jedoch nicht so, wie wir noch sehen werden.

–

✓ V – Krisen und Crashs ereignen sich immer wieder und sind kein Anlass zur Sorge

Der Schlüssel zum Erfolg an der Börse ist, sich nicht von dieser abschrecken zu lassen.

– Peter Lynch

Ihre eigenen Emotionen, Gefühle und Ihr Verhalten sind kein guter Indikator für zukünftige Renditen an den Finanz- und Kapitalmärkten. Das soll heißen: Wenn Sie glauben, dass die *Unternehmensgewinne* und andere *wirtschaftliche Indikatoren* großartig sein werden, werden sie wahrscheinlich weniger gut ausfallen. Wenn Sie jedoch glauben, dass sich die Welt dem „*Ende*" naht, sind Aktien wahrscheinlich günstig bewertet. Relative *Wert-/ Preis-Divergenzen* an den Aktienmärkten entstehen jedoch gerade wegen diesem Fehlverhalten. Dementsprechend sollten Sie niemanden glauben, der Ihnen sagt, dass Aktien auf lange Sicht jegliche anderen Anlageklassen schlagen werden. Das hängt davon ab, wie teuer/ günstig Aktien heute sind und wie teuer/ günstig andere Vermögenswerte, wie beispielsweise Anleihen, im Vergleich zu den Aktienmärkten bewertet werden.

Investieren Sie dennoch so, als ob Aktien wahrscheinlich, jedoch nicht sicher, alle anderen Vermögensklassen übertreffen würden. Halten Sie allerdings auch andere Anlageklassen, um Risiken zu streuen. Allgemein sollte man einem hohen Anteil an langfristigen Aktien nicht kritisch gegenüberstehen. Diese jedoch breit diversifiziert. In den vergangenen 100 Jahren erzielten Anleger und Investoren von Aktien ein Kapitalwachstum von etwa 8 Prozent pro Jahr (vor Inflation). Keine andere Anlageklasse bzw. Anlageform – ob nun Immobilien, Anleihen, Gold oder Bargeld – bietet ein vergleichbares Renditepotenzial. Allgemein ist auch festzuhalten, dass Aktien die beste Vermögensklasse sind, um langfristig zu investieren und Kapital und Vermögen zu schützen, da sie die Inflation der Unternehmen einbeziehen und eine reale Beteiligung an den jeweiligen Unternehmen darstellen, welche Ihre Kaufkraft über einen langen Zeitraum gut erhalten. So bleibt nicht nur Ihre Kaufkraft über einen langen Zeitraum gut erhalten, sondern Sie haben darüber hinaus an entsprechenden Renditen auf Ihr eingesetztes Kapital teil.

Aufgrund von wirtschaftlichen Rezessionen und Korrekturen an den Börsen, neigen Anleger und Investoren dazu keinen klaren Kopf zu bewahren. Das ist ein typisches Beispiel eines *„gegenteiligen"* (konträren) Indikators. Es ist häufig zu beobachten, dass positive Berichterstattungen der Medien zu negativen Resultaten für die Anleger führen. Dies trifft sowohl auf einzelne Unternehmen, als auch für ganze Länder und Volkswirtschaften zu. Wenn jeder glaubt, dass Aktien zu jeglichen Preis zu *„verschleudern"* seien und Anleger dabei denken Aktien wären immer noch zu teuer, sind Investoren lediglich bei getrübten Verstand (dies ist auf *Verhaltensverzerrungen* zurückzuführen – auf die Psychologie). Die breite Öffentlichkeit ist nach diesen Korrekturen an den Märkten oder nach Börsen-Crashs der Meinung, dass Aktien keine guten Investments seien. Letztendlich sollten Sie jedoch dafür belohnt werden, wenn Sie genau zu diesem Zeitpunkt investieren. Es empfiehlt sich folglich genau Gegenteiliges zu tun und entgegen den verbreiteten Anleger- und Investorenmeinungen zu investieren (wie so häufig, zeigt sich auch hier, dass *konträre Denkweisen* an der Börse zumeist die richtigen sind). Das soll heißen, dass sich der *Konsens* (die breite Masse der Anleger) zumeist falsch an den Märkten positioniert. Es können demnach weniger Menschen auf den „*Zug*" auf-/ bzw. abspringen, da sie bereits im Markt engagiert (bzw. inaktiv) sind. Hohe Preissteigerungen bzw. -verringerungen sind demzufolge dann zu erwarten, wenn aus einem Reservoir von potenziellen Käufern/ Verkäufern geschöpft werden kann, welches nicht erschöpft ist.

√ Prinzip VI: Überlegte Kauf- oder Verkaufsentscheidungen an schwankenden Aktienmärkten

Prognosen sind äußerst schwierig, vor allem, wenn sie die Zukunft betreffen.

– Mark Twain

Risiken sind real vorhanden

Da wir nun wissen, dass der Aktienmarkt an die 8 Prozent im Jahr an durchschnittlicher Rendite erwirtschaftet, stellt sich die Frage, warum nicht einfach daran teilhaben, bzw. warum erreichen die Mehrzahl der Investoren diese 8 Prozent nicht (der durchschnittliche Anleger erreicht etwas mehr als 2 Prozent).

Auf den ersten Blick, mag diese Durchschnittsrendite „*ordentlich*" aussehen, vor allem in einem Niedrigzinsumfeld, wie wir es zurzeit (2019/20) erleben.

Das Problem an der Sache ist nur, dass die Aktienmärkte variieren (schwanken). Nicht nur, dass sie schwanken, sondern dies mitunter auch sehr stark. Und keiner weiß, wann und mit welcher Intensität. Das braucht Sie jedoch nicht zu beunruhigen, wenn Sie sich an die aufgestellten *Prinzipien*, dieses Buchs halten. Die erläuterten Schwankungen (*Auf* und *Abs* an den Börsen) mögen sich nicht so schlimm von Ihrer derzeitigen „*Warte*" aus anhören, da wir Kursrückgänge rückblickend betrachten. Natürlich ist es eine ganz andere Sache, diese Schwankungen selbst zu durchleben und an Ihrer Anlage-Strategie dann diszipliniert festzuhalten (im Verlauf herausfordernder Märkte). Stellen Sie sich die emotionalen Turbulenzen vor, die Sie während der *Weltwirtschaftskrise* (zwischen 1929 und 1932 – mit Verlusten von teils über 80 Prozent) oder inmitten des Bärenmarkts zwischen 1973 und 1974, mit Kursverlusten an den Börsen von über 40 Prozent (in London über 70 Prozent), erlebt hätten. Der „*Schwarze Montag*" am 19. Oktober 1987 war an prozentualen Verlusten nicht weniger zu *bemitleiden*. Zu sehen waren weltweite Kursverlusten im hohen zweistelligen Bereich. Wenn Sie dies durchleben, macht sich schnell ein Gefühl der Traurig- bzw. Sinnlosigkeit breit. Dieses hätten Sie ebenso während der *Dotcom-Blase* (auch Technologie-*blase* 2000/01) ertragen müssen, wo europäische Aktienindizes teils mehr als 60 Prozent an Wert verloren haben (der DAX erreichte am 7. März 2000 seinen Höchststand und stürzte in der Folge um 73 Prozent ab[*]). Oder denken wir an die Immobilien- und Finanzkrise von 2007/08. Diese Kursstürze lassen sich lediglich rückblickend feststellen. Wichtig ist festzuhalten: Unternehmen und damit Aktien geraten immer wieder in Schwierigkeiten. Dabei haben Sie sich ins Bewusstsein zu rufen, dass früher oder später beim Kauf von gerade im Trend liegenden Vermögensklassen die Chancen gegen einen stehen. Dies gilt jedoch nicht lediglich bezogen auf Vermögensklassen (Aktien, Anleihen, Rohstoffe u.Ä.), sondern auch innerhalb dieser (bezogen auf Einzeltitel). So bescherten Anlegern High-Tech-Aktien (2001/02) bzw. Immobilen-Aktien (2007/08) – beide standen in diesen Zeiträumen bei den Investoren *„hoch im Kurs"* – beträchtliche Verluste.

Der richtige Umgang mit den Risiken der Aktienmärkte

Die geschilderten Ereignisse nehmen Anleger und Investoren zumeist zum Anlass nicht nur Angst vor Aktien zu haben, sondern vor diesen regelrecht vor *„Ehrfurcht zu erstarren"*, um es überspitzt zu formulieren. Dies ist nicht völlig ungerechtfertigt, soll jedoch kein Grund zur Sorge sein, da wir noch aufzeigen werden, wie Sie dagegen vorgehen bzw. sich schützen können.

Die erläuterten prozentualen Kursabstürze berücksichtigen keine *Dividenden-zahlungen*, welche diese enormen Marktkorrekturen zum Teil abgefedert hätten (jedoch lediglich geringfügig). Aber selbst wenn Sie diese Ertrags-auszahlungen (*Dividenden*) einbeziehen, wären die *Lehren* daraus dieselben: Märkte sind volatil, unbeständig und schwanken mitunter stark. Dies über die Zeit hinweg. Bärenmärkte sind darüber hinaus nicht immer von kurzer Dauer.

---

[*] Der DAX (Abkürzung für Deutscher Aktienindex) ist ein sehr bedeutender Wert-papierindex für den deutschen Aktienmarkt und einer der bedeutendsten Aktienindizes Europas.

So musste der MSCI Europa* in den letzten 39 Jahren 9 Verlustjahre über sich ergehen lassen. In jedem dieser 39 Jahre kam es während des jeweiligen Jahres (wenn auch kurzfristig) zu Verlusten. Der durchschnittliche Verlust innerhalb eines Jahres betrug dabei 15,4 Prozent. Stärkere Verluste waren in jedem dieser Jahrzehnte zu verzeichnen. So in den 1980er Jahren bis zu minus 35 Prozent, in den 1990er Jahren bis zu minus 31 Prozent und in den 2000er Jahren bis zu minus 48 Prozent. Dies bezieht sich auf die reinen Aktienrenditen, ohne dass Dividendenzahlungen berücksichtigt sind. Um andere weltweit führende Aktienindizes, wie den FTSE† oder S&P 500‡, war es während der erläuterten Zeiträume nicht besser bestellt.

Das mag auf den ersten Blick ein erschreckendes Bild der Aktienmärkte skizzieren. Aber ist es auch die ganze Wahrheit? Tatsache ist, dass selbst die erläuterten Durchschnittswerte des MSCI Europe oder anderer Aktienindizes nicht die ganze Geschichte wiedergeben.

Dies ist deshalb der Fall, da, wie bereits erläutert wurde, einzelne Unternehmen und damit Aktien immer wieder in Schwierigkeiten schlittern.

Die angeführten Aktienrenditen bezogen sich jedoch auf die Vermögensklasse der Aktien (gesamte Aktienindizes), welche im Trend lagen, bevor es zu einem Absturz der Kurse kam (bevor steigen diese zumeist erheblich an und Anleger und Investoren springen, entgegen rationalem Verhalten und sehr zu ihrem Leidwesen, auf den fahrenden Zug auf). Jedoch auch innerhalb der Vermögensklasse der Aktien (nun angesprochen die einzelnen Unternehmen, in den Aktienindizes), erlitten Anleger hohe Verluste, welche noch härter als der Gesamtmarkt ausfallen können (bezogen auf Aktienindizes – wie beispielsweise DAX, S&P 500, FTSE u.a.).

In den 1920er Jahren machten Eisenbahnunternehmen teils mehr als 60 Prozent der Börsenmarktkapitalisierung aus. Der Branchenanteil am Aktien-

---

* Der MSCI Europa Index ist ein europäischer Aktienindex, der die Aktienrendite von 15 europäischen Industrieländern abbildet.
† Der FTSE 100 besteht aus den 100 größten britischen Unternehmen und bildet die Aktienrendite dieser entsprechend ab.
‡ Misst die Aktienrendite von 500 großen Unternehmen, die an Börsen in den USA notiert sind.

markt veränderte sich jedoch massiv (Banken machten *anno dazumal* weniger als die Hälfte der derzeitigen Zusammensetzung dieses Sektors aus), aufgrund von Krisen, zunehmender Konkurrenz, Liberalisierungsbestrebungen und eines technologischen Wandels. In den 1960er Jahren waren die Schlagzeilen voll von den „*Nifty Fifty*" Unternehmen. Das waren Technologieaktien, welche hochgelobt, umworben und als Wachstumsaktien tituliert wurden. Jedoch auch hier verblasste ihr Glanz im Zuge des Einbruchs der Aktienmärkte in den Jahren 1973 und 1974. 2001/02 waren es dann High-Tech-Aktien und 2007/08 Immobilen-Aktien und Aktien der Finanzindustrie, welche massiven Kurseinbrüchen zum Opfer fielen.

Es gilt folglich zu berücksichtigen, dass, selbst wenn der Gesamtmarkt einen stetig steigenden Verlauf über die Jahre zu verzeichnen hatte, es dennoch einzelne Aktien gibt, welche nicht an den Kurssteigerungen teilhaben. An dieser Stelle sind insbesondere kleinere börsennotierende Unternehmen angesprochen. Diese mögen enormes Wachstumspotential in sich bergen, trendig und der „*letzte Schrei*" sein; für die Anleger und Investoren sind sie jedoch lediglich mit den *Fingerspitzen* anzufassen, da sie enorme Verlustpotentiale in sich bergen. Dafür sind nicht lediglich der erläuterte technologische Wandel oder eine veränderte Wettbewerbslandschaft verantwortlich, nein, es reichen hier schon kleine Abweichungen von prognostizierten Gewinnen der Unternehmen ohne Umsatzrückgänge zu verzeichnen. Dies verursacht dann zumeist „*reinigende Unwetter*" an den Börsen (die bei einzelnen Aktien viel höhere Verluste als der Gesamtmarkt verursachen können), welche die übertriebenen (von *Gier* gekennzeichneten – dazu in der Folge mehr) Erwartungen und Bewertungen der Anleger und Investoren auf ein angemessenes Maß zurückschrauben. Der Schock sitzt dann tief und zu Tiefstständen werden Wertpapiere abgestoßen und verschleudert – genau zum falschen Zeitpunkt. Käufe werden folglich zu Höchstständen und Verkäufe zu Tiefstständen vollzogen. Dies führt dazu, dass der Großteil der Anleger und Investoren die besagte Durchschnittsrendite von an die 8 Prozent nicht erreicht. Das Gute: Wenn Sie sich an die erläuterten und noch folgenden Prinzipien halten, haben Sie gute Karten, dass Ihnen dies nicht passiert und Sie entsprechende Resultate für sich und Ihre Vermögenswerte erzielen.

Das *Problem* dabei: Anleger reagieren auf die erläuterten potenziell hohen Kursverluste emotional (zu Verhaltensverzerrungen in der Folge mehr) und setzen sich (unbewusst) Stresssituationen aus. Wichtig daher und um *keine* Fehler oder *Risiken* zu begehen: Einen Schritt zurück zu machen und sich nicht von negativen emotionalen Gefühlssituationen und Stress einengen zu lassen. Stress, Glücksempfindungen und andere Emotionen an sich, sind nicht *per se* mit negativen Assoziationen in Verbindung zu bringen. Denken wir an Rennfahrer, Bungee Jumper, Wingsuit-Flieger oder Fallschirmspringer, welche sich bewusst brenzligen Situationen aussetzen und dabei enorme Glücksgefühle erleben. An den Wertpapiermärkten und bei der Analyse von Vermögensklassen und beständigen Portfolios empfiehlt es sich jedoch nicht, dass die erläuterten Empfindungen (Stress u.Ä.) Ihre Entscheidungen beeinflussen. Viel wichtiger ist Ihr Handeln rational auf Ihre langfristigen Zielsetzungen auszurichten (einen Plan zu haben) und Informationen dementsprechend zu filtern.

Der *Hacken* dabei ist: Um die erläuterten Renditen zu erzielen, müssen Sie vermeiden, sich emotionalen Risiken auszusetzen und sollten gar nicht erst versuchen den Markt (also die Aktienmärkte) zu prognostizieren (also *Market Timing* zu betreiben – mehr dazu in der Folge). Es mag sich einfach anhören, an die 8 Prozent an durchschnittlicher Rendite zu erreichen; die Wahrheit ist jedoch, dass es viele Menschen gibt, welche Sie dazu ermutigen, diesen Fehler (*Marktvorhersagen*) zu machen bzw. sich diesen auszusetzen. Letztendlich wollen die, die Ihnen das weismachen wollen vermeiden, dass Sie sich den erläuterten hohen Schwankungen aussetzen und unmittelbar vor Kurseinbrüchen an den Börsen aus den Finanz- und Kapitalmärkten aussteigen und vor hohen Kurssteigerungen an den Märkten einsteigen. Darunter befinden sich Medien, Kommentatoren, Fondsmanager, die Market Timing betreiben, Freunde und Verwandte und viele Angehörige der Finanzdienstleistungsbranche.

Wichtig ist dabei, dass Sie sich in Erinnerung rufen, dass sich unter diesen Menschen/ Institutionen 2 verschiedene Arten befinden: Solche, die wissen, dass die Märkte nicht prognostiziert werden können, es jedoch trotzdem tun oder zumindest versuchen. Sie bestreiten ihren Lebensunterhalt mit „*Absolute-*

Return-" oder „*Absicherungs-"* Produkten, mit Newslettern oder Blogs, die auf solchen zweifelhaften Veranlagungsstrategien beruhen. Diese sind nicht lediglich vereinzelt anzutreffen, sondern in sehr hoher Anzahl und meist unter aktiven Investoren, Medien und Fondsmanagern zu finden. Market-Timing und in Verbindung stehende Strategien verkaufen sich eben besser als andere. Die finanzielle Berichterstattung der Medien verleitet jedoch gerade zu impulsartigen Handlungen und solch dubiosen Strategien bzw. Akteuren. Dies rührt daher, dass sie vor allem nach einer „*Story"* Ausschau halten und von dieser auch berichten wollen. Es geht darum Aufregung und Stress für die Zuhörer, Leser und Zuseher zu erzeugen. Dies trägt dazu bei ein breiteres Publikum zu erreichen und das ist es auch, was die meisten Medien zuwege bringen wollen. Hinzu kommt, dass die Anleger darüber nicht ausreichend aufgeklärt werden. Marktprognosen und andere Fehlinformationen (neuerdings auch als „*Fake News"* bekannt) werden in kaum einem anderen Sektor der Wirtschaft höher entschädigt als in der Finanzindustrie. Mit diesem Wissen und den im vorliegenden Buch enthaltenen Informationen können Sie solche Menschen erkennen und sich vor vermeintlichen „*Experten"* schützen.

Die *zweite Art* der Akteure sind solche, welche sich gar nicht im Klaren sind, was sie da eigentlich tun. Es handelt sich um ehrliche und aufrichtige Menschen, die an Vorhersagen, Prognosen und Market-Timing glauben. Sie verkaufen auch gutgläubig Produkte und glauben fest an deren Erfolg. Man kann einmal, zweimal oder häufiger mit Market-Timing (also beispielsweise der Vorhersage von Schwankungen an den Börsen) und ähnlichen Strategien richtig liegen, langfristig stehen die Chancen jedoch ähnlich wie in Casinos oder anderen Spielstätten – nämlich gegen einen. Letztendlich schaden sich solche Anleger selbst und auch ihren Portfolios.

---

* *Absolute Return* findet sich vor allem als Werbeversprechen bei einigen alternativen Investments, wonach, anders als bei klassischen Kapitalanlagen (Investmentfonds, Aktien, verzinsliche Wertpapiere), der Investmentmanager versucht in jeder Marktphase einen stetigen Kapitalzuwachs (Absolute Return) möglichst ohne Schwankungen (Volatilität), zu erzielen.

Kursschwankungen besser verkraften

Die Aktienkurse ändern sich an den Börsen alle paar Sekunden während des Handelstages. Der Wert eines Unternehmens ändert sich jedoch höchstens einige Male im Jahr. Dies kann folglich *relative Wert-/ Preis-Divergenzen* in den Aktienmärkten entstehen lassen, aufgrund von Fehlverhaltensweisen anderer Anleger und Investoren (Emotionen wie *Angst* und *Gier* können dafür verantwortlich sein). Kurzfristig wird der Kurs einer Aktie von der heutigen *Wetterlage*, den *Nachrichten* oder auch weniger bedeutenden *Ereignissen* beeinflusst (so genau weiß das niemand und rückblickend findet immer jemand eine Erklärung dafür). Langfristig wird der Kurs einer Aktie jedoch davon bestimmt, wie viel an Gewinnen das zugrunde liegende Geschäft generiert. Zu beachten gilt, dass die zu *erwartenden Gewinne* noch wichtiger sind als die bereits erzielten Gewinne. Dies deshalb, da die erzielten Gewinne (aus der Vergangenheit) in den Kursen der jeweiligen Aktien bereits einbezogen werden (Investoren rechnen mit diesen bereits). Wenn Unternehmen überschüssige Erträge erwirtschaften, werden diese wertvoller und der Aktienkurs steigt mit diesen. Und wenn das Geschäft nicht wertvoller wird, kann auf lange Sicht der Aktienkurs keine überdurchschnittlichen Leistungen erzielen (der Großteil der Aktien erzielt unterdurchschnittliche Erträge).

Es wurde bereits angeführt, dass Aktien (und auch andere Vermögensklassen) nicht zu prognostizieren sind (sowohl einzelne Aktien als auch der gesamte Aktienmarkt). Dies betrifft vor allem kurzfristige Anlagezeiträume. Deshalb sollten auch keine Vermögenswerte in Aktien über kurze Zeithorizonte veranlagt werden. Es ist wichtig dies zu verstehen, da das ein kritischer Punkt bei der Aufteilung Ihrer Vermögenswerte ist. Langfristig kann man jedoch sagen, dass Aktien eine höhere Erwartung haben, bessere Leistungen als Anleihen zu erzielen. Bedenken Sie dabei, dass Aktien Anleihen und Spareinlagen nicht mit Sicherheit übertreffen, egal wie lange Sie an ihnen festhalten. Aktien sind jedoch ein guter Weg, um an den Gewinnen der jeweiligen Unternehmen der Gesamtwirtschaft teilzuhaben. In Aktien zu investieren ist dabei wie eine kleine Beteiligung, welche Sie an der gesamten nationalen (oder auch globalen – je nach Aufteilung der Vermögenswerte) Wirtschaft halten.

Da über kurze Veranlagungszeiträume keinerlei aussagekräftige Prognosen über den weiteren Verlauf an den Aktienmärkten getätigt werden können, haben Sie sich in Erinnerung zu rufen: Langfristig, als Gruppe (der *Gesamtmarkt*) sind Aktien immer gestiegen und das im enormen Ausmaß. Während diese langfristigen Resultate seit über Jahrhunderten hinweg andauern, vertreiben die täglichen Veränderungen der Aktienkurse, vermeintlich wichtige Tagesgeschehnisse, Kurskorrekturen und Abstürze Anleger mit schwachen Nerven oder veranlassen sie, zum schlimmsten Zeitpunkt ihre Aktien oder auch andere Anlageklassen zu verkaufen. Sie können diese Schwankungen besser verkraften, indem Sie einen Teil des Engagements an den Aktienmärkten nur für den Teil Ihres Portfolios vorsehen, welcher für Sie in den nächsten fünf Jahren nicht notwendigerweise in Anspruch genommen werden muss. Wenn Sie in den nächsten Jahren nicht dem Markt ausgeliefert sind und wir wissen, dass der Markt kurzfristig unberechenbar ist, jedoch auf lange Sicht nichts anderes getan hat als anzusteigen, wird es viel einfacher mit Kursschwankungen und -korrekturen an den Finanz- und Kapitalmärkten umzugehen (zu den damit verbundenen „*emotionalen Turbulenzen*" gleich mehr).

Aktien sind riskant – auf lange Sicht jedoch sicher

Sind Aktien also riskant und sollen Sie diese in Ihrem Portfolio unweigerlich halten? Aktien sind zweifellos riskant, wenn Sie *Risiko* als die *Möglichkeit* eines großen kurzfristigen Verlustes definieren. Aber wenn Sie ein langfristiger Investor sind, gibt es für Sie viel mehr zu holen, als sich über Marktschwankungen viel zu ärgern. Letztendlich läuft es darauf hinaus, kurzfristige Verluste als Gelegenheiten wahrzunehmen, welche Ihnen günstige Nachkäufe ermöglichen.

Wenn Anleger und Investoren jedoch mehr als 10 bis 15 Jahre Zeit haben, bevor ein Teil Ihrer Vermögenswerte benötigt wird, können individuelle

Anlageklassen herangezogen werden, welche volatil sind (starken Schwankungen unterliegen), aber eine lange, gut belegte Vergangenheit haben, die
gezeigt hat, dass die Anleger und Investoren für ihre Geduld belohnt werden.
Dies betrifft Aktien aus *Schwellenländern* (*Emerging Markets*) und andere
spezifische geographische Regionen, kleinkapitalisierte Aktien (wie *Small*-
Cap-Aktien, *Mid*-Cap-Aktien oder *Microcap*-Aktien) und Aktien, welche auf
bestimmte Faktoren ausgerichtet sind (beispielsweise sehr schnell *wachsende*
oder *unterbewertete* Aktien). All diese bestimmten *Charakteristika* von
Aktien führen zu einer höheren Volatilität, sollten den Anleger jedoch mit
einer höheren Rendite belohnen. Wenn ein Anleger beispielsweise noch mehr
als 25 Jahre bis zu seinem Ruhestand hat, ist er gegebenenfalls mit einem Teil
seines Portfolios in Schwellenmärkten investiert, um an entsprechenden
Renditen Anteil zu haben.

Einige Investoren wiederum verfügen über solch ansehnliche Vermögenswerte, sodass sie diese niemals ausgeben bzw. Teile des Portfolios niemals
umschichten oder anderen Änderungen unterziehen werden. In solchen
Situationen kann es für Menschen, die das 7. Lebensjahrzehnt bereits
überschritten haben, sinnvoll sein, einen erheblichen Teil ihres Portfolios in
Schwellenländern oder den erläuterten kleineren Aktien zu halten.

Wichtig dabei, dass Sie im Hinterkopf behalten, dass das Investieren alle
Arten von *Risiken* beinhaltet. So zeigt die aufgezeigte Strategie (Schwellen-
länder, gering kapitalisierte Aktien u.Ä.) auf dem Papier und im Laufe der
Zeit gute Resultate, für Anleger mit schwachen Nerven ist diese dennoch
nichts. *Analagestrategien,* welche auf bestimmte Charakteristika im Markt
fokussiert sind, weisen häufig eine Korrelation auf, die nicht dem Gesamtmarkt ähnlich ist, bewegen sich schnell und können über lange Zeiträume
hinweg unterdurchschnittliche Renditen für die Anleger und Investoren
erbringen.

Auf Ebene einzelner Unternehmen besteht das *Risiko*, dass eine einzelne
Aktie in Konkurs geht oder seine Zinszahlungen nicht mehr bedient, wodurch
die Eigentümer der Aktien und Anleihen erhebliche Verluste erleiden. Es
besteht das *Risiko*, dass Sie aus Aktien aussteigen und einen Preisverfall
erwarten, nur um dann zu sehen, wie die Aktien in die Höhe empor steigen. Es

besteht die _Gefahr_, dass Sie in Panik geraten, wenn die Aktienkurse fallen, Ihre Positionen im Portfolio auflösen und so Verluste dauerhaft hinnehmen.

Für den langfristigen Anleger und Investor sind all diese Risiken real vorhanden. Viele vergessen jedoch eines der größten Risiken von allen – das _Risiko_, dass der Wert Ihres Geldes und Ihrer Vermögenswerte durch Inflation und Steuern massiv beeinträchtigt wird und Sie Ihre finanziellen Ziele dadurch nicht erreichen können. Wenn es an den Finanz- und Kapitalmärkten zu Korrekturen kommt, fragen wir uns häufig, ob unsere Investments morgen noch da sein werden. Aber das ist lediglich ein vorübergehendes Ereignis, da, wie wir gehört haben, sich die Börsen wieder erholen. Jedes Mal und ohne Ausnahmen. Angesichts der doppelten Bedrohung, durch den erläuterten Kaufkraftverlust und Steuern, sollten wir uns viel eher darüber den Kopf zerbrechen, ob unsere Vermögenswerte und Gelder in den uns noch bevorstehenden Jahren, wenn wir unseren wohlverdienten Ruhestand antreten, im ausreichenden Maß verfügbar sein werden.

Ein jährlicher Kaufkraftverlust von an die 3 Prozent (dies entspricht in etwa den vergangenen jährlichen Preissteigerungen) erscheint auf den ersten Blick vielleicht nicht viel. Über mehrere Jahrzehnte mögen Sie sich bei mangelnder Veranlagung und den damit verbundenen fehlenden Kurschwankungen sogar sicherer fühlen. Tatsächlich führt das dazu, dass sich Ihr Geldvermögen über die Zeit hinweg um mehr als die Hälfte verringert. Wenn Ihre Veranlagungen nicht genug an Rendite erzielen, um sich dieser Herausforderung zu stellen, werden Ihre Vermögenswerte langsam schrumpfen. Sicherlich, die erläuterten Verluste von jährlich 3 Prozent mögen sich nicht so dramatisch wie eine Kurskorrektur an der Börse oder ein Marktcrash anhören. Jedoch hat die doppelte Belastung bestehend aus Inflation und Steuern, die unweigerlich jeden von uns trifft, weitaus verheerendere Auswirkungen, als so mancher von uns glauben möchte.

Wertpapiere langfristig zu halten, trotz innerer Widerstände

Trotz des Wachstums und der Sicherheit vor Kaufkraftverlusten kann es Anleger und Investoren vor Herausforderungen stellen, an Aktien langfristig festzuhalten und nicht zum falschen Zeitpunkt Käufe bzw. Verkäufe durchzuführen. Die Sinnhaftigkeit von Aktien kann auch besser verstanden werden, wenn Sie verstehen, dass der Kauf von Aktien Sie zu einem Eigentümer europäischer bzw. internationaler Unternehmen macht. Einige Gesellschaften werden im Lauf der Zeit von der Bodenfläche verschwinden, wohingegen andere enorme Wachstumsraten erleben werden. Hinzu kommt, dass aufgrund der steigenden Unternehmensgewinne, die Gesellschaften in der Lage sind, die Dividendenzahlungen an die Aktionäre kontinuierlich zu erhöhen. Auf der anderen Seite kann eine Erhöhung der Löhne und der Rohstoffkosten potenziell die Gewinne der Unternehmen schmälern. Aber häufig können die betroffenen Gesellschaften diese steigenden Kosten an die jeweiligen Kunden und Endverbraucher weitergeben. Tatsächlich steigen die Gewinne in der Regel schneller als Kaufkraftverluste, welche uns alle unweigerlich treffen. Auf lange Sicht sind Anleger und Investoren durch eine geeignete Aufteilung ihrer Vermögenswerte in ihren Portfolios vor steigenden Verbraucherpreisen geschützt. Ein hoher Anteil an langfristigen Aktien stellt eine gute Vermögensaufteilung im Portfolio dar, da die Vergangenheit zeigte, dass Wertpapiere (*Aktien*) eine der besten Vermögensklassen sind, um langfristig zu investieren. Die angeführten Preissteigerungen der Unternehmen werden dabei einbezogen, da Aktien reale Beteiligungen an Firmen verkörpern. Das trägt wiederum dazu bei, die Kaufkraft über einen langen Zeitraum gut zu erhalten (es muss jedoch immer der jeweilige Einzelfall Ihrer Situation oder der Ihrer Familie analysiert und auf Basis dessen ein Plan für die Aufteilung der jeweiligen Vermögenswerte erstellt werden).

Eine weitere *Perspektive* ist vor dem Hintergrund der erläuterten Kaufkraftverluste, steuerlichen Komponenten, Spareinlagen und den anzutreffenden (*starken*) Schwankungen an den Börsen einzunehmen. Diese soll Ihnen vor Augen führen, dass trotz emotionaler Verhaltensweisen (*Angst,*

Gier u.Ä.), welchen Anleger unweigerlich an den Börsen ausgesetzt sind, Sie an attraktiven Renditen teilhaben können. So ist es erstaunlich zu beobachten, dass wenn jemand in die Aktienmärkte zu egal welchem Zeitpunkt vor 10, 15 oder 20 Jahren eingestiegen wäre, er langfristig damit Vermögenszuwächse erzielt hätte (dies trifft auf den Großteil der entwickelten Volkswirtschaften und Aktienindizes zu; Streuung ist deswegen so wichtig). Hätte man zu jedweder Zeit im geschichtlichen Verlauf in die Aktienmärkte investiert, würde man über mehr Vermögen verfügen als hätte man auf Barmittel oder Spareinlagen gesetzt. Jedoch fordert leichtgläubiges Verhalten seinen Tribut und Fehler und Risiken ihren Zoll. Aufgrund von falschen Vermögens-verwaltern und -beratern, welche sich auf Timing-Strategien (falsche *Anlagestrategien*), Wertpapierselektion u.Ä. stützen, wurden hingegen nicht lediglich Kaufkraftverluste erlitten, sondern auch Milliarden von Euros in den „*Sand*" gesetzt und viel Schaden für die jeweiligen Vermögenswerte und Portfolios der Klienten angerichtet.

Im Gegensatz dazu bieten eher konservative Anlagen wie Spareinlagen, Anleihen, Geldmarktfonds oder andere kurzfristigere Veranlagungsformen nur eine schwache Verteidigung gegen Kaufkraftverluste und Steuern. Dies führt dazu, dass diese eine schlechte Wahl für langfristige Anleger sind. Deshalb ist es für eine entsprechende Ruhestandsplanung so wichtig Renditen zu erzielen, welche Ihnen zumeist lediglich Aktienmärkte bieten können. Der kluge Anleger und Investor weiß das, lernt damit zu leben (auch mit den erläuterten hohen Schwankungen) und macht sich dies, mittels einer entsprechenden Vermögensplanung, -aufteilung oder auch mit günstigen Käufen von entsprechenden Vermögensklassen, zu nutze.

Als weiterer Punkt, warum vermeintlich sichere Alternativen zu Aktien häufig gehalten werden, kann angeführt werden, dass diese ein trügerisches Gefühl der Sicherheit vermitteln. Anleger und Investoren waren zum Teil von den großen Kurseinbrüchen in den Jahren 2007/08 so geschockt, dass sie einen Großteil ihrer Bestände verkauften und so liquide Mittel anhäuften. Gerade zum falschen Zeitpunkt als die Börsen günstig bewertet waren. Aber nicht nur in Krisen werden Spareinlagen und Barmittel angehäuft. Es zeigt sich, dass auch fernab von Kurseinbrüchen Bankeinlagen im deutschsprachigen Raum im hohen zweistelligen prozentualen Bereich angesiedelt sind. Dabei wird von vielen Menschen nicht beachtet, dass selbst beim *„Einbruch des gesamten Systems"* (wie es viele Schwarzseher gelegentlich von sich geben) auch Barmittel keine sichere Anlageform darstellen. Dies deshalb, da damit strukturelle Umbrüche einhergehen würden, welche u.a. zur Folge hätten, dass steuerliche Forderungen keineswegs bedient und selbst die *„sichersten"* Staatsanleihen nicht mehr zurückbezahlt werden könnten.

Wenn Sie *Geduld* und eine entsprechende *Ausdauer* mitbringen, langfristig Denken und Handeln, um an Aktien auch in schwierigen Zeiten festzuhalten, werden nur wenige Veranlagungen Sie so *wohlhabend* wie Aktien machen. Dies ist auch zu einem Teil den folgenden Umständen geschuldet. Es wurde bereits auf den kritischen Punkt des Veranlagungszeitpunkts näher eingegangen, welcher allgemein mit Ihren Zielen, Ihrem Lebensalter und Ihren Veranlagungen in Verbindung steht. Das Risiko, welches hier besteht, betrifft die Zeitspanne, in welcher man nicht in den Finanz- und Kapitalmärkten investiert ist. Neben den Gebühren, die für aktives Handeln anfallen, sei ebenso darauf verwiesen, dass die Finanz- und Kapitalmärkte in 3 von 4 Jahren positive Renditen erwirtschaften. Diese <u>tendenziellen Aufwärtsbewegungen</u> und hohen Erträge (auch nach Berücksichtigung der Inflation) lassen Spareinlagen *„karg"* aussehen. Aber auch für den Fall, dass sich die Märkte <u>seitwärts bewegen</u>, sei angeführt, dass immer noch Dividenden von den Unternehmen ausgeschüttet werden. Die scheinbar schlechteste Variante betrifft den Fall, dass Anleger vollständig investiert sind und es zu <u>sinkenden Kursen</u> an den Finanz- und Kapitalmärkten kommt. Aber auch hier werden Dividenden ausbezahlt, welche Kurseinbrüche ein wenig abmildern. Hinzu kommt, dass Aktien und Anleihen nach Kursabschwüngen wieder steigen.[*] Der kluge Anleger und Investor weiß, dass Abschwünge temporäre Verläufe nehmen und nützt diese mitunter noch, um günstige Nachkäufe zu tätigen. Wenn Sie darüber hinaus nicht ständig aktiv handeln, Ihre Risiken breit streuen (in den *Gesamtmarkt* investieren) und Verhaltensverzerrungen nicht

---

[*] Eine entsprechende Diversifikation vorausgesetzt.

erliegen (mehr dazu in der Folge), sollten Sie in zumindest 5 Jahren die Gewinnschwelle erreichen. Wenn an den Finanz- und Kapitalmärkten nur magere Renditen zu erzielen sind, so können Sie ziemlich sicher sein, die Inflation, Anleihen, Spareinlagen und Geldmarktfonds zu übertreffen. In der Tat waren die 2000er Jahre eines der schlechtesten Jahrzehnte für die Aktien-märkte seit der großen Depression in den 1930er Jahren. Dennoch konnten Anleger und Investoren selbst in einem sehr schweren Jahrzehnt für die meisten Marktteilnehmer mit anderen Vermögensklassen durchwegs gute Leistungen erzielen. In einer der schlimmsten Perioden der Geschichte hatten die Anleger, welche sich diesen Umstand zunutze machten und zwischen den verschiedenen Anlageklassen breit diversifizierten (Risiken streuen), über-raschend gute Resultate zu verzeichnen. Dies setzt voraus *Fehler* und *Risiken* zu vermeiden, welche bereits erläutert wurden und die Zusammenstellung eines idealen Portfolios, das ebenso andere Faktoren des wirtschaftlichen Umfelds und von Vermögensklassen berücksichtigt.

Die angeführten Darstellungen und Zahlen sprechen eine klare Sprache und für *langfristiges Investieren*, unter Vermeidung von *Fallstricken*, wie Market-Timing, aktives Handeln oder Verhaltensverzerrungen. Nicht nur, dass Sie damit Kaufkraftverlusten entgegenwirken, haben Sie gute Chancen Ihr Kapital innerhalb weniger Jahre zu vervielfachen (bei 2 Prozent Inflation und einer Rendite von 9 Prozent kommt es in etwa 10 Jahren zu einer Verdopplung der eingesetzten Vermögenswerte). Doch die nackten Zahlen leuchten den Anlegern und Investoren zumeist nicht ein. Für viele von uns liegt die größte Gefahr nicht in den Wechselspielen und Schwankungen der Finanz- und Kapitalmärkte. Das Problem ist vielmehr, dass wir uns selbst im Wege stehen – unsere eigene innere emotionale *Aufruhr*. Wir scheinen von Natur aus schüchterne Investoren zu sein. Nach Ansicht von Forschern der *Behavioural Finance* (Verhaltensökonomie) *nagen* wir an Verlusten mehr als wir Freude an Gewinnen verspüren. Eine wegweisende Untersuchung von *Daniel Kahneman* und seinem Forschungskollegen *Amos Tversky* in den 1970er Jahren ergab, dass Menschen, wenn sie mit mehreren Alternativen konfrontiert werden, dazu neigen, Verluste zu vermeiden und sichere

Gewinne zu wählen, da der Schmerz des Verlierens viel größer ist als die Freude an einem gleichwertigen Gewinn. Dies führt dazu, dass eine natürliche Neigung in unserem *Naturell* besteht, eher konservative Anlagen zu bevorzugen. Darüber hinaus tendieren wir dazu, uns auf sehr kurzfristige Renditen zu fokussieren (in etwa 1 Jahr), was es wiederum schwierig macht, in den Genuss der langfristig überlegenen Renditen von Aktien zu kommen, welche sich auf lange Sicht bewähren.

So zeigte ein berühmtes Experiment der zuvor angeführten Forscher, dass wir sichere Optionen bevorzugen. Dabei wurden Schüler vor die Wahl gestellt, mit Sicherheit 500 Euro zu gewinnen oder eine 50-prozentige Chance zu haben 1.250 Euro zu erhalten. Die meisten der Menschen entschieden sich für die sicherere erste Option. Umgekehrt tendieren Personen dazu, bei einem sicheren Verlust von 500 Euro vs. einer 50/50 Chance auf keinen Verlust oder einem Verlust von 1.250 Euro, sich auf das Spiel einzulassen. Dies zeigt, dass wir dazu tendieren *risikoavers* (risikoscheu) zu agieren, wenn wir mit möglichen Gewinnen konfrontiert werden und uns *risikofreudig* zu verhalten, wenn es zur Vermeidung von Verlusten kommt.

Das sind jedoch nicht die einzig „*wunden*" Stellen, welche Anleger und Investoren zu beklagen haben (auf *Verhaltensverzerrungen* wird in der Folge noch separat eingegangen). So zeigt sich, dass Anleger und Investoren zumeist zu lange an verlustreichen Investments festhalten und Investitionen, die Gewinne erzielten, zu schnell verkaufen, da realisierte Gewinne so viel beruhigender wirken als lediglich welche, die nur am Papier aufscheinen. Vor dem Hintergrund rationaler Verhaltensweisen ist dies nicht stimmig und trägt zu schlechteren Renditen für Ihre Vermögenswerte bei. Experimente zeigen auch, dass wir mit hoher Wahrscheinlichkeit Zufallsgewinne oder unerwartete Zahlungen, wie Lotteriegewinne, Versicherungszahlungen oder Jahresboni, aggressiver investieren, während wir konservativere Veranlagungen für Gelder bevorzugen, zu welchen wir im regulären Arbeitsleben gekommen sind. Dies zeigt, wir können (und tun dies auch häufig!) in riskante Wachstumsaktien, aktive Fonds, Hedgefonds oder in andere waghalsige Veranlagungsformen investieren, aber gleichzeitig darauf bestehen, nur Anleihen mit höchster Bonität zu besitzen. Auf die korrekte Zusammenstellung der unterschiedlichen Vermögensklassen betreffend der persönlichen Ziele der Anleger und dem Umfeld an den Finanz- und Kapitalmärkten wird hingegen nicht geachtet. Dies kann auch ein Stück damit erklärt werden, da wir dazu tendieren, uns auf diejenigen Anlagen zu konzentrieren, die schlecht abschneiden, anstatt ihre Rendite im Kontext der *Gesamtperformance* unseres Portfolios zu betrachten („*Rebalancing*"* wird in der Folge noch separat angeführt). Gleichzeitig gehen wir davon aus, dass die sich gut entwickelnden Wertpapiere (bzw. auch Vermögensklassen), sich auch weiterhin gut entwickeln werden. Das Ergebnis ist, dass wir Investments über „*Bord*" werfen, noch bevor diese die Chance hatten, entsprechende Leistungen zu erzielen und auf Trends aufspringen, nur um dann zu sehen, wie sich ehemals gewinnbringende Investitionen in „*Luft*" auflösen (mangelnde Geduld kann dafür verantwortlich gemacht werden und das fehlende Wissen darüber, dass konträre Verhaltensweisen[†] an der Börse zumeist bessere Leistungen erbringen).

Sowohl Private Anleger als auch professionelle Investoren sind in der Mehrzahl der Fälle zu Unrecht zuversichtlich, bessere Leistungen als der Gesamtmarkt zu erzielen. Sie tun dies dennoch, vor dem Hintergrund der erläuterten verhaltenswissenschaftlichen Fallstricke. So zeigen Studienergebnisse, dass der durchschnittliche Anleger rund 2 Prozent Rendite über die letzten 20 Jahre erwirtschaftete. Dies bei einem Durchschnitt von an die 8 Prozent, welchen Aktien bzw. Aktienindizes insgesamt erzielt hätten (= der Markt in seiner Gesamtheit). Deshalb soll in den folgenden Prinzipien auf diese Verzerrungen noch näher eingegangen werden.

---

*Beim *Rebalancing* werden die Gewichtungen eines Portfolios von Vermögenswerten neu ausgerichtet. Das *Rebalancing* umfasst den regelmäßigen Kauf oder Verkauf von Vermögenswerten in einem Portfolio, um ein ursprüngliches oder gewünschtes Maß der Vermögensaufteilung (Asset-Allokation) aufrechtzuerhalten.

[†] Allgemein zeigt sich, dass Indikatoren, welche auf der „*Regression zur Mitte*" beruhen, sehr gute Ergebnisse erzielen. Das Prinzip besagt, dass sich überdurchschnittlich gute Leistungen wieder dem Durchschnitt annähern. Es ist auf viele Lebensbereiche anwendbar, beispielsweise auch auf die Körpergröße von Eltern und Kindern.

✓ VI – Behalten Sie einen klaren Kopf

Bedenken Sie immer: *Renditen* werden Ihnen nicht geschenkt. Verführerisch hohe Gewinne, kaum Schwankungen nach oben oder unten und perfekte Ein- oder Ausstiegszeitpunkte. Das sind nur einige Versprechen bzw. Warnsignale, welche Anleger und Investoren in die Irre führen können. Halten Sie sich stets vor Augen, dass es immer wieder zu schlechten Jahren an den Börsen kommt. So musste der MSCI Europa in den letzten 39 Jahren 9 Verlustjahre über sich ergehen lassen und der S&P 500 im selben Zeitraum 7 Verlustjahre. Hohe zweistellige negative Börsenjahre sind dabei immer wieder an den Finanz- und Kapitalmärkten zu beobachten. Jedoch ist es ebenso wertvoll zu wissen, dass im Durchschnitt 75 Prozent aller Börsenjahre positive Erträge erzielen. Einzelne Aktien sind dabei mit größerer Sorgfalt zu behandeln, da die Abweichungen nach oben und unten noch höher ausfallen können, als dies beim Gesamtmarkt der Fall ist.

Die Konzentration Ihrer Vermögenswerte in einige wenige Einzel-Aktien, kann schnell Wohlstand aufbauen, diesen aber ebenso schnell wieder zerstören. Menschen werden zumeist in den Bann von reichen Erdenbürgern wie Ingvar Kamprad (*IKEA*), Bill Gates (*Microsoft*) oder Steve Jobs (*Apple*) gezogen. Sie konzentrierten Ihre Vermögenswerte in einige wenige Unternehmen. Es kann verlockend für den einzelnen Anleger sein dies auch zu tun, aber für die meisten wäre das ein großer Fehler. Der Grund dafür ist, dass die meisten Aktien (über 70 Prozent) langfristig schlechter als kurzfristige Bundesanleihen[*] abschneiden und mehr als die Hälfte negative Renditen über deren gesamten Lebensdauer erzielen. Sie sehen, die Chancen stehen gegen Sie und die Wahrscheinlichkeit zu den Gewinnern bei der Auswahl einzelner Aktien zu gehören ist sehr gering.

---

[*] Bundesanleihen werden von Nationen als festverzinsliches Wertpapier herausgegeben. Es handelt sich dabei um Schuldverschreibungen von Staaten.

Ebenso sollten Sie sich nicht von anderen Marktteilnehmern in die Irre führen lassen. Häufig behaupten diese, sie können die angeführten hohen Schwankungen vorwegnehmen oder vor hohen Kursverlusten aus den Märkten aussteigen. Medien, Kommentatoren, Fondsmanager, Freunde und Verwandte und viele Angehörige der Finanzdienstleistungsbranche haben stets ein offenes Ohr und eine Meinung parat. Wichtig ist dabei, dass Sie sich in Erinnerung rufen, dass sich unter diesen Menschen/ Institutionen 2 verschiedene Arten befinden: Solche, die wissen, dass die Märkte nicht prognostiziert werden können (vor allem kurzfristig nicht – Akteure tun es aber trotzdem, da sie vielleicht ihren Lebensunterhalt damit bestreiten) und solche, die sich erst gar nicht im Klaren sind, was sie da eigentlich tun. Dabei handelt sich um ehrliche und aufrichtige Menschen, die an Vorhersagen, Prognosen und an die Vorwegnahme von Börsenereignissen glauben. Sie verkaufen auch gutgläubig Produkte und glauben fest an deren Erfolg. Ein oder zweimal mögen solche Vorhersagen auch richtig liegen, langfristig stehen die Chancen jedoch gegen Sie.

Viele Anleger schreckt die Medienberichterstattung ab und verleitet diese zu Handlungen, welche sie sonst nicht tätigen würden (dies betrifft ebenso ständige Marktvorhersagen). Blickt man auf einschneidende globale Ereignisse zurück, merkt man, wie schnell sich die Finanzmärkte wieder erholt haben (9/11, Kriege und u.Ä.). Warnungen vor Markthöchstständen (die immer wieder von Marktteilnehmern und in den Medien zu vernehmen sind) veranlassen Anleger und Investoren immer wieder zum Aufstocken von Barmittel. Jedenfalls führen solche Handlungen lediglich zum Verlust der auszuschüttenden Dividenden. Ob die Kurse wirklich runtergehen und wie viel, bleibt dabei immer fraglich. Genau das ist es, was aktives Handeln und Market-Timing so schwer macht und warum Anleger und Investoren damit unterdurchschnittliche Erträge erzielen.

Wichtig dabei ist, dass Sie Ihre Gesundheit keinen belastenden Stresssituationen aussetzen. Wann immer möglich, sollten Sie Ihre Abneigungen gegenüber kurzfristigen Verlusten überwinden und lernen, mit den Schwankungen der Finanz- und Kapitalmärkte zu leben. Das ist nicht einfach und zeigt sich auch daran, dass selbst professionelle Anleger damit zu kämpfen haben. Sie werden Fehler machen und von Marktrückgängen betroffen sein. Jeder tut das. Also wundern Sie sich nicht, wenn auch Sie Ihre unangenehmen Momente haben werden. Eine Lösung ist dabei, Anpassungen mittels der Vermögensklassen vorzunehmen, sodass die Schwankungsbreiten innerhalb Ihres persönlichen Toleranzbereiches liegen. Änderungen der Ansparraten oder Zielsetzungen der jeweiligen Anleger können an dieser Stelle angebracht sein, um sich Risiken nicht zum falschen Zeitpunkt auszusetzen und dabei die falschen Entscheidungen zu treffen.

√ Prinzip VII: Diversifikation (Risikostreuung) schützt

Es ist nicht der Stärkste der Spezies, der überlebt, und auch nicht der Intelligenteste, sondern der, der am besten auf Veränderungen reagiert.

– Charles Darwin

Aufteilung Ihrer Vermögensklassen verstehen

Der Haupteinflussfaktor sowohl für die kurzfristigen Kursschwankungen als auch für die langfristigen Renditen eines Portfolios ist die so genannte *Asset Allokation* (die Zusammensetzung der unterschiedlichen Vermögensklassen). Dies ist folgendes: Ein grundlegender Mix aus 4 Anlagekategorien bestehend aus Aktien, Anleihen, Geldanlagen wie Geldmarktfonds, Spareinlagen und Sparkonten sowie alternative Anlagen wie Rohstoffe, Immobilien und Hedgefonds. *Diversifikation* und *Asset Allokation* schützen uns vor der Unfähigkeit, die Zukunft vorherzusagen. Welche Anlageklasse wird 2021 die beste sein? Welche Vermögensklassen werden die schlechtesten sein? Wenn wir die Zukunft vorhersagen könnten, würden wir die besten Anlageklassen halten und die schlechtesten frühzeitig verkaufen. Leider sind solche Prognosen unmöglich, weshalb wir diversifizieren.

Durch eine Aufteilung Ihrer Vermögenswerte auf unterschiedliche Vermögensklassen (*Diversifikation*) können Sie die Rendite steigern und das Risiko senken. Das soll heißen: *Legen Sie nicht alle Eier in einen Korb*, sondern teilen Sie diese auf mehrere Körbe auf. In den letzten 15 Jahren erlebte die Welt turbulente Kapitalmärkte, zahlreiche Naturkatastrophen, unzählige geopolitische Konflikte und die tiefste wirtschaftliche Rezession, gekoppelt mit einer der größten Finanzkrisen, seit der Nachkriegszeit. Trotz dieser Schwierigkeiten waren die Anlageklassen mit der schlechtesten Rendite Spareinlagen und Rohstoffe. Die erläuterten Gründe, für welche Kurskorrekturen verantwortlich sind, sind durchwegs unterschiedlich (neben den bereits genannten u.a. auch die Weltkriege, Technologieblase 2000/01, Immobilien- und Finanzkrise 2007/08, Coronakrise 2020). Diese lassen sich lediglich rückblickend feststellen. Die darauffolgenden Ereignisse sind jedoch durch eine klarere Brille zu erkennen: Jedes Mal nach scheinbar unüberbrückbaren Ereignissen finden die Wirtschaft und die Finanzmärkte wieder auf die Beine. Und jedes Mal mündet der Weg in steigende Kurse. Ein diversifiziertes Portfolio bestehend aus unterschiedlichen Vermögensklassen, zeigt während der erläuterten Ereignisse und unterschiedlichen wirtschaftlichen Umfelder (Wachstum und Inflation) durchwegs gute Resultate. Voraussetzung ist, dass man langfristig daran festhält (Verhaltensverzerrungen somit vermeidet) und günstig Nachkäufe tätigt.

Über die genannten Zeiträume und Krisen hinweg hat sich ein breit gestreutes Portfolio mit unterschiedlichen Vermögensklassen, einschließlich Aktien, Anleihen und anderer nicht korrelierter* Anlageklassen, als Gewinner erwiesen. Ein gut diversifiziertes Portfolio, einschließlich Aktien, Anleihen und einiger anderer Anlageklassen, hat über jede 10 Jahresperiode (in den vergangenen 70 Jahren) keine negativen Renditen erbracht und in den letzten Jahrzehnten im Durchschnitt mehr als 5 Prozent an Rendite pro Jahr erzielt und das mit weniger Schwankungen als ein reines Portfolio bestehend aus Aktien.

Spezifische Risiken

Wenn es zur Diversifizierung von Risiken kommt, dann lassen sich diese allgemein in 3 Unterkategorien einteilen:

#1 ✓ – Die bereits erläuterten Vermögenswerte müssen entsprechend diversifiziert werden (man spricht folglich vom **finanziellen Risiko**). Dies bezogen sowohl auf die einzelnen Vermögensklassen als auch innerhalb dieser. Das soll heißen, wenn Sie Anteile an nur einem Unternehmen besitzen, kann dieses in finanzielle Schwierigkeiten geraten. Es besteht die Möglichkeit, dass Sie einen Großteil oder Ihre gesamten Vermögenswerte,

---

* Die Korrelation beschreibt den Zusammenhang von zwei statistischen, quantitativen Variablen.

welche Sie in dieses Unternehmen investierten, verlieren. Und das dazu noch unabhängig davon, wie gut sich die Finanz- und Kapitalmärkte insgesamt entwickeln (der Gesamtmarkt). Sie gehen folglich ein enormes Risiko ein, mittels einer waghalsigen Wette auf ein einzelnes Unternehmen. Ein fokussiertes Portfolio bestehend aus einigen wenigen Aktien (oder auch nur einer einzigen, wie soeben geschildert) steigert Ihre Chancen auf ungemeinen Wohlstand enorm. Leider geht damit auch einher, dass Sie ebenso hohe Chancen haben alles zu verlieren. Im Gegensatz dazu kann ein breit diversifiziertes Portfolio, bestehend aus mehreren Vermögensklassen (kleine und große, nationale und internationale Aktien; viele verschiedene Anleihen und alternative Investments), im schlimmsten Fall zwischen 25 und 35 Prozent an Wert verlieren. Dies im Wissen, dass die Wirtschaft und die unterschiedlichen Vermögensklassen wieder auf die Beine finden. Und das tun sie auch. Jedes Mal.

#2 ✓ – Dem Humankapital zuzurechnen ist das **Inflationsrisiko**. Bezogen auf Ihr Erwerbsleben werden Sie Erfahrungen und Wissen im Laufe Ihres Arbeitslebens sammeln und ebenso Ihre Fähigkeiten erweitern. Dabei werden Sie über die Zeit hinweg aufgrund Ihres Fachwissens mehr verdienen. Jedoch kann die Inflation diese Einkommenszuwächse gänzlich zunichtemachen. Das soll heißen, dass beispielsweise bei einer Inflation von 3 Prozent 100 Euro von heute, nächstes Jahr nur mehr 97 Euro wert sein können. Dies führt dazu, dass das Wachstum Ihres Humankapitals mitunter nicht mit den gestiegenen Lebenserhaltungskosten standhält. Somit besteht die ernsthafte Gefahr über keine Ersparnisse für notwendige zukünftige Ausgaben bzw. Planungen zu verfügen. Anschaffungsvorhaben oder Ruhestandsplanungen können an dieser Stelle angeführt werden.

#3 ✓ – Eine weitere Gefahr, die es einzuplanen gilt, ist das **Standortrisiko**. Der Wert Ihrer Fähigkeiten, Ihrer Erfahrungen und Fachkenntnisse hängt weitgehend davon ab, wann und wo Sie gerade leben und wie gesund das wirtschaftliche Umfeld Ihres jeweiligen Landes ist. So wie ein Bärenmarkt dazu neigt, den Wert fast aller Aktien zu mindern, drückt eine schwache Wirtschaft den Wert des Humankapitals fast aller Menschen, die in diesem Land leben. Mit dem Standortrisiko eng verbunden ist das *Währungsrisiko*. Wenn Sie für ein europäisches Unternehmen arbeiten, welches Euro ausbezahlt und Sie sich im Euro-Raum aufhalten, so werden Sie Probleme haben, wenn die europäische Wirtschaft über einen langen Zeitraum schwächelt. So geschehen beispielsweise mit der *Weimarer Republik* nach dem ersten Weltkrieg, wo nicht nur Sparer „*Federn lassen*" mussten (die *Weimarer Republik* war von hoher Inflation gekennzeichnet und erfuhr eine der radikalsten Geldentwertungen großer Industrienationen).

Risiken welche häufig nicht beachtet werden

Wir haben bereits erläutert, dass kein Investment risikofrei ist. Selbst kurzfristige Spareinlagen sind (hohen) Inflationsrisiken ausgesetzt. Die erläuterten Anlagen sollten den zuvor genannten 4 Kategorien zugeordnet werden (Aktien, Anleihen, kurzfristige Geldanlagen und Rohstoffe/ Sachwerte), wobei es auch hier immer wieder Auffassungsunterschiede zur Unterteilung der Vermögensklassen gibt.[*] Wie viel Sie jeweils in diese Vermögenskategorien investieren, hängt von Ihren Zielen, Ihrem Zeithorizont und Ihrem Risiko ab. Dieser Risikobegriff kann jedoch für jeden einzelnen schwierig zu definieren sein. Wichtig dabei ist nicht nur die angestrebte Zielerreichung, sondern auch, dass die Schwankungsbreiten des Portfolios (Volatilität) in einem verkraftbaren Ausmaß für die Anleger und Investoren bleiben. Unter gegebenen Umständen können alle 4 Vermögensklassen risikoarme Optionen sein. Aber diese können ebenso Risiken in sich bergen. Das gute an diesen unterschiedlichen Wertanlagen ist, dass diese kaum gleichzeitig die falsche Richtung einschlagen werden.

Wenn Sie das Risiko in Ihrem Portfolio nicht genau kennen, können Sie einen großen *Investitionsfehler* begehen. Beispielsweise können Sie in Aktienfonds

---

[*] Neuerdings werden häufig *Kryptowährungen* genannt, wenngleich sich diese mehr als Form der Spekulation als für langfristige Investition eignen.

investiert sein, welche die besten Renditen erzielen. Sie genießen lukrative Kapitalerträge, wenn die Märkte im Aufwind sind. Wenn Sie jedoch Ihre gesamten Vermögenswerte in Aktien (den *Gesamtmarkt*) investiert haben, werden Sie die volle Last spüren, wenn die Aktienmärkte fallen. Aus diesem Grund enthalten die besten und vernünftigsten Portfolios verschiedene Anlageklassen:

- *Aktien*, die sich in aufstrebenden Märkten gut behaupten.
- *Anleihen*, die ein geringeres Risiko aufweisen und Verluste bei Markteinbrüchen abfedern.
- *Rohstoffe* und *inflationsgeschützte Anleihen*, welche sich in einem Umfeld von steigender Inflation gut behaupten.
- *Kurzfristige Geldanlagen*, welche von Marktschwankungen nicht betroffen sind und womit günstige Nachkäufe getätigt werden können. Jedoch werden sehr kurzfristige Veranlagungen und Spar- und Bankeinlagen zumeist von der Inflation aufgefressen.

Die Aufteilung der Vermögenswerte ist ein wesentlicher Punkt, um *Risiken* zu senken, Renditen zu steigern und *Fehler* zu vermeiden. Wie alles im Leben ist auch das richtige *Gleichgewicht* zwischen den Vermögensklassen einer der Schlüssel zum Erfolg an den Finanz- und Kapitalmärkten.

Risiken, welche nicht gänzlich auszuschließen sind

Denken Sie zuerst darüber nach was kurzfristige Geldanlagen, liquide und flüssige Barmittel sind (*Cash*). Es sind Gelder, welche Sie bei Bedarf und zumeist ohne Kosten, Verluste oder Verzögerungen zu Dienstleistungen und Waren konvertieren können. Was sind jedoch *Cash-Investments* nicht? Vermögenswerte und Anlageklassen, dessen Wert ungewissen Schwankungen unterliegen und daher möglicherweise nicht andauernd ohne Verluste und anderen Kosten und Verzögerungen zu Geld gemacht werden können.

Aktien, sowie harte Vermögenswerte wie Goldaktien und Rohstoffe, gelten in der Regel als riskante Anlagen, da sie innerhalb weniger Wochen 10 Prozent und mehr ihres Wertes verlieren können – über mehrere Monate sogar noch mehr. Die *Dotcom-Blase* von 2001 und die *Finanzkrise* und 2007/08 u.Ä. zeigten, dass Aktien sehr schnell sehr hohe Verluste erleiden können.

Sie können dieses Risiko vermindern, indem Sie Ihr Geld auf eine Vielzahl verschiedener Aktien verteilen. Diese breite Diversifikation hat eine Reihe von Vorteilen. So wird dadurch die Volatilität (*Schwankungsbreite*) gesenkt, da der Rückgang einiger Aktien teilweise oder vollständig durch die Gewinne anderer Aktien ausgeglichen wird. Auch verringert die Diversifikation das Risiko, dass Sie unumkehrbare Verluste erleiden, weil ein oder zwei Unternehmen massiv an Wert verlieren. So war IBM* in den 1970er Jahren das Wachstumsunternehmen schlechthin, nur um dann in den 1980er und 2010er Jahren herbe Rückschläge zu erleiden. Anleger und Investoren vergessen dabei häufig, wie umkämpft die einzelnen Sektoren der Wirtschaft sind. Enorme *Wachstumsraten* und *Gewinnspannen* locken Konkurrenten schneller an als man es für möglich hält und erodieren Wettbewerbsvorteile mit einer Geschwindigkeit höher als so manchen Anleger lieb ist. Schließlich senkt eine breite Diversifikation das Risiko, dass Ihre Renditen weit hinter den Marktdurchschnitten zurückbleiben. Die unterdurchschnittlichen Renditen einzelner Aktien resultieren daraus, da ein Großteil der in den Indizes (S&P 500, DAX u.Ä.) befindlichen Aktien sehr schlechte Leistungen erzielen (schlechter als der Index in seiner Gesamtheit). Die größten Gewinner haben jedoch einen überdurchschnittlich hohen Einfluss auf die Gesamtrendite des jeweiligen Index. Dies erschwert es sowohl Anlegern und Investoren als auch aktiven Fonds im erheblichen Maße bessere Leistungen als der Gesamtmarkt (Index) und folglich ihrer passiven Konkurrenten zu erzielen. Das ist einer der Hauptgründe für die zumeist unterdurchschnittlichen Erträge privater und institutioneller Investoren.

---

* Die International Business Machines Corporation (IBM) ist ein börsennotiertes US-amerikanisches IT- und Beratungsunternehmen im Bundesstaat New York.

Diversifikation schließt jedoch nicht alle Risiken aus. Selbst wenn Sie eine breite Streuung von Aktien besitzen (mittels ETFs, Indexfonds oder Aktienfonds), kann es zu erheblichen Turbulenzen für Ihre Veranlagungen kommen. Das muss Sie jedoch nicht beunruhigen, da Sie wissen, dass Sie im Gegenzug für die kurzfristigen Kursschwankungen der Aktien, welche Sie in Ihrem Portfolio halten, gesunde langfristige Renditen erhalten. Wichtig ist dabei, sich bewusst zu sein: Aktien weisen ein höheres Risiko als festverzinsliche Wertpapiere wie Anleihen auf, während Anleihen ein höheres Risiko als kurzfristige Geldanlagen aufweisen (Cash-Investments, Bankeinlagen). Das bedeutet, dass über einen längeren Zeitraum betrachtet, eine breite Streuung von Aktien (der Gesamtmarkt) Anleihen (in Summe) schlagen sollten, welche wiederum höhere Renditen als kurzfristige Geldanlagen erzielen.

Die erläuterten Anleihen und Geldanlagen verdienen möglicherweise eine angemessene Rendite, es sei denn, die jährliche *Kaufkraftentwertung* erreicht Niveaus von über 3 Prozent. Das geht auf Kosten dieser Veranlagungen, wonach diese lediglich wenig bis gar kein Geld mehr erwirtschaften – oder Ihnen sogar Kaufkraftverluste erbringen. Laut einer Vielzahl von Studien erzielten Aktien im geschichtlichen Verlauf die höchsten Renditen und übertrafen die Inflation um an die 6 Prozentpunkte pro Jahr, während Anleihen Kaufkraftverluste um lediglich 2 Prozentpunkte übertrafen und sehr kurzfristige Geldanlagen mit jährlichen Preiserhöhungen in etwa gleichauf lagen. Es gibt keine Garantie, dass Aktien weiterhin gewinnen werden, jedoch deuten die höheren Schwankungen dieser Anlageklasse und die vergangenen historischen Renditen darauf hin.

Die jährliche Kaufkraftentwertung ist ein wichtiger Grund, Aktien zu besitzen und gegebenenfalls einen Teil Ihres Portfolios in Rohstoffen/ Sachwerten zu halten. Die Vergangenheit hat gezeigt, dass Aktien dank ihrer überlegenen Renditen einen langfristigen Schutz gegen Inflation darstellen. Rohstoffe und andere Sachwerte können möglicherweise nicht mit den langfristigen Renditen von Aktien mithalten, haben im geschichtlichen Verlauf jedoch bewiesen, dass sie ein effektiver Schutz bei zunehmend steigender Inflation sind, wohingegen Aktien und Anleihen in solch einem wirtschaftlichen Umfeld zumeist mäßige Erträge erzielen.

Zusammenfassend ist einem hohen Anteil langfristiger Aktien der Vorzug zu geben, aber nur wenn Sie mit den Schwankungen an den Börsen leben können. Das Wissen, dass die Wirtschaft und die Finanzmärkte jedes Mal, nach scheinbar unüberbrückbaren Ereignissen, wieder auf die Beine finden, sollte Ihnen dabei helfen. Und: Jedes Mal mündet der Weg in steigende Kurse. Dies setzt eine entsprechende Aufteilung Ihrer Vermögenswerte auf die unterschiedlichen Anlageklassen voraus. *Amazon** kann ein gutes Investment darstellen, jedoch wenn Sie lediglich 10 Prozent Ihrer Vermögenswerte darin investiert haben und die anderen 90 Prozent Ihres Portfolios in kurzfristig liquide Veranlagungen stecken, können Sie trotzdem lediglich magere Renditen erzielen. Für viele Anleger und Investoren ist die beste Lösung eine Vielzahl der unterschiedlichen Vermögensklassen im Portfolio zu haben. So schützen Anleihen und kurzfristig liquide Mittel vor Kursstürzen an den Börsen, Aktien bergen das Potential hoher langfristiger Renditen in sich, wonach Sie an wirtschaftlichen Aufschwüngen teilhaben und Rohstoffe und Sachwerte stellen geeignete Veranlagungen bei hoher Inflation dar. Mit solch einer Vorgehensweise können Sie das Portfolio-Risiko steuern, im Wissen über ungewisse zukünftige Renditen an den Finanz- und Kapitalmärkten.

Vermögens-Aufteilung und Ersparnisse

Betreffend der Diversifizierung von Risiken soll nochmalig auf das *Human-kapital* eingegangen werden. Es werden hier häufig sehr kostspielige *Risiken* begangen. Anleger und Investoren begehen zumeist den fatalen Fehler, ihr *Finanzkapital* in denselben Korb zu legen, in dem sich bereits ihr *Humankapital* befindet (*Risiken* werden nicht gestreut). Dies kann zu unabsehbaren Folgen für Ihre Vermögenswerte führen, da Sie bei unvorher-

---

* Amazon ist ein börsennotierter US-amerikanischer Onlineversandhändler mit einer breit gefächerten Produktpalette.

gesehenen Krisen doppelt betroffen sind. Das heißt, Sie sollten, um die Risiken Ihres *Humankapitals* zu verringern, Ihr *Finanzkapital* nicht in denselben Korb legen wie Ihr *Humankapital*. Während Phasen des Aufschwungs und Booms investieren die Anleger und Investoren häufig ihre gesamten Ruhestandsgelder, Prämien, Boni, Aktienoptionen oder gar den Wert ihres Eigenheims in spezifische Unternehmen oder Sektoren, in welchen sie tätig sind (Technologieblase 2000/01, Immobilien- und Finanzkrise 2007/08). Die Leute dachten damals und denken auch heute noch, ihre Vermögenswerte auf das zu setzen, was sie am besten kennen, sei eine kluge Vorgangsweise (u.a. Technologie, Immobilien oder Rohstoffe – wie Öl und Gold). Oft sind sie, jedoch ohne das zu wissen, einem einzigen Faktor ausgeliefert (Gold- oder Ölpreis – im Falle von Rohstoffen). Als der Goldpreis im Jahr 2011 auf 1.750 US-Dollar anstieg, haben viele Menschen ihre Gelder in Gold oder Unternehmen veranlagt, welche direkt oder indirekt vom Goldpreis abhängig waren. Nichtsahnend, dass jeder Aspekt ihres Wohlstands und ihrer Ersparnisse vom Preis des schimmernden Glanzes des Edelmetalls abhing, der immer höher stieg. Das passiert aber nicht lediglich in Phasen des Booms oder zu Zeiten der wirtschaftlichen Hochkonjunktur. Krankenschwestern und Ärzte investieren ihr Geld häufig in Aktien des Gesundheitswesens und Marketingleute in Werbefirmen. Bankiers spekulieren im Finanzsektor und Ingenieure veranlagen Vermögenswerte im Baugeschäft.

Da Ihr *Humankapital* in Ihrer Branche, in welcher Sie tätig sind, bereits einem Risiko ausgesetzt ist und Sie Ihr finanzielles Kapital dort besser nicht riskieren, sollten Sie Ihre Investments dahingehend sinnvollerweise begrenzen. So besteht eine Möglichkeit diese Grenze bei 10 Prozent der Investitionen in Ihrem Portfolio zu ziehen, sodass dieser Wert beispielsweise die Aktien Ihres eigenen Unternehmens und allgemein branchenspezifische Unternehmen einschließt.

Bedenken Sie ebenso bei Ihren Veranlagungen und Investments, dass es immer eine Aktie, Anleihe, einen Fonds, eine Vermögensklasse oder Anlagestrategie geben wird, welche zu der besten in dem jeweiligen Jahr gehört. Rückblickend wäre es natürlich in Ihrem Interesse gewesen in diese zu

investieren. Jedes Jahr möchten Anleger und Investoren in diese aufstrebenden Anlageklassen investieren und würden natürlich enorme Gewinne
erzielen. Es macht Spaß von diesen Vorhersagen, „Lotterielosen" und
sinnlosen Spekulationen zu schwärmen (und viele tun dies auch), aber Sie
werden nur im Nachhinein wissen, welches Investment in einem bestimmten
Jahr das perfekte gewesen wäre. Auch wenn viele vermeintliche Experten
(Börsenbriefe, Newsletter, Ökonomen, Gurus, Kommentatoren) herumlaufen
und glauben, dass sie es sind, die perfekte Vorhersagen tätigen könnten. Die
Wahrheit ist, dass dies niemand kann. Auch keine Ihnen „wohlgestimmten"
Experten. Niemand. Vielleicht ein *Einhorn* aus einer Geschichtenerzählung,
der *Weihnachtsmann* oder der *Osterhase*.

Aus diesem Grund (und anderen bereits angeführten) ist eines der besten
Investments, welches Sie tätigen können, eine Erhöhung Ihrer Sparquote. Sie
haben keine Kontrolle über die Finanz- und Kapitalmärkte und folglich
ebenso nicht auf die Renditen des Gesamtmarkts, auch können Sie nicht die
Wahlen, das Wirtschaftswachstum, die Steuern oder die Handlungsweisen
anderer Investoren und Anleger beeinflussen. Anders jedoch der Zugang zu
Ihren Ersparnissen, hier können Sie den Hebel ansetzen und wissen wie viel
Sie sparen. Dies ist ein wichtiger Punkt betreffend Ihrer Investitionsentscheidungen. Auf den ersten Blick ein eintöniger, unaufregender Rat. Dennoch
können Sie damit etwaig niedrigen Renditen entgegenwirken und damit einen
proaktiven Schritt setzen, um Ihre Ziele zu erreichen.

Die Aufteilung Ihrer Vermögenswerte auf die unterschiedlichen Anlageklassen (Asset-Allokation) hat den größten Einfluss auf Ihre Anlagerenditen
und eine noch größere Bedeutung als die Auswahl einzelner Aktien oder
Anleihen. Die Auswahl geeigneter Aktien (weltweit aus mehreren Tausend)
mag aufregender für die Anleger und Investoren sein, tatsächlich hilft die
allerbeste Auswahl von Wertpapieren in unterschiedlichen Ländern, Sektoren
oder Regionen nur in sehr geringem Maße entsprechende Leistungen zu
erzielen (tatsächlich schneiden die meisten Anleger damit schlechter ab als der
Gesamtmarkt). Das soll heißen, dass die Aufteilung der Vermögensklassen
häufig missverstanden wird. Anleger müssen sich bewusst werden, dass zum
Großteil die Vermögensklassen für die erbrachten Renditen verantwortlich

sind und nicht die Manager (der jeweiligen Fonds) selbst. Studien zeigen, dass die Aufteilung des Vermögens auf beispielsweise Aktien, Anleihen, Rohstoffe u.Ä. für an die 90 Prozent der Renditen verantwortlich ist (sprich die erläuterte Aufteilung der Vermögenswerte auf die unterschiedlichen Anlageklassen). Das soll heißen, dass in Jahren, in welchen sehr große Aktien (großkapitalisierte Unternehmen) sehr gute Erträge ablieferten und sehr kleine Aktien (mit geringer Marktkapitalisierung – auch Small Caps) schlechte Resultate erbrachten, der Fondsmanager von kleinen Aktien *per se* nicht schlecht ist. Die Vermögensklasse der kleinen Aktien erbrachte in ihrer Gesamtheit eben schlechtere Resultate. Oder denken Sie an einen Manager eines Rohstofffonds, der überwiegend Positionen in Gold in seinem Portfolio hält. Gold hatte zwischen 2001 und 2011 durchwegs gute Wertzuwächse zu verzeichnen. Danach musste Gold jedoch einen Preisverfall hinnehmen, sodass auch Rohstofffonds mit hohem Anteil an Gold Verluste erlitten. Diese Fonds waren in ihrer Gesamtheit nicht schlecht, die Manager dieser waren zu dieser Zeit eben gerade für diese verantwortlich und da die Vermögensklasse in ihrer Gesamtheit schlechtere Renditen erzielte, taten es auch die Fonds bzw. die Manager dieser.

–

✓ VII – Steigern Sie die Rendite und senken Sie das Risiko

Prognosen erzählen mehr über den, der sie aufstellt, als über die Zukunft.

– Warren Buffett

Wenn Sie alles auf eine Karte setzen (ein Unternehmen/ bzw. eine Aktie), maximieren Sie Ihre Chancen reich zu werden. Jedoch haben Sie ebenso hohe Chancen im „*Armenhaus*" zu landen. Aber auch wenn Sie breit diversifizieren und in eine Vielzahl von Aktien investieren, so können diese um mehr als 90 Prozent an Wert verlieren (so geschehen zwischen 1929 und 1932). Wenn Sie jedoch Ihre Vermögenswerte breit streuen und das noch bezogen auf die richtigen Vermögensklassen, sollten Ihre maximalen Einbußen an die 20 bis 25 Prozent betragen. Dies jedoch im Wissen, dass auf Kursabschwünge an den Finanz- und Kapitalmärkten wieder steigende Kurse folgen. Das war bis jetzt immer der Fall. Jedes Mal und ohne Ausnahme. Vor diesem Hintergrund sollten Sie Kursabschwünge an den Börsen wenig beunruhigen, da Ihnen auch bekannt ist, dass Spareinlagen und andere kurzfristige Veranlagungen auf lange Sicht die schlechtesten Geldanlagen sind und Sie meist damit noch Geld verlieren. Um dieses Schicksal nicht teilen zu müssen, sollten Sie viele Aktien besitzen – in- und ausländische, kleine und große. Hinzu kommen verschiedene Anleihen, Währungen und gegebenenfalls alternative Investments – ebenfalls in unterschiedlichsten Formen. Durch eine breite Streuung verringern Sie das Risiko einer bestimmten Aktie oder Anleihe ausgeliefert zu sein (welche dann mitunter *„Schiffbruch"* erleidet) und es ist weitaus wahrscheinlicher, dass Sie für Ihre Investments und den damit verbundenen Risiken belohnt werden. Mit anderen Worten: Wenn Sie richtig diversifiziert sind, kann eine Mischung von Anlageklassen zusammengestellt werden, welche ausgewogen genug ist, um sich mit der Zeit gut zu entwickeln und gleichzeitig vor unakzeptablen Verlusten schützt. Das heißt: **#1** DIVERSIFIZIEREN. Wenn Sie Ihr gesamtes Geld in Aktien investieren, insbesondere in eine bestimmte Art von Aktien, Anleihen oder Immobilien, ist dies ein schlechter Weg, um ein Portfolio aufzubauen. Die Wahrscheinlichkeit ist hoch, dass Sie dann Ihre finanziellen Ziele nicht erreichen. Wichtig dabei ist, dass Sie die Beziehung einer Vermögensklasse zu den anderen verstehen (abhängig u.a. vom wirtschaftlichen Umfeld – Wachstum und Inflation). **#2** PROGNOSEN. Niemand kann vorhersagen, welche Vermögensklassen sich wann am besten entwickeln werden. Die Lektion, die Sie lernen müssen, ist, dass Sie einen Investmentplan benötigen, welcher die Wahrscheinlichkeit erhöht auf der richtigen Seite zu sein und der keine Prognose über die Zukunft aufstellt. Das bedeutet über eine klar umrissene Allokation Ihrer Vermögenswerte zu verfügen und die Aufteilung dieser auf die entsprechenden Anlageklassen festzulegen. Wenn beispielsweise internationale Aktien herausragende Leistungen erzielen: Stellen Sie wieder ein Gleichgewicht her und kaufen Sie Anlageklassen, welche sich weniger gut entwickelt haben (und

umgekehrt – Konzept des „*Rebalancing*"). **#3** WECHSEL. Es gibt nicht
laufend die Vermögensklasse, welche immer als Sieger hervorgeht. Auch
wenn im geschichtlichen Vergleich eine Anlageklasse bessere Renditen, als
eine andere erzielt hat, heißt dies nicht *per se* diese zu bevorzugen. Hinzu
kommt, dass die jeweilige „*bessere*" Assetklasse bessere und schlechtere
Jahre hat und nicht andauernd als Gewinner hervorstechen wird. So gehörten
in den letzten 11 Jahren Aktien aus Schwellenländern in 5 Jahren zu der
Anlageklasse, welche die besten Leistungen erzielte (unter den besten 3).
Jedoch gehörte diese Vermögensklasse ebenso 5 Mal im selben Zeitraum zu
den Anlagenklassen mit den schlechtesten Resultaten (unter schlechtesten 3).
#4 KONTRÄR und TREND. Anlageklassen haben die Tendenz auf ihr
ursprüngliches Ausgangsniveau wieder zurück zu kehren. So erzielten Sie mit
US-amerikanischen Aktien zwischen 2000 und 2009 negative Renditen. Nur
um dann festzustellen, dass diese zwischen 2010 und 2015 um mehr als 107
Prozent an Wert zulegten. Allgemein kann festgehalten werden, je weniger
Sie für Wertpapiere oder Vermögensklassen bezahlen (beispielsweise
aufgrund vorhergehend schlechterer Leistungen dieser), desto höher fallen die
zukünftigen Renditen aus. Gleichzeitig können langanhaltende Trends vor-
herrschen (beispielsweise der stetige Anstieg von Gold zwischen 1999 und
2011). Wenn Sie diese 4 Punkte betreffend der Vermögensklassen verstehen,
wird es Ihnen ebenso leichter fallen, in schwierigen Zeiten an Ihren
Investmentplänen festzuhalten.

√ Prinzip VIII: Verhaltensverzerrungen durch einen klaren Plan und der Einhaltung von diesem vermeiden

Wenn Sie nicht wissen wer Sie sind, ist die Börse ein teurer Ort um dies herauszufinden.

— George Goodman

Emotionen kontrollieren

Die meisten Anleger und Investoren unterschätzen, wie wichtig das Verhalten von Ihnen selbst (jedoch ebenso von anderen) für den Erfolg an den Finanz- und Kapitalmärkten ist. Marktteilnehmer an den Börsen und Menschen ganz allgemein geben sich zumeist unnötigen Risiken im realen Leben bzw. an den Wertpapiermärkten hin, jedoch nicht nur aufgrund äußerer Umstände oder des Umfelds, sondern weil sie sich selbst im Wege stehen oder Fehler aufgrund ihrer Vermögensverwalter oder -berater begangen werden. Ihr *Verhalten* (sei dies bewusst oder unbewusst) ist es letztendlich, das darüber entscheidet, wie erfolgreich sie sind. Dabei zeigt sich, dass der Schlüssel für erfolgreiches Investieren und Anlegen für die Investoren vor allem darin begründet ist, dass es nicht gilt die Zukunft vorherzusagen (das wird noch in der Folge näher veranschaulicht werden), sondern im Lernen der *Vergangenheit* und im Verständnis der *Gegenwart*.

Die Vergangenheit ist auch insofern von Bedeutung, da die Evolution erhebliche Auswirkungen auf unser Verhalten hat. Es mag auf den ersten Blick überraschen, dass dies immer noch von Relevanz für unsere Ver- haltensweisen an den Finanz- und Kapitalmärkten und infolgedessen auch für unseren Erfolg an diesen ist. Nicht zuletzt deshalb, da die Anfänge der Evolution vor ca. vier bis sieben Millionen Jahren begannen. Unsere Vorfahren verbrachten den Großteil ihres kurzfristigen Daseins als *Jäger* und *Sammler*. Aufgrund dessen kann darauf geschlossen werden, dass ein erheblicher Teil unseres Investitionsverhaltens an den Finanz- und Kapital- märkten von Mechanismen gesteuert werden, die aus einem Zeitraum stammen, in welchem es um Leben und Tod, sprich das nackte Überleben, ging. Muster, die unser Verhalten beeinflussen (u.a. Konfrontation, Kampf, Angriff und Flucht), wirken sich auch heute noch auf das Investmentverhalten und auf die Kapitalmärkte aus. Negative Verhaltensweisen, die häufig von Emotionen getragen werden (jedoch auch überschwänglich positive), sollten in der Vermögensveranlagung keinen Platz finden. Es braucht daher in sich schlüssige Prozesse und rationale Entscheidungen, die Risiken als auch Renditen in durchdachter Art und Weise sachlich analysieren. Spontane Reaktionen sind kontraproduktiv und schlagen sich direkt auf den Wert Ihrer Vermögenswerte nieder.

Entscheidungen langfristig und mit Bedacht wählen

Häufig werden die erläuterten unüberlegten Handlungsweisen ausgelöst durch *Angst*, *Gier* und anderen Erwartungshaltungen wie *Hoffnung*. Dabei liegt es im menschlichen Naturell optimistisch zu sein. Es ist Teil der menschlichen Natur zu hoffen. Wie hätten unsere Vorfahren all das Leid, das sie erfahren haben, sonst ertragen sollen. Hoffnung ist Teil eines gesunden Menschenverstandes und steht auf der anderen Seite einer negativen Geisteshaltung. Darüber hinaus ist Hoffnung ein Bestandteil eines gesunden Geisteszustandes. Hoffnung ist das Gegenteil von Negativität. Negativität im Leben kann zu Ärger, Enttäuschung und Depressionen führen. Wenn die Welt ein negativer Ort ist, wozu soll man dann all die Anstrengungen auf sich nehmen? Negative Gefühle und Gedankengänge sind Auslöser von Depressionen und können zu Angstgefühlen und einer allgemein schlechten Lebensqualität führen. Deshalb ist Hoffnung an sich ein positiv besetzter Aspekt menschlichen Lebens. Paradoxerweise verhält es sich an den Finanz- und Kapitalmärkten anders. Beim Kauf von Aktien, Anleihen und anderen Vermögensklassen ist Hoffnung ein Hindernis, das es zu bekämpfen gilt und Ihnen keine Hilfestellungen für langfristig erfolgreiches Investieren bietet. Sobald Sie Positionen in Wertpapiere oder Anlageklassen aufbauen, möchten Sie natürlich, dass diese sich positiv entwickeln – sprich steigen. Aber wenn die jeweilige Vermögensklasse, die Sie gekauft haben, ein realer Wert ist und Sie diesen richtig (*günstig*) gekauft haben, sollten Sie sich damit begnügen, Geduldig im Wissen zu verharren, dass sich der Kurs auch ohne Hoffen an den jeweiligen Wert annähern wird.[*] Jedes Mal wenn Sie Hoffnung im Investmentgeschäft verspüren, ist die Wahrscheinlichkeit hoch, dass Sie unkluge Entscheidungen getroffen haben oder auf den falschen Weg sind. Ein Grund, warum in den bereits erläuterten erweiterten *„Entscheidungs- konsequenzen"* gedacht werden sollte. Es mag angenehmer sein, sich Freizeitbeschäftigungen wie passivem Sport vor dem Fernseher hinzugeben. Aber im weiteren Verlauf ist die *zweite* und *dritte* Konsequenz ein daraus resultierendes Erscheinungsbild und in weiterer Folge eine schlechtere Gesundheit. Hoffnung und ähnliche Erwartungshaltungen an den Börsen und kurzfristiger Wertpapierhandel (auch *„Day-Trading"* genannt) mögen einem ebenso kurzzeitig Befriedigung verschaffen, langfristig ist es jedoch nicht zum Wohle Ihrer Vermögenswerte und Ihrer allgemeinen Lebensqualität.

Verhaltensverzerrungen (unbewusstes Verhalten) vermeiden

Es wurde bereits erläutert, dass es wichtig ist einen Plan zu haben und ebenso für ein langes Leben zu planen. Wir leben immer länger und deshalb ist es besser über solch einen zu verfügen, damit wir auch entsprechende Ersparnisse sicherstellen. Genauso wichtig ist es sich an einen Plan zu halten, um in guten und weniger guten Zeiten auf Kurs zu bleiben und Verhaltens- verzerrungen (u.a. ausgelöst durch unbewusstes Verhalten) zu vermeiden. Anleger zahlen einen hohen Preis, wenn ihre Gefühle Entscheidungen beeinflussen (oftmals zu einem schlechten Zeitpunkt – aufgrund von *Angst* wird zu Tiefstständen verkauft und *Gier* führt dazu, dass wir zu Höchstständen kaufen[†]). Wenn Sie einem Plan folgen, können Sie rationaler

---

[*] Relative Wert-/ Preis-Divergenzen in den Aktienmärkten entstehen jedoch gerade wegen dem Fehlverhalten anderer Investoren.
[†] Von *Warren Buffett* stammt das Zitat: *„And if they insist on trying to time their participation in equities, they should try to be fearful when others are greedy and*

Handeln (Verhaltensverzerrungen vermeiden) – sprich Verluste reduzieren, wenn die Märkte fallen und die Erholung beschleunigen, wenn sich die Märkte drehen. Steigen Sie zu früh aus dem Markt aus und versäumen die besten 10 Tage an der Börse, so erzielen Sie jährlich 3 Prozent weniger an Rendite, als wenn Sie voll investiert geblieben wären. Sie sehen, falsches Verhalten kann Sie schnell einige Prozentpunkte an Profiten kosten, welche sich aufgrund des Zinseszinses zu erheblichen Summen mausern, die Ihnen in der Folge entgehen.

Ebenso erliegen Anleger der „*Verzerrung des eigenen Landes*". Der deutschsprachige Raum macht weniger als 1/10 der weltweiten Kapitalmärkte aus. Jedoch investieren mehr als 75 Prozent der Anleger vorwiegend in die heimischen Finanzmärkte. Ein weltweit gestreutes Portfolio, welches mehrere Länder einschließt, erholt sich nach Finanzkrisen schneller, schützt vor unakzeptablen Verlusten und unterliegt weniger Schwankungen, als wenn alles auf ein spezifisches Land gesetzt wird. Hinzu kommt, dass sich die Zusammensetzung der Anteile der Länder am weltweiten Kapitalmarkt massiv verändert. Diesen ständigen Veränderungen ist durch Anpassungen im Portfolio Rechnung zu tragen. Es ist dabei kaum vorhersehbar, welche Länder an Bedeutung gewinnen (steigendes wirtschaftliches Wachstum) und welche als Verlierer hervorgehen werden (fallendes wirtschaftliches Wachstum). So hatten die USA 1900 einen Anteil am weltweiten Kapitalmarkt von 15 Prozent, wobei es derzeit bereits über 51 Prozent sind. Im selben Zeitraum verringerte sich die globale Kapitalisierung von Großbritannien von 25 Prozent auf 6 Prozent. Vermeiden Sie aus den genannten Gründen Prognosen abzugeben, bzw. den Markt zeitlich zu erfassen („*Market-Timing*").

---

greedy only when others are fearful." Er gesteht dabei ein, dass die Märkte von *Angst* und *Gier* getrieben werden und man sich dies durchaus zunutze machen kann.

Irrationales Verhalten schadet Ihren Resultaten

Die überwiegende Mehrzahl der Anleger und Investoren, welche sich für das Investieren begeistern, lesen dubiose Blogs, Newsletter, betreiben aktiven Handel oder lesen verschiedenste Medien und Finanzrichten und das zumeist sehr zeitintensiv. Sie geben sich der vermeintlichen Annahme hin, je mehr Wissen sie sammeln, desto besser informiert sind sie und können dieses besser verarbeiten. Die Idee dahinter ist, dass dies zur Folge hat, weniger Fehler zu machen. In der Tat erliegen die Börsenteilnehmer jedoch einem *Trugschluss*. Wenn Sie über ein angemessenes Maß an Klugheit verfügen und den erläuterten Prinzipien Folge leisten, werden Sie die große Mehrheit der Investoren übertreffen. Einer der erfolgreichsten Investoren unserer Zeit, *Warren Buffett,* vertritt eine ähnliche Auffassung, da er der Ansicht ist, dass überlegenes Investieren vor allem an das Temperament und die Emotionen der Anleger und Investoren geknüpft ist. Er geht sogar so weit, dass er Verhaltensweisen vor den Intellekt stellt, da bei richtiger Kontrolle der Emotionen die wichtigen Informationen gefiltert und verarbeitet werden können. Entscheidender Punkt dabei ist, *Fehler* und *Risiken* zu vermeiden, welche auf mannigfaltige Weise zum Vorschein treten können. Bisher haben wir *Prinzipien* aufgezählt und untersucht, die Sie vor erheblichen Schaden bewahren und für Ihre *Investments* von Nutzen sein sollen. Es gibt nicht viel mehr, das einen höheren finanziellen Schaden anrichten kann, als *Angst* und *Gier* und ähnliche emotional motivierte Fehler, welchen sich die Anleger und Investoren an den Börsen aussetzen. Das Wissen um Verhaltensverzerrungen kann Sie davor schützen diesen zu erliegen, jedoch müssen Sie diese auch erkennen, um *Fehler* zu vermeiden und sich keinen *Risiken* auszusetzen. Aufgrund (*emotionaler*) Achterbahnfahrten nicht nur an den Börsen, sondern auch in unserem menschlichen *Naturell*, ist das leichter gesagt als getan.

Denken wir an den *Aktienmarkt-Crash* vom Oktober 1987, welcher an dieser Stelle als gutes Beispiel dienen kann, wie irrational Verhaltensweisen sind, welchen sich die Marktteilnehmer zumeist erst gar nicht bewusst sind. Der Börsencrash ereignete sich ohne rationalen, offensichtlichen Grund. Keine Vorwarnzeichen und keine ausschlaggebenden Ereignisse waren zu beobachten (wenngleich vermeintliche Experten dazu rückblickend meinen es „*gewusst*" zu haben). Genauso schnell wie er gekommen war, verschwand er auch wieder. Welchen Wert man auch immer den Aktienmärkten im besagten Monat zugrunde legte, sie erlitten massive Kursverluste (in den darauffolgenden Tagen waren diese 30 Prozent weniger wert). Dieses einschneidende Ereignis überraschte und ereignete sich ohne erkennbare Gründe oder neue Informationen, die für den Verfall der Marktpreise verantwortlich sein konnten. Es gab ebenso keinen Grund zur Annahme, dass die zukünftigen Gewinne über die nächsten Tage um ein Drittel einbrechen würden – was den Zusammenbruch wiederum gerechtfertigt hätte. Ähnliche Vorgänge lassen sich an den weltweiten Aktienmärkten im geschichtlichen Verlauf immer wieder beobachten – so auch im Jahr 1990 an der japanischen Börse, welche innerhalb von neun Monaten mehr als 90 Prozent an Wert einbüßte. Das irrationale Verhalten zeigt sich auch daran, da die japanischen börsennotierten Gesellschaften natürlich nicht 90 Prozent ihrer Ertragskraft einbüßten.

Wir sind weniger rational als wir denken

Die Finanz- und Kapitalmärkte mögen in ihrer Gesamtheit effizient sein (deshalb ist es so schwer bessere Leistungen als der Gesamtmarkt zu erzielen), aber eine Vielzahl der Sparer, Anleger und Investoren handelt irrational und schadet so ihren Vermögenswerten – sie beachsichten dies nicht, tun es aber trotzdem. Ein erster Schritt dem zu entkommen, ist folglich sich dessen bewusst zu sein. Warum ist das aber so schwer? Schuld daran sind nicht unsere Eltern, sondern vielmehr unsere *Jäger/ Sammler* Vorfahren.

Ein vernünftiges Geldmanagement wird deshalb zumeist nicht angewendet. Dabei könnte es einfach sein: Kontrolle des Risikos, regelmäßig zu sparen, die Steuern und Gebühren im Auge zu behalten. Die bereits erläuterten Geldanlage-Prinzipien legen nahe, dass Investieren nicht schwer sein muss.

Und doch machen wir alle Arten von *Verhaltensfehlern*, einschließlich einer zu geringen Sparquote, wachsender Zuversicht bei steigenden Märkten (*Gier*) und Vertrauensverlust bei fallenden Aktienkursen (*Angst*). Menschen, Anleger und Investoren vergessen dabei häufig, dass Marktkorrekturen (*Abschwünge* an den Börsen) völlig normal sind. Dessen sollte man sich bewusst sein. Seit 1945 haben die Aktienmärkte etwa alle 2 Jahre eine zweistellige Korrektur und alle 5 bis 8 Jahre einen Marktabschwung vollzogen (*Bärenmärkte* mit etwas höheren prozentualen Verlusten – 2008 war für viele Anleger sehr schmerzhaft, u.a. aufgrund der begangenen *Risiken* und *Fehler* und der Nicht-Beachtung der *Geldanlage-Prinzipien*, welche Sie diesem Buch entnehmen). Marktabschwünge sind in entwickelten Ökonomien und im wirtschaftlichen Zusammenleben nichts Ungewöhnliches. Zu funktionierenden Börsen gehören auch Kurskorrekturen, die manchmal deshalb höher ausfallen, da sie langfristig auch zu höheren Renditen führen.

Dennoch erwirtschaftete der durchschnittliche Anleger und Investor in den letzten Jahrzehnten lediglich 2 Prozent Rendite, bei einem Durchschnitt des Gesamtmarktes (= *Vergleichsmaßstab*) von 8 Prozent, welche Aktien insgesamt erzielt hätten (um etliches höher als Spar- oder Bankeinlagen). Diese große Differenz lässt sich mit dem beschriebenen Verhalten der Anleger erklären. Sie tendieren dazu zu kaufen, wenn Märkte sehr gute Erträge erbrachten und zu verkaufen, wenn Märkte sehr schlechte Renditen erzielt haben. Dies steht wiederum mit unseren *Jäger-/ Sammler*-Vorfahren in Verbindung. Diese konsumierten wann immer sie konnten, weil es morgen möglicherweise keine Nahrung mehr gab (*Gier*). Unsere Vorfahren reagierten schnell und ohne viel zu überlegen auf einen Hauch von Gefahr (*Angst*), sei es die Bedrohung durch ein Raubtier oder eine mögliche Nahrungsmittel-knappheit, denn solche Gefahren konnten zum Aussterben führen. Sie arbeiteten hart, bemühten sich unermüdlich um Obdach und Gesunderhaltung ihrer Nachkommen und waren nie zufrieden mit dem, das sie hatten, da ein Mangel darauf hindeutete das Überleben zu gefährden. Sie ahmten andere nach, weil sie gelernt hatten, wie sie überleben können, wenn sie der *Masse* folgen. Heute werden Menschen u.a. aufgrund der Medien dazu verleitet, den Massen zu folgen und geben Versuchungen nach, weil sie Schlagzeilen, Kommentatoren und Meinungen hören, wie: „*Gewinne sollten jetzt zügig mitgenommen werden.*" Sie kaufen deshalb bei steigenden Märkten (*Bullen-Märkte*) und verkaufen bei fallenden Kursen (*Bären-Märkte*). Dies Verhaltensweisen sind sehr kostspielig für die Anleger und Investoren, bedeuten diese doch einige Prozentpunkte weniger über die Jahre hinweg und ein Vielfaches weniger an materiellem Wohlstand (wurde eingangs geschildert – *Zinseszins*).

Unsere Vorfahren suchten ständig nach *Mustern* wie Anzeichen dafür, ob sich Essbares und Wasser in der Nähe befanden oder nach Hinweisen darauf, ob sich das Wetter änderte. Umgelegt auf die Finanz- und Kapitalmärkte soll das heißen, nur weil wir in etwas *Muster* ausfindig machen (beispielsweise an den Börsen), dies nicht bedeuten muss, dass diese auch für steigende Aktienkurse verantwortlich sind. So wird immer wieder eine Anlagestrategie propagiert, wonach im *Mai* Wertpapiere zu verkaufen und im *November* wieder zu kaufen seien, da dies bessere Resultate erbringen würde (auch bekannt als *„Sell in May and go away"*). Folglich soll die Jahreszeit (*Ursache*) für bessere Resultate (*Wirkung*) verantwortlich sein. Ebenso mag der Regen in Indien eine hohe Korrelation mit den Renditen des europäischen Aktienmarktes aufweisen, jedoch ist dieser in keinster Weiser kausal dafür in Erwägung zu ziehen. Es kann der Zufall oder eine glückliche Fügung dafür verantwortlich sein, jedoch weiß man bekanntlich nie, wie lange diese *„Beziehung"* noch anhält (deshalb sind solche vermeintlichen *„Muster"* nicht von Wert).

Für die meisten Menschen sollte deshalb Teil einer Anlagestrategie sein, einen Plan für den Fall zu haben, dass etwas schief geht und sich (*diszipliniert*) an den aufgestellten Plan zu halten. Dies ist leichter gesagt als getan, weil es zwar möglich ist, die etwaigen Eventualitäten zu überdenken (Marktab-schwünge, Korrekturen u.Ä.) und so darauf *„vorbereitet"* zu sein, es jedoch schwieriger ist, sich vorzustellen, wie es sich anfühlt, wenn diese tatsächlich eintreten. Anleger und Investoren sind in der überwiegenden Mehrzahl der Fälle allerdings nicht in einer Verfassung, rationale Entscheidungen in einem Umfeld herausfordernder, emotionaler Fakten in Bezug auf ihre Anlagen zu treffen. Unabhängige Investmentberater wissen das und schaffen Mehrwert, indem sie als Barriere zwischen Anlegern und ihren eigenen schlimmsten Instinkten agieren. Der wahre Wert eines Finanzberaters manifestiert sich demnach als *„verhaltensorientierter Anlageberater"*. Es wird dabei folgender Zweck verfolgt: Die *Verhaltenslücke* – die unterdurchschnittlichen Renditen (die erläuterten 2 Prozent) der breiten Masse der Anleger gegenüber den 8 Prozent des Gesamtmarktes – zu schließen. Diese Lücke besteht aufgrund unseres menschlichen *Naturells*, sodass Emotionen gegenüber rationalen Verhaltensweisen und Emotionen (*ungewollt*) überhand nehmen.

Die Illusion des Verhaltens

Angst und *Gier* sind für uns Menschen 2 unserer hässlichsten emotionalen Verhaltenszüge und gleichzeitig unsere mächtigsten Kräfte. Sie können die Art und Weise beeinflussen, wie wir unser Leben führen und sie haben zumeist negative Folgen für die Anleger und Investoren. Scharfsinnige Investoren wissen, wie man diese Verhaltenscharakteristika kontrolliert, wohingegen die *Medien*, *„Börsengurus"* und vermeintliche Experten sie anfachen und Anleger diesen in der Folge erliegen. Die beiden Emotionen können in Kombination mit unserer natürlichen Neigung, sich den Massen anzuschließen, zu kostspieligen *Investmentfehlern* führen. Dies mündet darin, dass der durchschnittliche Anleger rund 2 Prozent Rendite über die letzten 20 Jahre erwirtschaftete. Dies bei einem Durchschnitt von an die 8 Prozent, welchen Aktien bzw. Aktienindizes insgesamt erzielt hätten (= der Markt in seiner Gesamtheit). Die unterdurchschnittlichen Renditen der Investoren sind mit der *„Verhaltens-Kluft"* (*„Behavior Gap"*) zu erklären. Diese erklärt sich damit, da Menschen fest entschlossen sind, sich dem *„Herdenverhalten"* hinzugeben – sprich der *Masse* zu folgen und im *Konsens* vermeintliche Sicherheit zu finden. Wenn die Finanz- und Kapitalmärkte Korrekturen zu verzeichnen haben und Freunde, Bekannte, Börsengurus, Medien und Kommentatoren dazu raten *„das Weite zu suchen"*, ist unser Herdenverhalten, verknüpft mit der mächtigen Kraft der Angst, derselben Meinung. Wenn sich der Markt erholt und alle die Meinung vertreten *„jetzt sei der richtige Zeitpunkt aufzuspringen"*, lockt uns unser Herdenverhalten, gepaart mit einer nicht enden wollenden *Gier*, sich der Masse anzuschließen. Den Massen zu folgen (*„Herdentrieb"*), welche zu einem Teil für die steigenden Märkte (Bullen-Märkte) und fallenden Kurse (Bären-Märkte) verantwortlich sind, erweist sich in den allermeisten Fällen als großer *Fehler*. In den vergangenen Jahrhunderten trug dies immer wieder zu enormen Kursschwankungen (*Volatilität*) an den Börsen – nach oben und unten – bei. Über die letzten Jahrhunderte konnten jedoch im jährlichen Durchschnitt mit Aktien an den Börsen an die 8 Prozent an Rendite erwirtschaftet werden – allerdings behalten Anleger keinen „*klaren Kopf*" und erzielen erheblich schlechtere Resultate.

So haben Verhaltensökonomen herausgefunden, dass wir dazu neigen *verlustavers* zu agieren und durch *Verluste* weitaus mehr Schmerzen als durch *Gewinne* Freude verspüren. Tatsächlich legen akademische Studien nahe, dass unser Schmerz durch *Verluste* doppelt so groß wiegt, wie die Freude, die wir an *Gewinnen* haben. Während einer anfänglichen Erholung des Aktienmarktes kann diese *Verlustaversion* dazu verleiten, dass wir Aktien meiden wie die „*Pest*". Dies trotz der Tatsache, dass Aktien im Durchschnitt 8 Prozent an Rendite erbringen (über die letzten 100 Jahre erbrachten *Schwellenländer* 7,2 Prozent und *entwickelte Länder* 8,1 Prozent an durchschnittlicher Rendite). Wir konzentrieren uns jedoch viel mehr auf die Möglichkeit etwaiger kurzfristiger Verluste (welche auch früher oder später eintreten werden – dies ist Voraussetzung für langfristig höhere Gewinne).

Dies führt dazu, dass Anleger auf Spar- oder Bankeinlagen „*umsatteln*", welche jedoch nicht garantieren mit der Inflation Schritt halten zu können. Mit Barmitteln erzielen Sie folglich über die Zeit hinweg erhebliche Kaufkraftverluste. Ihre Vermögenswerte werden somit von Jahr zu Jahr weniger wert, da die Preise steigen und Ihre Spar- oder Bankeinlagen eben nicht. Stellen Sie sich vor, Sie legen 10.000 Euro auf die Bank und erhalten im Gegenzug über 10 Jahre lang ungefähr 0,5 Prozent an Zinsen pro Jahr. Wenn Sie Ihre Gelder überprüfen oder diese abholen, können Sie sich ziemlich gut fühlen. Dies ist jedoch ein *Trugschluss*, da die rund 0,5 Prozent, die Sie erhalten haben, nicht mit den Preissteigerungen von Gütern des täglichen Bedarfs wie Energie, Wohnen, Lebensmittel, Bekleidung, Gesundheitswesen oder Ausbildung mithalten konnten. Sie denken vielleicht, Sie haben Geld verdient, tatsächlich haben Sie aber erheblich an Kaufkraft verloren (nicht zuletzt auch aufgrund des *Zinseszinses* der ebenso in die andere Richtung seine Wirkung entfaltet).

In diesem Zusammenhang sollen noch *2* wichtige Aspekte angeführt werden, die ebenso auf der Grundlage unseres irrationalen Verhaltens beruhen. Ein *Grund*, warum viele „*Möchtegern*"-Anleger Bargelder halten, ist, weil sie den „*Markt timen*" (sie glauben sie könnten die *Zukunft* vorhersagen). Investoren tun dies trotz der Tatsache, obwohl es noch keine ansatzweise, glaubwürdige Studie gegeben hat, die zeigt, dass der Wechsel von Cash-Beständen in die Finanz- und Kapitalmärkte und wieder zurück funktioniert. Das würde voraussetzen die *Ein- und Ausstiegszeitpunkte* perfekt zu prognostizieren und dies nicht ein- oder zweimal, sondern Sie müssten dies immer und immer wieder tun. Wenn Sie sich dabei lediglich einmal die „*Finger*" verbrennen, können solche Vorhersagen sehr „*schmerzhaft*" für Sie und Ihre Vermögens- werte sein. Ich habe noch niemanden getroffen, der das kann, jedoch schon viele deren Anlageergebnisse dadurch dauerhaft beeinträchtigt wurden. Als weiteren *Grund,* warum Anleger Barmittel halten, wird häufig angeführt, dass sie im Falle des „*Zu-Ende-Gehens*" der Finanz- und Kapitalmärkte dadurch geschützt wären. Würden folglich die Aktienmärkte auf null fallen und sich nicht mehr erholen, so hätten sie ihr *Erspartes* in Sicherheit gebracht. Dabei vergessen die Anleger: Wenn Unternehmen wie *Nestlé*, *Coca-Cola* und ähnliche dominante weltumspannende Gesellschaften *Schiffbruch* erleiden und sich nicht mehr erholen, ebenso vermeintlich „*sichere*" Staatsanleihen kein sicherer Hafen mehr wären. Die sichersten Veranlagungen wären folglich wertlos, da es zu erheblichen Steuerausfällen kommen würde. Einlagensicher- ungen und andere Versprechungen von offizieller Regierungsseite haben sich in der Vergangenheit immer wieder als falsch erwiesen.

Dies zeigt, dass wir nicht die logischen Entscheidungsträger sind, für welche wir uns selbst gern halten. Stattdessen sind wir sehr anfällig für *Verhaltens- verzerrungen*, die dazu führen, dass wir der Möglichkeit von *Verlusten* ein größeres *Gewicht* beimessen als der Aussicht auf Gewinne (dies selbst dann, wenn die Wahrscheinlichkeiten der konkurrierenden Auswirkungen gleich sind). Sehr zum Leidwesen unseres *Portemonnaies*. Die dargestellten *Verhaltensweisen* sind auch der Grund, warum viele Menschen einer bestimmten Finanzinstitution bzw. Bank gegenüber *loyal* bleiben, auch wenn sie häufig Erfahrungen mit nicht wertschätzenden Umgang, minderwertigen Service oder überhöhten Gebühren gemacht haben. Dies erklärt auch, warum viele Menschen ihre Verluste nicht gering halten und eine verlustreiche Aktienpositionen nicht abstoßen (sie bereuen es, wenn sich Aktien dann in die gewünschte Richtung entwickeln).

Dieses Abweichen von der langfristigen Vorgehensweise führt zu schlechten Resultaten für Ihre Veranlagungen. Dementsprechend sind die erläuterten Verhaltensweisen unter allen Umständen zu vermeiden, weshalb Anleger sich ihrer „*Verhaltens-Fallstricke*" bewusst sein sollten. Ein Schlüsselfaktor für den Erfolg der Anleger und Investoren ist daher das Festhalten an ihrer *Anlagephilosophie* und das auch in Zeiten schlechter Leistungen (der Auf- und Abschwünge an der Börse), um auch weiterhin überdurchschnittliche Resultate zu erzielen (dies verlangt Investoren eine gehörige Portion Selbstdisziplin ab). Anleger vergessen dies häufig, „*schmeißen*" ihre Nerven weg und verkaufen aufgrund innerer Verhaltensweisen genau zum schlechtesten Zeitpunkt. Damit Ihnen das nicht widerfährt, sollen einige dieser in uns schlummernden schlechten „*Verhaltensneigungen*" dargestellt werden.

1.) **Mentale Buchführung.** Das soll heißen, dass wir uns unterschiedliche *Konten* für verschiedene Ausgaben zurechtlegen. Wenn man sich vorstellt, ein Ticket für 10 Euro gekauft zu haben und dann feststellt, dass man es verloren hat, würden nur 46 Prozent der Befragten dieses Ticket wieder kaufen. Wenn man aber 10 Euro verloren hätte, bevor man das Ticket kauft, würden mehr als 88 Prozent der Befragten das Ticket trotzdem kaufen, obwohl die wirtschaftlichen Auswirkungen dieselben wären. *Richard Thaler* zeigte, dass in die Entscheidung ein Ticket zu kaufen, eine große Anzahl irrationaler Entscheidungsfindungsprozesse einfließen.

2.) **Komplexitätsreduzierung.** Die *Komplexitätsreduzierung* ist eng mit der *mentalen Buchführung* verknüpft. Es werden dabei Sachverhalte und Situation, in welchen man sich wiederfindet, isoliert voneinander betrachtet. Interaktionen zwischen Projekten oder Entscheidungen wird nicht die Aufmerksamkeit geschenkt, die sie verdienen und diese folglich vernachlässigt. Dabei ist es wichtig, sich ein Gesamtbild zu machen, welches einzelne Positionen des Portfolios als auch die Verteilung der Vermögensklassen einschließt. Widmet man sich einzelnen Positionen des jeweiligen Portfolios, besteht die Gefahr sich Verzerrungserscheinungen hinzugeben oder auch zu lange an Verlustpositionen festzuhalten.

3.) **Verankerung.** Bei der *„Verankerungsheuristik"* wird davon ausgegangen, dass Anleger und Investoren sich bei Entscheidungssituationen (beispielsweise bei Käufen oder Verkäufen) an bestimmten Referenzpunkten ausrichten, wie z.B. dem Einstiegskurs, dem Kursziel oder anderen (wichtigen) Größen. Entscheidungen werden in weiterer Folge an diesen Ankern ausgerichtet. Wenn wir eine Aktie besitzen, welche einen Kurs von 100 Euro erreicht hatte und dann auf 20 Euro gefallen ist, so können wir unser Verkaufsverhalten auf diese 100 Euro ausrichten und uns dagegen sträuben für weniger zu verkaufen, auch wenn dies objektiv vernünftig wäre.

4.) **Wir stützen Entscheidungen auf Informationen, die leicht abrufbar sind.** Wir hören viel über Investmentlegenden wie *Peter Lynch*, *Ray Dalio* oder *Warren Buffett* und ebenso viel über Unternehmensgründer, welche es zu erheblichem Wohlstand brachten, was es viel wahrscheinlicher erscheinen lässt, bessere Leistungen als der Gesamtmarkt zu erzielen bzw. mit Unternehmen ein Vermögen zu verdienen, als es tatsächlich der Fall ist. Dies steht eng in Verbindung mit der Verhaltensverzerrung der *Selbstüberschätzung,* bei der das persönliche Vertrauen einer Person in ihre eigene Urteilskraft höher ist als es der Realität entspricht.

5.) **Vertrautheit.** Anleger und Investoren bevorzugen vornehmlich *vertraute Anlagen.* Dies können Aktien unseres Heimatlandes, Optionen und andere Anreize unseres Arbeitgebers sein oder Investments in Unternehmen, die der Branche, in der wir tätig sind, nahestehen. Häufig ist ebenso zu beobachten, dass Anleger und Investoren in Aktien investieren, deren Produkte diese verwenden. Die

Vertrautheit führt dazu, dass der Besitz dieser Aktien angenehmer in den Augen der Investoren erscheint, jedoch das Ergebnis zumeist ein schlecht diversifiziertes Portfolio mit einer Reihe fragwürdiger Investments, unterdurchschnittlichen Renditen und vieler unnötiger Risiken ist.

6.) Geschichten vs. Fakten. Akademische Studien werden von den Anlegern im Gegensatz zu guten Geschichten zumeist nicht beachtet. Es zeigt sich, dass günstige Aktien (*Value-Strategien*), Aktien mit hohen Bewertungen (*Wachstums-Strategien*) übertreffen. Dennoch fühlen sich viele Investoren zu Wachstumsaktien hingezogen. *Verhaltensweisen* anderer Investoren verleiten uns dazu auf derzeit aktuelle Trends aufzuspringen oder begierig darauf zu sein, die neusten „*Modenerscheinungen*" oder die nächsten „*Überflieger*" zu entdecken (denken wir an die *Dotcom-Blase* von 2000, als jeder zu jedem Preis die neusten Technologie-Aktien haben wollte – mit traurigem Ausgang für die Mehrzahl der Anleger).

7.) Bestätigungsfehler. Die *Bestätigungsverzerrung* ist die Tendenz der Menschen, Anleger und Investoren Daten und Informationen zu suchen und zu bevorzugen, die ihre Vorurteile, vorgefassten Meinungen und Überzeugungen bestätigen und Informationen außen vor zu lassen, abzuwerten bzw. gänzlich zu verwerfen, die im Widerspruch zu ihren Überzeugungen stehen. So suchen Anleger, welche dem Aktienmarkt sehr optimistisch gestimmt sind (*Bullen*), nach positiven Charakteristika in den zu Verfügung stehenden Information. Bei negativ gestimmten Investoren (*Bären*) verhält es sich entgegengesetzt. Beiden ist jedoch gemein, dass Sie Magazine, Sendungen oder Zeitungen bevorzugen, welche gerade in ihr wirtschaftliches Bild passen. Gegenteilige Auffassungen werden durchwegs abgelehnt und solche Ansichten und Meinungen befür-wortet, welche ihre derzeitige Einstellung bestätigen. Gerade solche *Verhaltensweisen* können Sie jedoch davon abhalten, ein besserer Anleger und Investor zu werden.

8.) Herdenverhalten. Über die Jahre hinweg konnte immer wieder beobachtet werden, dass der Kauf von Investments, die jeder kauft, dazu führt, Investitionen weniger beängstigend erscheinen zu lassen. Dies führt aber lediglich zu einem: Geringeren Renditen. Popularität und Trends mögen ein nützlicher Leitfaden für die Auswahl von Produkten, Theaterstücken oder Restaurants sein. Anleger lassen sich von solchen Modeerscheinungen jedoch ebenso mitreißen. Sie tun das in der Hoffnung, um bessere Leistungen als andere Marktteilnehmer zu erzielen. Dabei gilt es zu beachten: An den Börsen werden die zu _erwartenden Gewinne_ gehandelt. Diese sind noch wichtiger als die bereits erzielten Gewinne. Dies deshalb, da die erzielten Gewinne (aus der Vergangenheit) in den Kursen der jeweiligen Aktien bereits einbezogen sind (Anleger und Investoren rechnen mit diesen bereits).

–

✓ VIII – Unbewusstes, kontraproduktives Verhalten durch das Wissen über Verhaltensverzerrungen vermeiden

Was ist die Volkswirtschaftslehre wenn nicht eine Verhaltenslehre? Wenn sie nicht eine Verhaltenslehre ist, was zum Teufel ist sie dann?

– Charlie Munger

Anleger und Investoren setzen sich häufig _Risiken_ aus, ohne sich dieser bewusst zu sein. Suchen sie _Fehler_ oder potentielle _Risiken_ in ihren Anlagestrategien, so suchen diese zumeist nach externen Faktoren, äußeren Umständen oder ganz einfach in ihrem Umfeld, in welchem sie agieren. Kaum ein Anleger würde allzu viele Gedanken darauf „_verschwenden_", dass mögliche Ursachen für _Fehler_ und _Risiken_ in seinem Innersten „_schlummern_". Das soll heißen: Das _Verhalten_ (sei dies bewusst oder unbewusst) der Investoren ist es letztendlich, das darüber entscheidet, wie erfolgreich sie sind

(dies schließt entsprechende *Investmentberater* ein). Erkennen die Marktteilnehmer, dass sie sich zumeist *selbst im Wege stehen*, sind sie klüger als 90
Prozent der breiten Masse der Anleger und Investoren an der Börse.

Kommt es zu einschneidenden Erlebnissen an den Finanz- und Kapitalmärkten (beispielsweise Abschwünge, Korrekturen), werden Medien,
Kommentatoren, Börsengurus u.Ä. vermeintliche Experten dafür verantwortlich gemacht – und ja, diese mögen einen Anteil daran haben,
dennoch fällen Anleger und Investoren immer noch ihre eigenen
Entscheidungen (zugegeben sind auch häufig *Investmentberater* für
mangelnde Leistungen verantwortlich). Ein wichtiger Punkt um irrationale
Verhaltensweisen zu vermeiden ist, einen Plan zu haben und daran
diszipliniert festzuhalten. Während Bullenmärkten kaufen Anleger und
Investoren bei steigenden Märkten stetig zu (Bullen-Märkte) und verkaufen
bei fallenden Kursen (Bären-Märkte). Dies kann sehr kostspielig für die
Anleger sein, bedeuten doch einige Prozentpunkte weniger über die Jahre
hinweg ein Vielfaches weniger an materiellem Wohlstand (wurde eingangs
geschildert – Zinseszins). Um dieses Schicksal nicht zu erleiden, kann es von
Vorteil sein eine zweite Meinung einzuholen und einen Investmentberater
zurate zu ziehen. Wesentlich dabei ist, nicht der breiten Masse zu folgen und
sich nicht von den Medien leiten zu lassen, welche ihre eigenen Interessen
verfolgen und das sind zumeist nicht die Ihrigen.

Das ist einfacher gesagt als getan, da unser menschliches *Naturell* komplexer
ist als wir denken und unsere Instinkte sich über die Jahrtausende hinweg in
unserem Gehirn ausgebildet haben. Die erläuterten *Verhaltensverzerrungen*
haben enorme Auswirkungen auf unser Investitionsverhalten und betreffen
sowohl private als auch professionelle Investoren. Wenn Sie Gelder auf der
Strecke lassen wollen, beachten Sie die in diesem Buch enthaltenen Prinzipien
einfach nicht. Eines der kostspieligsten Prinzipien dabei ist jedoch die
Nichtbeachtung des eigenen Verhaltens. Sind Sie (oder ihr Investmentberater)
sich der erläuterten *Verhaltensverzerrungen* jedoch bewusst, bewahren einen
„*kühlen Kopf*" und sind dazu noch so diszipliniert, um an einen aufgestellten
Plan für sich selbst bzw. Ihre Familie festzuhalten, sind Sie der Mehrzahl der
Anleger und Investoren *meilenweit* voraus.

√ Prinzip IX: Anleihen beruhigen Ihr Gemüt

Die beste Zeit zu investieren ist, wenn Sie Geld haben.

– John Templeton

Anleihen im Kontext anderer Vermögensklassen

Unterschiedliche Studien kommen zum Schluss, dass die Aufteilung der Vermögenswerte auf die verschiedenen Anlageklassen (*Asset Allokation*) für mehr als 85 Prozent der Renditen eines Anlegers verantwortlich ist. Die anderen 15 Prozent der Renditen resultieren aus der Selektion der besten Wertpapiere (sprich: welche Aktien beispielsweise aus den Aktien mit geringer Marktkapitalisierung ausgewählt werden) und dem zeitlichen Erfassen des Marktes (auch bekannt unter: *Market timing*). Diese Faktoren, welche für 15 Prozent der Renditen verantwortlich sind, wirken sich in der Mehrzahl der Fälle negativ für die Anleger und Investoren aus (da sie die falschen Wertpapiere auswählen oder zum falschen Zeitpunkt kaufen/ verkaufen). Das soll heißen, wenn Sie breit diversifizierte Aktien mit geringer oder großer Marktkapitalisierung (*Small/ Large Cap Aktien*) halten oder Aktien mit geringer oder großer Marktkapitalisierung, welche sich auf bestimmte Faktoren fokussieren (beispielsweise sehr günstig bewertete Aktien), Sie annähernd dieselbe Rendite erreichen. Die Skizzierung eines geeigneten Portfolios für den jeweiligen Marktteilnehmer ist ausschlaggebender Punkt für den Anlageerfolg und setzt eine entsprechende Planung voraus, welche auf die Lebenssituation des betroffenen Anlegers abgestimmt ist. Für die meisten Investoren ist es von Vorteil einen Mix von unterschiedlichen Anlagekategorien in ihrem Portfolio zu halten, um ihre Zielsetzungen zu erreichen – jedoch nicht immer. Häufig werden von Investmentberatern oder Vermögensverwalten bestimmte Eigenschaften von den verschiedenen Vermögensklassen hervorgehoben oder überhaupt bestimmte favorisiert. Doch sollten es vornehmlich Ihre Zielsetzungen sein, welche für die Aufteilung Ihrer Vermögenswerte den Ausschlag geben und nicht lediglich das Marktumfeld an den Finanz- und Kapitalmärkten.

Essenzieller Bestandteil für den Schutz von Vermögenswerten ist folglich die Analyse der Sachlage und des Umfelds des Kunden und ein Verständnis des Verhältnisses zwischen den Renditen der Anlageklassen in unterschiedlichen wirtschaftlichen Umfeldern. So kann eine Mischung von Vermögenswerten (*Anlageklassen*) zusammengestellt werden, welche ausgewogen genug ist, um sich mit der Zeit gut zu entwickeln und gleichzeitig vor unakzeptablen Verlusten schützt. Dazu gehört die Hinzunahme von Anleihen in Ihr Portfolio. Die meisten Anleger und Investoren wissen nur wenig über Anleihen. Doch ist der *Rentenmarkt* noch bedeutender als der *Aktienmarkt* (so umfasst der Aktienmarkt etwa lediglich ¼ des *weltweiten Kapitalmarkts*). Da Anleihen zum Schutz Ihrer Vermögenswerte beitragen können, möchte ich Ihnen diese näher schildern.

Festverzinsliche Wertpapiere, Zinssätze

Was sind *Anleihen*? Eine Anleihe ist eine *Schuldverschreibung*. Es handelt sich um ein Darlehen einer Regierung, eines Staates, eines Landkreises, einer Gemeinde oder um ein Darlehen eines Unternehmens. Folglich ist eine Anleihe einfach eine Schuldeneinheit, die ein Kreditnehmer an einen Investor verkauft. Eine Anleihe wird dabei als *festverzinsliches Wertpapier* bezeichnet, da der Zinssatz oder „*Kupon*", den der Anleger zum Zeitpunkt der Emission der Anleihe erhält, fest bleibt. Der *Kupon* ändert sich nach Ausgabe der Anleihe nicht.

Wenn Sie eine Anleihe kaufen, die zum Zeitpunkt des Kaufs eine bestimmte *Rendite* (Yield) bietet, ist dies die Rendite, die Sie für Ihre ursprüngliche Anlage erhalten, unabhängig davon, ob der Kurs der Anleihe auf dem freien Markt steigt oder fällt. Angenommen, Sie kaufen eine Anleihe mit einem Kupon von 4 Prozent für 100 Euro. Egal wo sich diese Anleihe auf dem freien Markt hin bewegt, Sie erhalten diesen festen Zinssatz von 4 Prozent oder 4 Euro pro 100 Euro Anleihe (wohlgemerkt: solange es nicht zu einem Ausfall des Schuldners kommt).

Die *Rendite* (Yield) ist einfach der Zinsertrag einer Anleihe geteilt durch den Kurs der Anleihe. Höhere Renditen können auf hohen Zinszahlungen oder auf niedrigen Anleihekursen beruhen – bei fallenden Kursen steigen die Renditen. Wenn die *Zinssätze* am Markt steigen (beispielsweise ausgelöst durch die *Zentralbanken*), bieten neue Anleihen höhere Zinserträge. Dies hat zur Folge, dass ältere Anleihen weniger attraktiv für die Anleger und Investoren sind. Infolgedessen muss die Rendite älterer Anleihen steigen, wenn sie gekauft werden sollen. Vorsicht ist hier deshalb geboten, da viele Anleger nicht erkennen, dass eine höhere aktuelle Rendite keine höhere zukünftige Rendite garantiert. Ein Anstieg der Rendite kann aus nicht beständigen Zinszahlungen oder mangelnden Erträgen resultieren – ein erstes Warnzeichen dafür, dass möglicherweise mit Probleme zu rechnen ist.

Die Zinssätze auf dem freien Markt ändern sich fast täglich. Diese täglichen Änderungen wirken sich auf den täglichen Marktpreis von Anleihen aus. Anleihen bewegen sich umgekehrt zu den vorherrschenden Zinssätzen. Wenn die Zinssätze steigen, sinkt der Preis für Anleihen und wenn die Zinssätze sinken, steigt der Preis für Anleihen. Nehmen wir nun an, die Zinssätze sinken auf dem freien Markt. Der Kurs Ihrer Anleihe wird steigen, sodass die Verzinsung Ihrer Anteile der Verzinsung des Marktes (den anderen Anleihen) entspricht. Unabhängig davon erhalten Sie weiterhin Zinsen in Höhe von 4 Euro pro Jahr für Ihre Anleihe, obwohl der Marktpreis Ihrer Anleihe höher ist. Diese Veränderungen sind wichtig, da beispielsweise ein Sinken der Zinsen zum Anstieg Ihrer Anleihe führt und Sie sich entscheiden müssen, ob Sie die Anleihe behalten und weiterhin Ihre 4 Euro pro Jahr bekommen oder Ihre Anleihe mit Gewinn verkaufen möchten. Folglich haben Sie sich zu entscheiden, ob Sie die 4 prozentige Verzinsung weiter ansammeln oder ob Sie den Gewinn mitnehmen – mit den entsprechenden steuerlichen Konsequenzen. Wenn Sie Ihre Anleihe verkaufen und den Gewinn mitnehmen, stehen Sie vor der Entscheidung, wie Sie diese Vermögenswerte weiter investieren sollen. Wenn Sie wiederum Anleihen in Erwägung ziehen, so seien Sie sich bewusst, dass Sie wahrscheinlich weniger Rendite erzielen werden, da die Zinsen gesunken sind, weshalb Anleihen gestiegen sind.

Diversifizierung, Inflation und Deflation

Der Preis von Anleihen schwankt je nach Marktstimmung und wirtschaftlichem Umfeld. Anleihekurse verhalten sich jedoch ganz anders als Aktienkurse. *Risiken* wie steigende Zinsen und wirtschaftspolitische Maßnahmen wirken sich sowohl auf Aktien als auch auf Anleihen aus, jedoch reagieren diese jeweils anders. Wenn Aktien im Aufwind sind, ziehen sich Anleger in der Regel aus Anleihen zurück und strömen an den boomenden Aktienmarkt. Wenn der Aktienmarkt sinkt, was früher oder später bisher immer der Fall war oder wenn schwerwiegende wirtschaftliche Probleme zu erwarten sind, suchen Anleger die *Sicherheit* von Anleihen. Wie in jeder freien Marktwirtschaft werden auch die Anleihenpreise von *Angebot* und *Nachfrage* beeinflusst.

Während des großen *Börsencrashs* von Oktober 2007 bis März 2009 (Hypothekenkrise, Kreditkrise, Bankenzusammenbruch, Rettungsaktion der Regierung – solche Begriffe tauchten im Herbst 2008 häufig in den Schlagzeilen auf) verloren die Finanzmärkte weltweit mehr als 30 Prozent ihres Wertes (US-amerikanische 60 Prozent, isländische 77 Prozent). Diese Periode zählt auch zu den schrecklichsten in der Geschichte der globalen Finanz- und Kapitalmärkte. Ein Anleger mit einem Portfolio bestehend aus 60 Prozent Aktien und 40 Prozent Anleihen hätte diese katastrophalen Verluste aufgrund des Anleihenanteils, um etwa die Hälfte abgemildert.

In den letzten 20 Jahren hätte der Besitz einer Mischung aus Aktien und Anleihen (60 zu 40 Prozent) rund 90 Prozent der Gesamtrendite des S&P 500-Aktienindizes erzielt, jedoch in jedem Jahr mit einem erheblich geringeren Risiko (die Schwankungsbreiten waren folglich weitaus geringer als die angeführten minus 60 bzw. 77 Prozent). Dabei sind Umschichtungen aufgrund der Schwankungsbreiten sowohl auf der Aktien- als auch Anleihenseite entsprechend vorzunehmen.

Warum schwankt der Marktpreis von Anleihen nun? Der Kurs der Anleihen schwankt, da er, wie wir bereits erläuterte haben, von den herrschenden Fremdzinsen beeinflusst wird. Ein wesentlicher Faktor für die Veränderung der Zinssätze ist dabei die Inflation. *Kaufkraftverluste* werden von Regierungen verursacht, die Geld „*drucken*". Wenn die *Zentralbanken* zu viel Geld in Umlauf bringen, treiben diese überschüssigen Euros die Warenpreise in die Höhe. Wenn der Warenpreis steigt, werden mehr Euros benötigt, um dieselben Artikel zu kaufen. Käufer von festverzinslichen Wertpapieren sind betreffend dieses Umstands nicht geschützt, wenn es zu den besagten Kaufkraftverlusten kommt. Im Gegensatz zu Dividendenaktien[*], die ihre Dividenden schneller als die Inflation erhöhen können, haben festverzinsliche Anleihen keinen *Inflationsschutz*. Wie passen sich Anleihen bei Inflation an? Sie passen sich an, indem sich ihr Preis auf dem freien Markt ändert. Infolgedessen sinken die Anleihepreise, sodass die effektive Rendite (Kuponzahlungen/ Anleihepreis) dem für die jeweilige Art von Anleihe geltenden Zinssatz entspricht. Wenn Sie folglich eine Anleihe vor Fälligkeit verkaufen müssen und die Zinsen steigen, können Sie Geld verlieren.

Im historischen Vergleich befinden wir uns derzeit in einem Umfeld niedriger Zinsen. Dabei ist nicht lediglich die *Inflation* für die Zusammenstellung eines Portfolios zu berücksichtigen, sondern es sind ebenso *deflationäre Tendenzen* zu beachten – und dementsprechend das Halten von Anleihen in solch einem wirtschaftlichen Klima. Die Ära der extrem niedrigen und schließlich negativen Zinsen in Europa begann, als die EZB (Europäische Zentralbank) gegen die globale Finanzkrise kämpfte, die durch den Zusammenbruch der US-Bank *Lehman Brothers* im Jahr 2008 und die europäische Staatsschuldenkrise im Jahr 2010 ausgelöst wurde. Die unmittelbaren finanziellen Schocks dieser größten Krise seit der *Großen Depression* sind überwunden, doch ein Jahrzehnt später sind die Auswirkungen auf die Realwirtschaft, einschließlich der niedrigen Inflation und des geringen wirtschaftlichen Wachstums, weiter spürbar. Die politischen Entscheidungsträger ergriffen daher auch unkonventionelle politische Maßnahmen, welche negative Zinssätze einschließen. So sank der Einlagensatz der EZB 2019 auf ein Rekordtief von -0,5 Prozent. Dies war eine logische Maßnahme, aufgrund des zunehmenden Rückgangs der Inflation im europäischen Euroraum.

---

[*] Oder *Aktienindizes*, welche ebenso Dividenden in ihrer Gesamtheit ausschütten.

Negativzinsen sind ein unkonventionelles geldpolitisches Instrument. Sie wurden erstmals von der schwedischen Zentralbank 2009 eingesetzt, als der Tagesgeldsatz auf -0,25 Prozent gesenkt wurde. Die Europäische Zentralbank (EZB) folgte 2014, als sie ihren Einlagensatz auf -0,1 Prozent senkte. Andere europäische Länder und Japan haben sich seitdem für negative Zinssätze entschieden. Negativzinsen sind eine drastische Maßnahme, die zeigt, dass die Politik befürchtet, dass Europa in eine *Deflationsspirale* geraten könnte. Jedoch befürchten auf der anderen Seite viele namhafte Experten seit 2008 *inflationäre Tendenzen*, da Regierungen weltweit die Finanz- und Kapitalmärkte mit „*Geldern fluten*". Nichtsdestotrotz hatte die Eurozone im Februar 2015 mit -0,6 Prozent das deflationäre Territorium erreicht. Wenngleich europäische Politiker versprachen, alles zu tun, um ein deflationäres wirtschaftliches Umfeld zu vermeiden.

Was aber genau ist eine *Deflation*? Und welche Rolle spielen dabei Anleihen bzw. wovor schützen diese? Im Normalfall steigen die Ausgaben für unser tägliches Leben stetig an. Die Kosten für diese Aufwendungen nehmen beständig zu und das über viele Jahre hinweg. Dies nimmt aufgrund des erläuterten *Zinseszinses* ohne entsprechende Veranlagungen in die Finanz- und Kapitalmärkte enorme Ausmaße an und führt infolgedessen zu einer *Entwertung* von Vermögenswerten. Seltener tritt das Szenario ein, dass Dienstleistungen und Güter auf dem freien Markt an Wert verlieren. Ein Portfolio mit einem hohen Aktienanteil wird herbe Verluste einstecken müssen, wenn wir solch ein wirtschaftliches Umfeld vorfinden – nämlich ein *deflationäres*. Dies deshalb, da Unternehmen durch sinkende Preise für Produkte und Dienstleistungen nicht ihre Gewinne steigern können. Die „*Abwärtsspirale*" wird aufgrund der Unfähigkeit der Unternehmen die Gehälter der Arbeitnehmer zu erhöhen noch weiter angeheizt. In diesen zumeist wirtschaftlich schwierigen Zeiten neigen *Menschen* und *Unternehmen* dazu, an ihrem Geld festzuhalten, während sie darauf warten, dass sich die Wirtschaft wieder bessert. Dieses Verhalten kann die Wirtschaft jedoch weiter schwächen, da ein Mangel an Ausgaben zu einem weiteren Verlust von Arbeitsplätzen führt, Gewinne reduziert und die Ängste der Menschen verstärkt, wodurch sie noch mehr Anreize für das Horten von Geld erhalten.

Menschen, die sich dieser Vorgänge nicht bewusst sind, sollten sich in Erinnerung rufen, dass sie somit zumeist auf zweifache Weise betroffen sind (*Human-* und *Finanzkapital*).

Während der *Großen Depression* kam es in den USA und Europa zu einem Bankensterben, einer Massenarbeitslosigkeit und einem Rückgang der Industrieproduktion von teilweise weit mehr als 30 Prozent. Hinzu kam ein deflationäres wirtschaftliches Umfeld. Während die Aktienmärkte erhebliche Verluste hinnehmen mussten, erzielten Anleihen Gewinne. Warum sind Anleihen für Anleger nun ein „*Rettungsanker*" während Zeiten der Deflation? Nehmen wir an, Sie besitzen eine Anleihe, die jährlich Zinsen in Wert von 1.000 Euro abwirft. In diesem Jahr könnten Sie damit für einen Monat Ihre Lebenshaltungskosten decken. Wenn die Preise im nächsten Jahr aufgrund eines *deflationären* wirtschaftlichen Umfelds weiter fallen, verdienen Sie weiterhin beständig die gleichen 1.000 Euro an Anleihezinsen, aber dank der Deflation können Sie mit denselben Zinszahlungen über einen längeren Zeitraum Ihre Lebenshaltungskosten decken (Ihnen bleibt mehr in Ihrem *Portemonnaie*).

Kommt es über einen längeren Zeitraum zu deflationären Tendenzen, werden die festen Einkünfte aus Ihren Anleihen weiter steigen und Sie können damit mehr Waren und Dienstleistungen erwerben. Sie sehen, Deflation ist für Anleihen und Anleihegläubiger gut und hilft Ihrem Portfolio entsprechende Leistungen zu erzielen.

Sinnvoller Umgang mit Anleihen vor dem Hintergrund vermeintlich sicherer Häfen

Ein häufiges Versäumnis der Anleger und Investoren ist, dass Sie nicht verstehen wie sich die Verschiebungen im wirtschaftlichen Umfeld auf die Anlageklassen auswirken (steigendes/ fallendes Wachstum, steigende/ fallende Inflation) oder glauben, dass niedrige Zinsen Anleihen zu einer schlechten Investition machen. Eine verlässliche Bestandserhaltung und ein verlässliches Wachstum des Portfolios kann jedoch dann am besten erreicht werden, wenn das Verhältnis zwischen den Renditen der Anlageklassen und den sich entwickelnden wirtschaftlichen Bedingungen berücksichtigt wird. So kann eine Mischung von Anlageklassen (*Anleihen* eingeschlossen) zusammengestellt werden, welche ausgewogen genug ist, um sich mit der Zeit gut zu entwickeln und gleichzeitig vor unakzeptablen Verlusten schützt. Das bedeutet, dass die erläuterten deflationären Tendenzen (wirtschaftliche Bedingung) die Anlageklasse der Anleihen erfordert, sodass sich Ihr Portfolio entsprechend entwickelt und gute Leistungen erzielt.

Die *griechische* oder die *japanische* Erfahrung an den Aktienmärkten (diese haben sich Jahrzehnte nach deren Abschwüngen immer noch nicht erholt) lehrt uns, dass Aktien unglaublich riskant sein können. Ein griechischer oder japanischer Investor, der einen Teil seiner Vermögenswerte in Anleihen hielt, schnitt weitaus besser ab als einer, der vollständig im heimischen Aktienmarkt investiert war. Es hätte Anleger und Investoren zumindest dazu verholfen nachts besser zu schlafen. Blicken wir auf das derzeitige Umfeld an den Finanz- und Kapitalmärkten, so sehen wir, dass die Anleiherenditen auf der ganzen Welt noch nie so niedrig waren und in der Tat viele sogar negativ sind. Dies hat viele Anleger zur Frage veranlasst, ob Anleihen immer noch sinnvoll sind. Die Antwort lautet getrost „*Ja*", aber unter Beachtung eines weiteren *Umstands*. Anleihen in Portfolios dienen dazu *Diversifikation* und gegebenenfalls kurzfristig *Liquidität* bereitzustellen. Vor dem Hintergrund eines historischen Niedrigzinsumfelds ist es dennoch unklug, nach höheren Renditen im Segment der Anleihen zu „*greifen*". Zu leicht geben sich Anleger und Investoren einem höheren *Kredit*- und *Durationsrisiko* (Gefahr von höheren Verlusten) für inkrementell höhere Renditen hin.

Anleihen können jedoch neben der Abfederung von Verlusten ebenso eine psychologische Hilfestellung bieten. Diese Anlageklasse liefert im zeitlichen Verlauf in rund 85 Prozent der Fälle eine positive Rendite. Bei Aktien liegt der Prozentsatz bei etwa 75 Prozent. Mit einer Anleihe verleihen Sie Geld an Regierungen, Gemeinden, Unternehmen oder eine andere Institutionen. Ein Kreditgeber ist in einer etwas besseren Ausgangslage als ein Anleger der Aktien hält. Solange das Unternehmen seine Zahlungen weiterhin leisten kann, wird der Kreditgeber mit entsprechenden Zinsen bedient. Ein Aktionär ist hingegen immer im Ungewissen, was weiter passieren wird, da die jeweilige Aktie an den Finanz- und Kapitalmärkten auch bei beständigen Erträgen stark schwanken kann. Aus diesem Grund sind langfristig unterdurchschnittliche Renditen von Anleihen gegenüber Aktien zu erwarten. Trotz der etwas geringeren Renditen kann es sich für Sie bezahlt machen Anleihen in Ihrem Portfolio zu halten. Sie können diese vor allem als *Versicherung* betrachten. Denken Sie an Ruhestandsplanungen. Aufgrund von geringeren *Schwankungsbreiten* können Anleihen hier sehr sinnvoll sein. Es empfiehlt sich einen gewissen Anteil von Anleihen vorzusehen, da in den ersten Jahren Ihrer Rente Aktien mitunter geringere Erträge abwerfen als Anleihen. Darüber hinaus ist es nicht unbedingt erforderlich gänzlich in Aktien investiert zu sein, um Ihre Renditeziele zu erreichen. Seien Sie sich immer darüber im Klaren, dass Aktien Anleihen über einen 7 bis 12 jährigen Zeitraum zumeist übertreffen werden, jedoch es immer wieder zu unvorhergesehen Ereignissen kommen kann, die Sie auf dem falschen *Fuß* erwischen können (*Dotcom-Blase* 2001, *Finanzkrise* 2007/08, *Coronakrise* 2020 u.Ä.). Durch einen entsprechenden Anteil von Anleihen in Ihrem Portfolio können Sie verhindern, dass Sie zum ungünstigsten Zeitpunkt aus Aktien aussteigen müssen. Wenn Verluste Ihrer Aktien durch stabilere Erträge Ihrer Anleihen ausgeglichen werden, ist es weniger wahrscheinlich, dass Sie *(I)* keinen kühlen Kopf bewahren (*Verhaltensverzerrungen* erliegen) und *(II)* zum denkbar schlechtesten Zeitpunkt aussteigen müssen, wenn der Aktienmarkt nach unten korrigiert und sich dann wieder erholt (auf Kursabschwüngen an den Börsen folgen, wie wir bereits erläuterten, wieder steigende Kurse; jedes Mal).

Bei Anleihen komm es bekanntlich zu geringeren Schwankungsbreiten als bei Aktien und über die Zeit hinweg zu stabileren Renditen. Aber sind Sie deshalb als gänzlich sicher zu betrachten? Das muss mit *Nein* beantwortet werden. Warum? Wenn es zu Investments kommt, gibt es keine absolute Sicherheit. Investitionen sind risikoreicher wenn der Preis im Verhältnis zum Wert zu hoch ist und sicherer, wenn der Preis im Verhältnis zum Wert geringer ist. Je mehr Sie für *Veranlagungen* bezahlen, desto mehr Risiken gehen damit einher. Das mag simpel klingen, die meisten Anleger und Investoren beherzigen dies dennoch nicht und geben sich Emotionen wie *Angst* und *Gier* hin und schaden somit ihren Vermögenswerten. So werden Staatsanleihen mit sehr gutem Kreditrating als die sichersten Wertpapiere erachtet (beispielsweise das *AAA- Rating* – steht für höchste Bonität – von Kanada, Norwegen und Schweden). Aber auch hier kann der Schein trügen, da die Sicherheit ebenso vom Preis abhängt, welchen Sie gewillt sind zu bezahlen. Bezahlen Anleger und Investoren zu viel für diese „*sicheren*" Investments, sind damit erhebliche Risiken verbunden. So haben 2008/09 viele Anleger aufgrund der Angst an den Märkten ihre Gelder in kurzfristige US-Staatsanleihen verschoben (kurzfristige US-Staatsanleihen gelten als die sichersten Anlagen der Welt). Nicht zuletzt deshalb, weil der US-Dollar auch als *Rettungsanker* angesehen wird. Die zu diesem Zeitpunkt in den Medien kursierenden *Weltuntergangsszenarien* verliehen den Käufen von diesen vermeintlich sicheren Anleihen weiteren Nachdruck und mündeten darin, dass die Marktteilnehmer Verluste mit diesen festverzinslichen Wertpapieren erzielten. Ein Investment in diese Form der Veranlagung (sichere kurzfristige Staatsanleihen höchster Bonität) hätte Ihnen im Dezember 2008 so negative Renditen (wenn auch geringe) erbracht. Ganz einfach aufgrund der Tatsache, dass Sie dafür einen zu hohen Preis bezahlten. Zugegeben, Anleger mussten sich keine Sorgen machen, dass der Emittent (der Herausgeber der Anleihen) bankrottgeht. Das soll heißen, dass der Verlust das Resultat eines Strebens nach Sicherheit war – und mangelnder Kenntnisse betreffend attraktiver Chance-/ Risiko-Potentiale.

In die gleiche „*Kerbe*" schlagen kurzfristige Anleihen-Fonds oder Anleihen-ETFs. Diese werden häufig als „*uneingeschränkt sicher*" angepriesen. Aber auch hier gilt: Es gibt bei Investments keine absolute Sicherheit. Dies zeigten auch einige dieser Anleihenfonds – so auch der *YieldPlus-Rentenfonds* von *Charles Schwab*. Dieser verlor während der Finanzkrise mehr als 35 Prozent an Wert. Dabei war dem Fondsprospekt das Ziel zu entnehmen: „*Hohe laufende Erträge bei minimalen Änderungen des Kurses des Fonds.*" Jedoch stellte sich im Jahr 2008 Gegenteiliges heraus. Die Kurseinbrüche dieses Fonds waren etwa das Viereinhalbfache dessen, was kurzfristige Rentenfonds insgesamt verloren hatten. Auch wurden die Anleger im Jahr 2009 enttäuscht, als die Kurse des einst stabilen Fonds um weitere 11 Prozent fielen.

Neben den unterschiedlichen angeführten *Anleihen-Formen*, sollten Sie mitunter inflationsgeschützte Anleihen (auch Inflationsanleihen oder inflationsindexierte Anleihen) für Ihr Portfolio in Erwägung ziehen. Deren Wert erhöht sich, wenn die Inflation zunehmend ansteigt. Jeder, dessen *Humankapital* für die steigenden Lebenshaltungskosten anfällig ist, sollte darüber nachdenken, in diese Art der Anleihen zu investieren. Diese Form der Anleihen kann mitunter aus folgenden Gründen Bestandteil Ihres Portfolios sein: *(I)* Risiken werden durch laufende Inflationsanpassungen begrenzt; infolgedessen besteht kein Risiko, dass die Kaufkraft aufgrund der Inflation in Mitleidenschaft gezogen wird – solange der jeweilige Staat, der die Anleihe auflegte, nicht in Zahlungsverzug gerät. *(II)* Es werden aber auch deflationäre Tendenzen abgefedert. Sie bekommen folglich das eingesetzte Kapital zurück, solange Sie bis zum Ende der Fälligkeit die jeweilige Anleihe halten.

Die Finanzkrise 2007/08 zeigte, dass inflationsgeschützte Anleihen durchaus hohen Schwankungen und Risiken unterliegen können, wonach diese auch vorübergehende Verluste zu verbuchen hatten. Langfristige nicht inflationsgeschützte Anleihen erbrachten im selben Zeitraum hingegen durchwegs positive Resultate.

–

✓ IX– Wenn Sie stetige Einkommen benötigen, dann kaufen Sie Anleihen

Stellen Sie sicher, dass Ihre Füße an der richtigen Stelle sind und dann fest stehen.

– Abraham Lincoln

Die 4 großen Anlagekategorien (Aktien, Sachwerte/ Rohstoffe, Anleihen und Barmittel) haben alle ihre Risiken. Vermeiden Sie deshalb, alles auf eine dieser Anlageklassen zu setzen (sprich: streuen Sie Ihre Risiken auf mehrere

Vermögensklassen). Das simple, aber wirkungsvolle Konzept des *Zinseszinses* (welches sich in beide Richtungen anwenden lässt)* wurde bereits erläutert und ist gerade auch für Anleihen von Bedeutung. Denn wenn Sie ein Wertpapier kaufen, das eine gute Dividende oder einen angemessenen Zinssatz zahlt, und Sie die Dividenden oder Zinsen wieder anlegen, wird der Zinseszinseffekt mit der Zeit enorm stark (manche bezeichnen den Zinseszins als achtes Weltwunder). Der *Zinseszins-Effekt* ist bei Anleihen noch wichtiger als bei Aktien, da Sie bei Anleihen genau wissen, wie viel Ertrag erzielt wird. Wenn Sie lange genug verzinsen, sprich ein System der *Reinvestition* ihrer Anleihenerträge verfolgen, wird der *Verzinsungseffekt* so stark, dass Sie nach einigen Jahren so viel Geld ansammeln, dass die ursprünglichen Kosten der Anleihen lediglich verschwindend gering sind. Mit anderen Worten, die Wertsteigerung Ihres *Gesamtportfolios* wird die Kosten der Anleihen, in welche Sie investiert haben, in den Schatten stellen. Die sichersten und liquidesten Anleihen sind Staatsanleihen unterschiedlichster Nationen. Wobei es hier enorme Unterschiede im Hinblick auf die *Bonität* (sprich die Fähigkeit einen aufgenommenen Kredit zurückzahlen zu können) dieser Länder gibt und nicht selten einzelne Länder Schulden nicht begleichen können.

Konzentrieren Sie sich beim Entwurf Ihres Portfolios (der Zusammenstellung der unterschiedlichen Anlageklassen) nicht lediglich auf die Reduzierung der Wahrscheinlichkeit kurzfristiger Verluste, sondern auch auf die Abwehr der langfristigen Inflationsgefahr. Halten Sie dementsprechend mitunter inflationsgeschützte Anleihen (auch Inflationsanleihen oder inflationsindexierte Anleihen), um die Inflationsrisiken abzuwehren. Sind Sie für steigende Lebenshaltungskosten anfällig, beispielsweise aufgrund von Kaufkraftverlusten betreffend Ihres Einkommens (*Humankapital*), sollten Sie in Erwägung ziehen, in diese Art der Anleihen zu investieren.

Denken Sie daran, dass Anleihen in einem Umfeld fallender Zinssätze stark zulegen können. In einem Umfeld mit steigenden Zinsen können Anleihen

---

* Wenn Sie bei Ihrer Bank mit 3.000 Euro in der Kreide stehen und die Überziehungszinsen 10 Prozent betragen, so stauen sich Ihre Schulden nach 35 Jahren auf über 80.000 Euro auf.

jedoch erheblich ins Schleudern geraten. Schuldverschreibungen reagieren besonders empfindlich auf Inflation oder Deflation. Anleihen werden in der Regel in einem inflationären Umfeld erheblich in *Mitleidenschaft* gezogen. Seit dem *Zweiten Weltkrieg* befand sich die *Weltwirtschaft* tendenziell auf einem inflationären Pfad. Vor allem im angelsächsischen Raum ist deshalb die zunehmende Neigung der Öffentlichkeit zu Aktien gegenüber Anleihen zu beobachten.

Aktien und Anleihen haben beide ihren Platz in Portfolios, da es Zeiten gibt, in welchen Anleihen besser abschneiden als Aktien. In *Bärenmärkten* schneiden Sie normalerweise am besten mit erstklassigen Anleihen ab. Während in *Bullenmärkten* Aktien (wenn sie zum richtigen Zeitpunkt gekauft werden) fast immer Anleihen schlagen. Sie sehen, beide haben Ihre Daseinsberechtigung und sind der Lebenssituation und dem Umfeld der Anleger entsprechend anzupassen. Glauben Sie niemandem, der Ihnen sagt, dass Aktien auf lange Sicht und in jedem wirtschaftlichen Umfeld jegliche Alternative schlagen werden. Das hängt davon ab, wie teuer Aktien heute und wie billig andere Vermögenswerte wie Anleihen sind. Investieren Sie, als ob Aktien mit ziemlicher Wahrscheinlichkeit andere Vermögenswerte übertreffen würden. Halten Sie darüber hinaus etwas Geld in Anleihen und andere Vermögensklassen, um eine ausreichende *Diversifikation* sicherstellen zu können.

√ Prinzip X: Aktives Investieren vermeiden und Ausgewogenheit bewahren

Der Himmel ist nicht weniger blau, weil der blinde Mann diesen nicht sieht.

– Dänisches Sprichwort

Erzielung unterdurchschnittlicher Renditen durch aktive Fonds

Es ist die Wahrheit, dass eine Lüge, die oft genug wiederholt wird, schließlich als Wahrheit akzeptiert wird.

> *„Sie können den Markt schlagen. Erzielen Sie überdurchschnittliche Resultate. Seien Sie der Mehrzahl der Anleger und Investoren voraus und übertreffen Sie den Index und die Benchmarks."*

Um solche Aussagen hat sich eine ganze Branche gebildet, die anregt zu *„träumen"*. Vermeintliche Experten, Börsengurus, Newsletter, Finanzmagazine und Marktkommentatoren versprechen, dass Sie zu *Markttiefs* einsteigen und zu *Markthochs* aussteigen können. Tatsache ist jedoch, dass 70 bis 90 Prozent der aktiven Manager (oder aktiven Fonds) über einen langfristigen Zeitraum unterdurchschnittliche Resultate für ihre Anleger und Investoren erzielen (nicht zuletzt aufgrund der im Prinzip VIII angeführten *Verhaltensverzerrungen*). Wenn es schon für professionelle Investoren so schwierig ist überdurchschnittliche Leistungen zu erzielen, umso schwieriger ist es für den privaten Anleger. So zeigte eine Untersuchung auch, dass von 275 sehr erfolgreichen Fonds zwischen 1998 und 2012, 97 Prozent von diesen in zumindest 5 Jahren unterdurchschnittliche Leistungen erbrachten (Wimmer, B., Chhabra, S., Wallick, D., 2013). Folglich verhilft Ihnen passives Investieren nicht lediglich zu durchschnittlichen Renditen. Über einen langfristigen Zeitraum hinweg resultiert passives Investieren in überdurchschnittliche und stabilere Renditen für langfristige Anleger und Investoren.

Warum aber schneiden *aktive Fonds* so schlecht ab? Schon alleine deshalb, da es rein rechnerisch nicht möglich ist, dass der Durchschnitt der Anleger besser als der „*Markt*" ist. Viele Anleger und Investoren erliegen dem *Trugschluss* bessere Leistungen als der gesamte Markt zu erzielen (aufgrund von Verhaltensverzerrungen und mangelnden Kenntnissen), jedoch liegen diese tatsächlich häufiger daneben und erzielen unterdurchschnittliche Renditen mit ihren Handelsaktivitäten. Sollten Anleger und Investoren im gesamten Aktienmarkt investieren (so besteht der gesamte Aktienmarkt aus rund 40.000 Aktien weltweit; wobei hier ebenso sehr kleine Aktien einbezogen werden), würden sie die Rendite des Marktes erhalten (sie erzielen die gesamte „*Marktrendite*" = wenn die jeweiligen Investoren und Anleger in alle der besagten 40.000 Aktien investieren würden). Ähnlich wie in Spielstätten und Casinos hat der Handel mit diesen Wertpapieren jedoch seinen Preis. Die „*Spielbank*" möchte einen Anteil am Stück des Kuchens haben. Und diese pocht immer auf ihre Zahlungen. Der Broker („*Las Vegas*") streicht also für das Handeln an den Börsen immer eine Gebühr ein – unabhängig ob Anleger Gewinne oder Verluste erzielen. Des Weiteren trägt der erläuterte aktive Handel zu unterdurchschnittlichen Renditen der Anleger und Investoren bei (dies können Sie jedoch vermeiden!). Sie kaufen und verkaufen zumeist zum falschen Zeitpunkt, am falschen Ort und mit den falschen Handelspartnern. Denken wir an die Millionen von Investoren und Anleger, die Tag für Tag an den Börsen handeln und Aktien nach oben und unten treiben – und so auch den Markt in seiner Gesamtheit. Dieser Wettbewerb zwischen den Anlegern führt dazu, dass dies auf Kosten der zu erzielenden Renditen geht. Hinzu kommen Steuern, welche erhebliche Auswirkungen auf den Nachsteuerertrag haben. Das ständige aktive Handeln führt folglich zu Gewinnern und Verlierern, wobei die Verlierer in der Überzahl sind. Da aktive Anleger und Investoren vermehrt handeln (kaufen und verkaufen), werden ihre Kapitalerträge häufiger besteuert. *Warum kaufen die Anleger dennoch diese Fonds?*

Der Grund dafür ist, dass *aktive Manager* das Potenzial in sich bergen, den Markt zu übertreffen (besser als passive Manager/ Indizes/ Benchmarks sind). Das ist auch ihr Verkaufsargument – Anleger zahlen für aktive Fonds mehr, weil nur durch aktives Management Ihr Geld über der Benchmark (Vergleichsmaßstab) wachsen kann. Deshalb beobachten so viele Anleger und Investmentberater die Wertentwicklungen der Fonds und Fondsratings. Jeder seriöse Fondsmanager ist jedoch sehr vorsichtig und weist darauf hin, dass nicht nur die Wertentwicklung in der Vergangenheit kein Indikator für die künftige Wertentwicklung ist, sondern auch darauf, dass niemals Resultate zu garantieren sind. Die meisten regulatorischen Behörden der jeweiligen Länder schreiben zudem vor, dass Fonds bei der Angabe ihrer vergangenen Renditen entsprechende Warnhinweise anzugeben haben (beispielsweise: *„vergangene Renditen sind kein Hinweis für zukünftige Resultate"*).

Angesichts der Launen des Marktes ist es für niemanden möglich zu wissen, wie sich ein Fonds in Zukunft entwickeln wird. Dennoch werben Fonds-anbieter mit überdurchschnittlichen Renditen, wenngleich es unmöglich ist, dass jeder aktive Fonds diese erzielt (da dies schon rein rechnerisch nicht möglich ist – wurde zuvor erläutert).

Die Zeit ist nicht auf Seiten der aktiven Händler. Dies deshalb, da der Anteil der aktiven Fondsmanager, die über die Zeit hinweg besser sind als der Markt nahezu kaum existent ist – dies global und betrifft u.a. *Europa*, *Schwellen-länder* und die *USA* (werden dennoch überdurchschnittliche Erträge erzielt, werden diese Fonds zumeist für die Öffentlichkeit geschlossen). Über einen Zeitraum von 10 Jahren verlieren die meisten aktiven Händler und Fonds deutlich (über 80 Prozent) und das kommt den Anlegern, die in diese Fonds investieren sehr teuer zu stehen. Über 15 und 20 Jahre reihen sich zu den Verlierern noch mehr hinzu und es wäre viel klüger gewesen, hätte man in ein breit gestreutes Portfolio investiert (um die *Marktrendite* zu erhalten).

Es mag manchmal Gewinner beim aktiven Handel geben, das sind jedoch die Gewinner von *„heute"*. Viele Belege zeigen, dass die Gewinner von *heute* dies auf lange Zeit nicht sind und die Verlierer von morgen sein werden. Gewinner mögen Gewinner sein, weil sie sich <u>erhöhten Risiken</u> aussetzten oder über einen Zeitraum hinweg einfach nur <u>Glück</u> hatten. Diese erhöhten *Risiken* und *Fehler* werden auch in diesem Buch anhand der aufgelisteten *Prinzipien* zusammengefasst und sind für die folgenden schlechten Renditen verantwortlich, welche aktive Händler über einen langen Zeitraum erzielen.

Anzumerken gilt es ebenso, dass professionelle aktive Manager vermehrt unter ihresgleichen konkurrieren – dies verschärft ebenso den Wettbewerb. Hielten vor dem Zweiten Weltkrieg private Anleger die Mehrheit am Aktienkapital, hat sich das Blatt gewendet und sind nun überwiegend professionelle Investoren an den Finanz- und Kapitalmärkten aktiv. Dabei erlebte die aktive Managementbranche in den letzten 60 Jahren einen enormen Zuwachs. So sind *Hedgefonds* von etwa 300 Milliarden Euro vor 20 Jahren auf etwa 3 Billionen Euro gewachsen. Weniger *„kluge"* Privatkundengelder können folglich *„ausgebeutet"* werden. Auch das spricht für passives Investieren.

Aus diesen Gründen kann es sinnvoll sein, sich von Produkten zu verabschieden, die vornehmlich Banken anbieten (noch dazu ihre eigenen, die zumeist nicht die besten sind – auch wenn Banker nicht müde werden, dies zu behaupten), da diese sehr viel daran verdienen, ihre Kunden jedoch schlechter gestellt sind. Passive Produkte (ETFs – Exchange traded funds) bilden die Entwicklungen von Indizes nach (zumeist Aktienindizes, jedoch zunehmend auch andere). Über die vergangenen Jahre erlebten diese enorme Zuwachsraten. Hintergrund dafür bildet die Tatsache, dass aktive Fonds (durch Fondmanager gemanagte Produkte, u.a. von Banken angeboten) schlechtere Leistungen als der jeweilige Index erzielen (zum Nachteil der Anleger und Investoren). Die Meinungen darüber sind geteilt, doch liegt der Grund dafür wohl in der milliardenschweren Fondsindustrie, steckt doch dahinter ein billionenschwerer undurchsichtiger Markt mit vielen Profiteuren, die nichts von ihrem Stück des Kuchens abgeben wollen, zumeist auf ihren Vorteil bedacht sind und eben nicht auf den anderer Akteure (zu denen ihre Kunden zählen – Unabhängigkeitserfordernisse können diesbezüglich angeführt werden).

Die schwierige Auswahl geeigneter Wertpapiere

Wie schwierig es ist, dass aktive Fonds (Manager) die Leistungen passiver Indexfonds (sprich deren Vergleichsmaßstab) übertreffen, wurde bereits mehrmals erläutert. Gründe dafür sind u.a. häufiges Kaufen und Verkaufen von Wertpapieren, Fehleinschätzungen, Verhaltensverzerrungen, hohe Gebühren, Transaktionskosten und Steuern. Weniger bekannt dürfte sein, dass die Auswahl der Aktien an sich schon zu den unterdurchschnittlichen Leistungen von aktiven Fonds und Managern beiträgt. Dies kann als weiterer wesentlicher Nachteil des aktiven Handelns gewertet werden. Dies ist deshalb so, da sich in den Indizes (die passive Manager nachbilden) eine große Anzahl an Aktien befinden. Aktive Manager und Fonds versuchen aus diesen die zukünftig besten auszuwählen. Da jedoch die Vergangenheit zeigte, dass ein Großteil der in den Indizes befindlichen Aktien sehr schlechte Leistungen erzielt (schlechter als der Index in seiner Gesamtheit) und die größten Gewinner einen überdurchschnittlich hohen Einfluss auf die Gesamtrendite des Index haben, erschwert dies aktiven Fonds in erheblichem Maße bessere Renditen als ihre passiven Konkurrenten zu erzielen. Das soll heißen, dass für die Renditen der Vergleichsindizes (*Benchmarks*) der aktiven Manager zumeist nur eine Handvoll Aktien verantwortlich sind – welche die meisten aktiven Manager „*verpassen*". Das führt dazu, dass nicht lediglich Gebühren und andere Kosten zum Nachteil aktiver Manager sind, sondern ebenso die simple Tatsache, dass der Großteil der Aktien (je nach Zeitraum ca. 90 Prozent) schlechtere Leistungen als Spareinlagen erbringt. Studien zeigen auch, dass ein Großteil der Aktien (57,9 Prozent) über ihre „*Lebensdauer*" hinweg weniger an Rendite erzielen als sichere kurzfristige Bankeinlagen (Bessembinder, H., 2017).

In den 1960er Jahren waren die Schlagzeilen voll von den „*Nifty Fifty*"-Unternehmen. Unter diesem Namen fanden sich Aktien wie Kodak, Xerox und Polaroid. In den 1990er Jahren waren Aktien der *Dotcom-Blase* die „*Auserwählten*" (Technologieunternehmen) und seit kurzem sind es die schillernden FAANG-Aktien (Facebook, Amazon, Apple, Netflix und Google – Google wird nun als *Alphabet* an der Börse gehandelt). Sie haben alle eines gemeinsam: An sie alle wurden von ihren Anleger und Investoren hohe Erwartungen gestellt. So waren diese Aktien beispielsweise im Jahr 2015 für einen Großteil der Gewinne im S&P 500 (Vergleichsmaßstab) verantwortlich. Das soll heißen, wenn man eine dieser Aktien oder auch mehrere nicht in seinem Portfolio gehabt hätte, hätten Anleger unterdurchschnittliche Resultate im Vergleich zum Index erzielt (hinzu kommt noch etwas: Hätten Sie diese Aktien in Ihrem Portfolio gehabt, jedoch mit einer geringeren Gewichtung als der Gewichtung im Index, wären ebenso unterdurchschnittliche Erträge erzielt worden).

Die Anleger und Investoren sind zumeist erstaunt darüber, dass eine Untergruppe von Aktien einen beträchtlichen Anteil an der Gesamtmarkt-Rendite erzielt. Betrachtet man ein globales Aktien-Portfolio von 1994 bis 2018 so geht daraus hervor, dass ohne die leistungsstärksten 10 Prozent der Aktien, die globalen Renditen dieses Portfolios von 7,2 Prozent auf 2,9 Prozent gesunken wären. Ein weiterer Ausschluss der leistungsstärksten 25 Prozent dieser Aktien hätte eine positive Rendite in eine negative Rendite von -5,1 Prozent verwandelt.

Untersuchungen haben keine verlässliche Methode zur Vorhersage der Aktien mit der besten zukünftigen Rendite ergeben. Die Tendenz dazu, dass sich ein erheblicher Anteil der Marktrendite, lediglich auf eine kleine Teilmenge von Aktien konzentriert, ist daher auch ein warnender Hinweis auf die bereits erläuterte Bedeutung der Diversifikation (breite Streuung; sprich Hinzunahme einer Vielzahl von Aktien als auch Anlagekassen – wie beispielsweise Anleihen). Anleger mit konzentrierten Portfolios könnten tatsächlich die Aktien verpassen, die das Beste aus dem Angebot des Marktes herausholen (und damit erheblich an Renditen einbüßen). Ein auf eine breite Diversifikation ausgerichteter Anlageansatz (beispielsweise mittels Indizes) kann dazu beitragen, langfristig ein zuverlässigeres Ergebnis für Anleger zu erzielen, als dies mit aktivem Handeln/ Fonds der Fall wäre.

Der Umgang mit herausfordernden Märkten

Der Kauf von Anleihen, Aktien, Aktienfonds, ETFs ist einfach – die Herausforderung dabei ist langfristig geduldig investiert zu bleiben. Möglicherweise sparen und investieren Sie Gelder, welche Sie erst in Jahrzehnten benötigen. Ruhestandsvorsorgen können noch 3 oder 4 Jahrzehnte entfernt sein. Dennoch machen sich die Anleger über den kurzfristigen Verlauf an den Börsen ihre Gedanken. Viele achten dabei auf die täglichen Schwankungen an den Finanz- und Kapitalmärkten und die alltäglichen Renditen, welche ihre Veranlagungen abwerfen. Das trifft insbesondere in Zeiten erheblicher Marktturbulenzen zu. Diese werden dann zumeist von Medien, vermeintlichen Experten oder Marktkommentatoren zusätzlich „*gepusht*". Es kommt zu einem Spiel mit dem „*Feuer*". Anleger erliegen dabei in der Folge unbewusst Verhaltensverzerrungen. Sie sind sich der *Fehler* und *Risiken* ihrer Investments überhaupt nicht bewusst (geschweige denn der im *Prinzip über das Verhalten* erläuterten Verzerrungen der Wahrnehmung und ihrer selbst). Viele Investoren bemerken nicht, welchem „*Sammelsurium*" an Verzerrungen sie sich bei ihren Veranlagungen und Geldanlage-Entscheidungen aussetzen. Sie sind von einem Marktabschwung so verunsichert, dass sie letztendlich zum schlechtesten Zeitpunkt kaufen bzw. verkaufen. Sie können jedoch Abhilfe schaffen, wenn Sie die folgenden Punkte beachten.

Ein Eckpfeiler dabei ist sich auf all Ihre *Vermögenswerte zu fokussieren*. Das soll heißen: Auch bei einer Marktkorrektur von 30, 40 oder 50 Prozent an den Finanz- und Kapitalmärkten, bedeutet das nicht gleich, dass Ihr gesamtes verfügbares Vermögen so stark gesunken ist. Kommt es zu derart heftigen Korrekturen, so haben Sie zum einen durch *Diversifikation* (Aufteilung der Anlagekategorien in beispielsweise *Aktien* und *Anleihen*) diese Kursrückgänge „*abgefedert*". Zum anderen haben Sie gegebenenfalls Geld in Spareinlagen, Rohstoffen und Währungen. Darüber hinaus zählt zur *Diversifikation* auch das bereits erläuterte *Humankapital*. Wichtig zu wissen ist, dass das *Finanzkapital* nicht denselben Risiken wie dem *Humankapital* ausgesetzt ist. Denn dann können die Verluste noch höhere Ausmaße als die obig angeführten annehmen. Denken wir hier beispielsweise an die *Dotcom-*

Blase, wo ganze Jobs, Aktienoptionen, Eigenheime, Sonderzahlungen und Prämien vom *Wachstum des Technologiesektors* abhängig waren. Diese mangelnde Streuung führte zu erheblichen Einbußen für die Anleger und Investoren.

Eine weitere Strategie, um mit mehr „*Leichtigkeit*" am Wachstum der Börse zu partizipieren besteht darin, sich in Erinnerung zu rufen, dass sich hinter Aktien immer noch *wahre Werte,* sprich *Unternehmen,* verbergen. Letztendlich zählen für die Unternehmen die *Gewinne,* da diese es sind, die Anlegern darüber Auskunft geben, ob **(a)** es den ganzen Aufwand für sie wert ist, und **(b)** diese damit über kurz oder lang die anfallenden Rechnungen begleichen können. Vor vielen Jahrzehnten war ein gewiefter Börsenstratege (*Benjamin Graham*)[*] der Auffassung: „*Kurzfristig verhält sich der Markt wie Abstimmungsergebnisse, langfristig aber wie eine Waage.*" Er meinte damit, dass sich die Aktienkurse je nach Umfeld und Trends rasch ändern (= kurzfristig ähnelt der Aktienmarkt Popularitätswettbewerben oder auch Abstimmungsergebnissen – hier spielen viele psychologische Faktoren mit). Die zugrunde liegenden Werte (welche auf zukünftige Gewinne basieren) jedoch nicht – sie sind beständiger und geben langfristig ihren wahren Wert preis. Das soll heißen: Selbst wenn die „*Launen*" des Marktes für fallende Aktienkurse sorgen, früher oder später Investoren den Wert der Unternehmen erkennen werden, was wiederum zu steigenden Aktienkursen führen wird.

Eine dritte Strategie kann darin bestehen, dass Sie Kursrückgänge an den Börsen auch als Chance für nachhaltige, langfristige Erträge begreifen können. Wenn Sie während der Finanzkrise von 2007/08 30 Prozent in Cash/ Anleihen investiert hätten, so hätten Sie diese für günstige Nachkäufe nutzen können. Darüber hinaus hätten Verluste von 50 Prozent, auf 35 Prozent reduziert werden können.

Mit diesen 3 unterschiedlichen *Herangehensweisen* bleiben Sie auch in turbulenten finanziellen Zeiten auf *Kurs* und fühlen sich bei Ihren Veranlagungen wohler.

---

[*] *Benjamin Graham* gilt als der „*Vater*" der Analyse von Unternehmen und Wertpapieren. Er war auch der Lehrmeister des legendären *Warren Buffett.*

Ausgewogenes Portfolio durch Umschichtung sicherstellen

Anleger und Investoren wollen billig kaufen und teuer verkaufen – das ist nichts Neues und einfacher gesagt als getan. Doch springen wir zumeist bei steigenden Märkten auf und verkaufen panisch bei fallenden Märkten. Die erläuterten Verhaltensverzerrungen (u.a. ausgelöst durch *Angst* und *Gier*) können dafür verantwortlich gemacht werden. Wie können Sie dies aber weitestgehend vermeiden? Eine richtige *Vermögensaufteilung* ist dabei einer der bedeutendsten Grundpfeiler. Legen wir eine Aufteilung von 60 Prozent Aktien und 40 Prozent Anleihen fest, so sollten wir an dieser Aufteilung über einen längeren Zeitraum hinweg festhalten. *Bullenmärkte* (stetig steigende Kurse) werden dazu führen, dass der Aktienanteil über die festgelegten 60 Prozent steigt. Deshalb müssen Aktien verkauft und Anleihen gekauft werden, um eine entsprechende Vermögensaufteilung wieder herzustellen. Bei *Bären-märkten* verhält es sich genau umgekehrt. Dieses „*Rebalancing*" verhilft dazu verhaltenswissenschaftliche Effekte gekonnt zu umgehen und an attraktiven Chancen teilzuhaben. Häufig werden Sie den Aktienanteil reduzieren müssen, welcher zumeist einer der besten Anlageklassen ist. Warum aber die Anlageklasse reduzieren, welche die besten Leistungen erbringt? Ganz einfach, weil Sie damit steuern können, wie hoch Ihr Risiko sein soll. Wenn Sie niemals Anpassungen an Ihrem Portfolio vornehmen, dann würde der Aktienanteil aufgrund stetig steigender Kurse zunehmend wachsen. Das bedeutet, dass Ihre Vermögenswerte während des nächsten Börsenab-schwungs überproportional stark in Mitleidenschaft gezogen werden – dies gilt es natürlich zu vermeiden, weshalb Anpassungen vorzunehmen sind.

–

✓ X – Anpassungen vornehmen, jedoch werden Sie nicht für Ihre Aktivität an den Kapitalmärkten bezahlt

Befriedigende Anlageergebnisse zu erzielen, ist einfacher, als die meisten Menschen denken. Überlegene Ergebnisse zu erreichen ist schwieriger als es den Anschein erweckt.

– Benjamin Graham

Es wurde angeführt, dass auf langfristige Sicht in etwa 90 Prozent der aktiven Fonds unterdurchschnittliche Leistungen erwirtschaften. Erzielen diese dennoch überdurchschnittliche Resultate, so ist dies entweder *(1)* auf eine *glückliche Fügung* zurückzuführen oder *(2)* es sind erhöhte *Risiken* eingegangen worden. Beides führt dazu, dass diese überdurchschnittlichen Renditen zukünftig nicht mehr haltbar sind. Dies zeigt ebenso: Wenn es schon professionellen Investoren so schwer fällt die Marktrendite zu erwirtschaften, ist es für den *„normalen"* Anleger folglich noch schwerer entsprechende Resultate zu erzielen. Vor diesem Hintergrund ist es lächerlich zu denken, den Markt einfach zu schlagen. Nur wenige Anleger schaffen das. Dennoch versuchen es Jahr für Jahr Millionen von Investoren, da die Hoffnung gegenüber der Erfahrung überwiegt und es zu häufigen Fehleinschätzungen kommt. Es ist, als würde man mit Menschen über das Autofahren sprechen. Mehr als 80 Prozent würden behaupten, sie seien besser als der Durchschnitt (was natürlich nicht den Tatsachen entsprechen kann).

Das erläuterte Prinzip legt ausführlich dar, dass es nicht nur wichtig ist, wie man investiert (*aktives* vs. *passives* Investieren), sondern auch wo (*konzentriert* vs. *diversifiziert*) und darüber hinaus Anpassungen im Portfolio vornimmt (*„Rebalancing"*). Eine breite Streuung (eine Vielzahl von Aktien, nicht lediglich wenige; aber auch unterschiedliche Anlageklassen) stellt sicher, dass in Phasen von Kurseinbrüchen Risiken reduziert, Verluste begrenzt und so bessere Renditen erwirtschaftet werden. Ziel muss es dabei sein, in unterschiedlichen wirtschaftlichen Umfeldern Schwankungen zu vermindern und vor unakzeptablen Verlusten zu schützen. Hohe Renditen der Vergangenheit und alternative Anlageformen, vor allem solche die aktives

Handeln in den Mittelpunkt stellen, sind dabei mit Vorsicht zu genießen, denn höhere Renditen werden einem nicht geschenkt und haben immer ihren Preis – in Form eines höheren Risikos. Risiken können dabei in Form von weniger Liquidität, höheren Kosten, einer höheren Verschuldung und einer geringeren Streuung zutage treten. Hinzu kommt, dass ein Großteil aktiver als auch alternativer Fonds (Hedgefonds u.Ä.) ohnehin unterdurchschnittliche Renditen erzielt. Wir alle wissen, dass aufgrund von Steuern, Transaktionskosten und Gebühren aktives Handeln zu unterdurchschnittlichen Renditen verdammt ist. Jedoch werden aktive Manager nicht müde uns weismachen zu wollen, dass *„dieses Mal alles anderes ist"* – und das ist es eben nicht. Fondsgesellschaften und viele Akteure der Finanzindustrie haben zumeist auf alle Fragen eine Antwort und wollen uns *sprichwörtlich* die Zukunft im schönen Lichte verkaufen – im Wissen, dass dies niemand kann.

√ Prinzip XI: Prognosen sind nicht von Wert

Wer nach der Kristallkugel lebt, ist dazu bestimmt, gemahlenes Glas zu essen.

– Edgar Fiedler

Vorhersagen der Finanz- und Kapitalmärkte

Auch wenn viele Anleger und Investoren es nicht gerne hören wollen: *Vorhersagen* über die Börsen haben eine sehr geringe Aussagekraft für den weiteren Verlauf an den Märkten. Sie sind für die Marktteilnehmer zumeist nicht verwertbar, wenngleich sich diejenigen Menschen, welche sie erstellt haben, damit rühmen. Dies liegt darin begründet, dass zukünftige Entwicklungen an den Kapitalmärkten nicht sicher sind. Hinzu kommt, dass unter Einbeziehung aller beeinflussenden Sachverhalte an den Märkten, eine große Bandbreite an unterschiedlichen Möglichkeiten mit verschiedenen Wahrscheinlichkeiten zu Tage tritt. Die Prognosen werden aber dennoch verkauft, entweder weil *(1)* die *Verfasser/ Ersteller nicht wissen*, dass es sich um schlechte Vorhersagen handelt oder zukünftige Entwicklungen kaum zu prognostizieren sind (mangelnder Erfolg von *„Market-Timing"*, *„aktives Handeln"* u.ä. bestätigen dies). Also unbewusst, da Börsengurus, vermeintliche Experten, Finanzmagazine u.ä. daran glauben oder es ihnen an entsprechender Bildung fehlt. Oder *(2)* sie verkaufen Ihnen diese schlechteren Prognosen *bewusst und wissen*, dass diese nicht von Wert sind, jedoch sich eben gut verkaufen.

Steigende und fallende Märkte – Einflüsse auf die Rendite

Der Aktienmarkt wird von Zeit zu Zeit Korrekturen und Bärenmärkte erleben. Aber niemand weiß genau, wann diese eintreten werden. Es gibt aber viele Gründe, warum Anlage- und Vermögensverwalter Ihnen weismachen wollen, warum sie dies könnten. Die Wahrheit ist jedoch, dass Kurskorrekturen nicht vorhersagbar sind. Es hat noch niemand, und sei dies noch so ein guter

Investmentberater oder Anleger, immerzu konsistent und wiederholt Kurs-korrekturen oder Bärenmärkte korrekt vorhergesagt. Dennoch ist die große Mehrheit der Anleger und Investoren davon überzeugt, dass es möglich ist, korrekte Prognosen über den weiteren Verlauf an den Börsen zu tätigen und bessere Leistungen als der Markt zu erzielen. Dabei reden viele Markt-teilnehmer sehr „*ichbezogen*". Sie sind der Auffassung selbst für über-durchschnittliche Leistungen und verdientes Geld verantwortlich zu sein. Investoren verdienen originär natürlich kein Geld. Unternehmen verdienen Geld, was sich in steigenden Aktienkursen ausdrückt. Die Aktionäre partizipieren folglich daran. Gewinne werden dabei eigenen Erfolgen zugeschrieben, wenngleich sich Anleger und Investoren von Verlusten distanzieren.

Kurzfristig ist es völlig unmöglich vorherzusagen, wann die Märkte fallen werden. Märkte sind volatil: Sie schwanken mit der Zeit auf und ab, sind aber nicht gänzlich zufällig. Sie sind nicht zufällig in dem Sinne, dass die Marktpreise effektiv durch die Gewinne des Unternehmens gestützt werden.

Denken wir hier an Aktien, welche im Laufe von Krisen bessere Leistungen erbringen als andere Aktien. So etwa der Lebensmittelkonzern *Nestlé*. Lebens-mittel werden von Menschen auch während Krisen und in Bärenmärkten benötigt. Dieselbe Logik kann nicht nur auf Lebensmittelproduzenten, sondern auch auf Lebensmittelhändler angewendet werden. Die Gewinne dieser hatten daher zu Zeiten des wirtschaftlichen Einbruchs nicht so stark zu leiden wie andere Sektoren der Wirtschaft und stützen folglich deren Aktienkurse. Deshalb erlebten diese Aktien nicht so turbulente Zeiten, wie beispielsweise Banken während der *Finanzkrise* 2007/08 oder Technologie-aktien während der *Dotcom-Blase* von 2000/01.

Zu beachten gilt, dass die zu _erwartenden Gewinne_ noch wichtiger sind als die bereits erzielten Gewinne. Dies deshalb, da die erzielten Gewinne (aus der Vergangenheit) in den Kursen der jeweiligen Aktien bereits einbezogen werden (Investoren rechnen mit diesen bereits). Folglich können Anleger und Investoren die Rentabilität von Unternehmen nicht vorhersagen und aus diesem Grund können sie den Aktienkurs nicht mit einem gewissen Grad an hinreichender Genauigkeit prognostizieren. Über sehr lange Zeiträume besteht jedoch ein gewisses Maß an Vorhersehbarkeit. Kurzfristig hat niemand Kenntnis darüber, wie sich die Börsen und Kapitalmärkte entwickeln werden (auch wenn Ihnen viele dies *„weismachen"* wollen). Wer das behauptet, um den sollten Sie unbedingt einen großen *„Bogen"* machen. Die Vergangenheit zeigt jedoch, dass Aktien einen durchwegs positiven Verlauf nehmen und über einen einjährigen Zeitraum zu ca. 75 Prozent positive Erträge erzielen. Dies sind ziemlich gute Chancen, soll langfristig Wachstum generiert werden. Aber selbst das bedeutet, dass wir lediglich sagen können, ob der Aktienmarkt im Vergleich zu den historischen Durchschnittswerten entweder hoch oder niedrig bewertet ist und eher fällt oder steigt, aber wir können immer noch nicht genau den Zeitpunkt bestimmen, an dem die Aktienmärkte kurz vor Marktabschwüngen stehen. Deshalb sind die erläuterten Konzepte des *Reblancing* und *günstigen Nachkaufens* so wichtig,

Erzielung überdurchschnittlicher Renditen an den Märkten

Im Durchschnitt tun sich an den Finanz- und Kapitalmärkten alle 4 bis 6 Jahre *Gewitter* auf. Kleinere Korrekturen von über 10 Prozent treten noch häufiger auf und sorgen, trotz geringer Kursausschläge nach unten, ebenso für mediales *„Fegefeuer"*. Zeitungen und anderen Medien *„pushen"* dies, da negativ Schlagzeilen eben eine breitere Personengruppe ansprechen – mehr Publikum = mehr Profit (Anlegern und Investoren kann dies aber aufgrund von falschen Handlungsweisen schaden). Keiner kann diese Bärenmärkte bzw. Kurskorrekturen vorhersagen und versucht man diese zeitlich durch exakte Ein- und Ausstiegspunkte *„festzunageln"*, führt dies in der Regel zu bösen Überraschungen (in Form von unterdurchschnittlichen Renditen) für Sie und Ihre veranlagten Vermögenswerte. Die Belege, welche gegen Market-Timing-Strategien sprechen, sind überwältigend. Dennoch werden sie von der überwiegenden Anzahl der Anleger und Investoren nicht beachtet. Dies bestätigt geradezu die Verlockungen der Börse, das irrationale Verhalten der Teilnehmer an den Finanz- und Kapitalmärkten (beispielsweise *Angst* und *Gier*) und im weiteren Verlauf die Auswirkungen auf deren *Portemonnaie*.

Eine *Frage,* welche ich von Klienten immer wieder gestellt bekam war: Warum beschäftigen sich so viele Anleger und Investoren dann dennoch damit, die Kurse an den Finanz- und Kapitalmärkten vorherzusagen, wenngleich die Chancen so viel mehr gegen sie stehen? Zum einen da die *Belohnungen* dafür enorm sein können und zum anderen *unterschätzen* sie, wie schwer es tatsächlich ist den Markt zu schlagen. Wenn Sie sich für ein Investment entscheiden, es für eine bestimmte Zeit halten und dann wieder verkaufen, setzt sich Ihre Rendite im Wesentlichen aus 3 Bestandteilen zusammen. Dies sind der Preis, zu dem Sie gekauft haben (*Einstandskurs*), das Einkommen, das Sie über diese Zeit hinweg erhalten (*Zinsen, Dividenden*) und der Preis zu welchem Sie das jeweilige Investment wieder veräußern (*Verkaufskurs*). Die Prognose von Börsenkurse setzt die Beantwortung der Frage voraus, ob es ein guter Zeitpunkt zum Kaufen ist und wann es ein guter Zeitpunkt zum Verkaufen ist, um einen Rückgang an den Finanz- und Kapitalmärkten abzufedern bzw. gänzlich zu vermeiden. Daher ist es naheliegend, sich auf die Höhe der Einnahmen zu konzentrieren, die mit den erworbenen Wertpapieren erzielt werden könnten. Der „*Haken*" an der Sache ist, dass Menschen, wenn sie Vorhersagen treffen, diese (u.a. aufgrund von *Verhaltensverzerrungen*) oft falsch verstehen. Die Kosten für den Versuch (in Form von entgangenen Gewinnen und Transaktionskosten), die schlimmsten Zeiten zu vermeiden oder auf die besten aufzuspringen, liegen darin begründet, dass Sie mit Ihren Einschätzungen über den weiteren Verlauf an den Märkten völlig danebenliegen können – sprich Sie liegen im Versuch, durch ständiges Aus- und Einsteigen in bzw. aus den Märkten, um Hochs und Tiefs „*festzunageln*", falsch. Dies führt dazu, dass sich für die überwiegende Mehrzahl der Anleger und Investoren durch Market Timing bzw. Vorhersagen das Risiko ihres Anlageportfolios auf lange Sicht erhöht.

Die Ausführungen zu Marktprognosen, Gebühren, Steuern, den involvierten Akteuren an der Börse und Marktrenditen zeigten deutlich, dass Anleger und Investoren leicht auf der „*Strecke*" bleiben können. Vornehmlich betrifft dies aktive am Kapitalmarkt involvierte Anleger und Investoren, seien diese private Anleger, institutionelle Investoren, Broker, Investmentfondsmanager oder Hedgefondsmanager. Rein mathematisch muss der Durchschnitt der involvierten Beteiligten (die angeführten aktiven Anleger und Investoren) nach Gebühren unterdurchschnittliche Renditen erzielen. Die aufgelisteten Fakten sprechen somit eine klare Sprache und deutlich für passives Investieren (in *Indizes*). Aktives Investieren fördert folglich unterdurchschnittliche Renditen. Die überwiegende Mehrheit der aktiven Manager erzielt lediglich magere Leistungen. Es wurde bereits erläutert, dass an die 90 Prozent der aktiven Manager über einen langfristigen Zeitraum unterdurchschnittliche Resultate für ihre Anleger und Investoren erzielen. Aufgrund des provisionsgetriebenen Verkaufs der Banken und von Finanzinstitutionen, werden aktiv gemanagte Fonds trotz dessen an Anleger verkauft. Höhere Margen dieser aktiven Fonds spielen hier ebenso eine Rolle. Es zeigt sich auch, dass die Zahlen durch das Zusammenführen oder Schließen von aktiven Fonds, welche unterdurchschnittliche Renditen erzielen, noch viel mehr „*geschönt*" werden.

Faktum ist auch, dass aktives Management mehr Kosten verursacht als passives Management. Ebenso kommt es zusätzlich, neben den erhöhten Kosten und Gebühren, zu höheren Steuern bei aktiven Managern. Wenn jedoch aktive Manager gefunden werden, welche besser als der Markt sind („*Gewinner*"), ist daraus nicht zu folgern, dass diese Gewinner von heute auch die Gewinner von morgen sein werden. Ganz im Gegenteil, es gibt ausreichend Forschungsergebnisse und Belege dafür, dass die vergangenen Gewinner nicht die Gewinner der Zukunft sind. Vor diesem Hintergrund erstaunt es mich immer wieder, warum dennoch viele Anleger und Investoren aktive Manager und Fondsprodukte wählen. Dies ist zumeist deshalb der Fall, da **(1)** Anleger und Investoren darüber nicht ausreichend aufgeklärt und **(2)** die Unabhängigkeitserfordernisse nicht ausreichend sichergestellt werden. Würden die Anleger und Investoren ausreichend darüber informiert und aufgeklärt werden, dass sie **#1** mit Sicherheit mehr an Gebühren zahlen, **#2** mit Sicherheit mehr an Steuern zahlen und **#3** deswegen mit hoher Wahrscheinlichkeit eine unterdurchschnittliche Rendite erzielen (auch vor Steuern, Gebühren und Transaktionskosten), würden diese es sich anders überlegen.

Vergessen Sie Börsenprognosen, vermeintliche Experten, Medien, Kommentatoren, Finanznachrichten, Newsletter – sie sind wertlos

Prognosen von Analysten und anderen vermeintlichen Experten sind allgegenwärtig. Dabei haben wir bereits festgehalten, dass diese in der überwiegenden Mehrzahl der Fälle falsch liegen und nicht von Wert sind. Dennoch werden Kommentatoren, Experten, Medien, Gurus und wie sie alle heißen nicht müde, vor dem nächsten Crash zu warnen. Und ja, früher oder später wird dieser letztendlich eintreten. Diejenigen, die dies über die Jahre mehrmals immer wieder prophezeiten, werden dann auch einmal Recht bekommen. Dies liegt in der Natur der Sache.

In keinem anderen wirtschaftlichen Bereich zahlt es sich mehr aus mit seinen Vorhersagen richtig zu liegen als an der Börse. Da überrascht es nicht, dass die Suche nach geeigneten Prognosen Jahrhunderte überdauert hat – seit dem Bestehen der Börsen. Die Vorhersage der zukünftigen Marktbewegungen an den Kapitalmärkten entwickelte sich dabei zu einem immer lukrativeren und größeren Geschäft. Weltweit sind Hunderttausende von Menschen in diesem Bereich beschäftigt, welcher mehrere Billionen Euro umsetzt. Die Wahrheit ist jedoch, dass niemand die Börse immer richtig voraussagen kann. Es besteht die Möglichkeit dazu, jedoch stehen die Chancen gegen einen.

Selbst wenn Experten, Medien, Kommentatoren, Finanznachrichten und Newsletter schon Jahre vorher wissen würden, wann es zu einem *Abschwung* bzw. *Börsenkrach* kommen wird, müssten Sie Ihre Aktien und anderen Wertpapiere verkaufen und Sie würden nicht an den (bis zur Krise) folgenden Kurssteigerungen und ausbezahlten Dividenden teilhaben. Sie müssten exakt wissen, wann Sie aus den Aktienmärkten aussteigen, wann Sie wieder einsteigen und das in der Folge immer wieder tun. Das Bedürfnis der Medien nach der Vorhersage von solch großen *Wendepunkten* an den Finanz- und Kapitalmärkten – welche Leser, Hörer, User anziehen (sie alle steigern den Umsatz und sind den Werbeeinnahmen dienlich) – ist enorm. Anleger und Investoren fühlen sich von der Idee natürlich angezogen, dass jemand da draußen die Zukunft glasklar vorhersehen kann. Die Realität ist leider, dass niemand das kann. Alle haben wertlose Meinungen oder raten ganz einfach. Die Wahrheit ist, dass jeder Standpunkte über die Marktaussichten haben kann, aber das ist alles, was sie sind – eben Meinungen.

Die *Prognosefähigkeit* von Kommentatoren in den Medien, Autoren von Newslettern, Aktienmarktanalysten, vermeintlichen Experten und Wirtschaftswissenschaftlern in Bezug auf den weiteren Verlauf der Börse oder die weiteren wirtschaftlichen und konjunkturellen Verläufe halten sich in Grenzen. Aktienmarktprognosen und volkswirtschaftliche Vorhersagen sind routinemäßig fehlgeschlagen, um Umkehrpunkte an den Kapitalmärkten und Konjunkturverläufe vorherzusagen. Dazu zählen die konjunkturellen wirtschaftlichen Aufschwünge nach Rezessionen, die beginnenden Aufschwünge von stark zunehmender oder Phasen abflachender Inflation.

Natürlich gibt es immer noch Gründe wirtschaftliche Analysen durchzuführen und wahrscheinliche Bandbreiten wirtschaftlicher Entwicklungen aufzuzeigen. *Problemstellungen* treten dann auf, wenn versucht wird Langzeitanalysen mit kurzfristigen Marktprognosen zu verknüpfen. In jedem Fall basieren Wirtschafts- oder Marktprognosen unweigerlich auf einer Reihe von zugrunde liegenden Annahmen, von denen jede durch unvorhersehbare Ereignisse in „*Mitleidenschaft*" gezogen werden kann. Nichts ist im Hinblick auf wirtschaftliche Entwicklungen wirklich konstant, weshalb Prognosen ein so hart verdientes „*Brot*" sind.

Beispielsweise prognostizierten eine große Anzahl von Ökonomen und andere vermeintliche Experten (Medien, Newsletter u.Ä.) nach dem Aktienmarktcrash im Oktober 1987 (viele Börsen brachen weltweit innerhalb eines Tages um mehrere Prozentpunkte ein; so auch der US-amerikanische Dow Jones um 22,6 Prozent) einen starken Abschwung der Konjunktur, ähnlich dem konjunkturellen Einbruch nach dem Aktienmarktcrash von 1929. Dies stellte sich jedoch als falsch heraus. Im Gegensatz zu vorherrschenden Auffassungen, wuchs im letzten Quartal von 1987 die Wirtschaft wieder kräftig. Genauso wenig wie vermeintliche Experten, Medien, Kommentatoren, Finanznachrichten und Newsletter mit den *Folgeerscheinungen* des aufgezeigten *Crashs* richtig lagen, prognostizierten diese ebenso den eigentlichen Aktienmarkteinbruch im Oktober 1987 nicht korrekt.

Jedes Jahr aufs Neue zeigt sich, dass selbst angesehene Institutionen mit ihren Prognosen falsch liegen – so auch Anfang 2016 die *Royal Bank of Scotland.* Deren Kunden wurden in einem Analyse-Bericht aufgefordert alles zu verkaufen, da schwierige Zeiten an den Finanz- und Kapitalmärkten bevorstünden. Hätten sich Anleger und Investoren an die Empfehlung der *Royal Bank of Scotland* gehalten, so wären ihnen erhebliche Vermögenssteigerungen entgangen. Die globalen Aktienmärkte erzielten in der Folge durchwegs ansehnliche Renditen. In der Tat betrug die kumulative Rendite der Aktienmärkte von 2016 bis 2019, gemessen am MSCI World Index, mehr als 40 Prozent. In Zeiten eines niedrigen Zinsumfelds hätte man so Anleger und Investoren um eindrucksvolle Renditen *„beraubt".*

Ende 2018 meldete sich ein angesehener Wirtschaftsexperte auf CNN (Cable News Network – ein amerikanischer TV-Sender) und argumentierte, dass 2019 ein Krisenjahr für die Börsen werden wird. Der weltweit erstarkende *Populismus* mit seinen simplen Lösungen würde demnach in entwickelnden Ländern zu einem Abschwung an den Finanz- und Kapitalmärkten führen. Die angestellten Argumentationen schienen glaubhaft und durchdacht, jedoch wurden die aufmerksamen Leser enttäuscht. Die globalen Aktienmärkte legten weltweit 10, 20 und mehr Prozent zu. Sie sehen, Medien, Zeitschriften und Magazine publizieren genau das Gegenteil von dem das eigentlich richtig ist und sind nicht dafür bekannt, sich langweiligen *„Storys"* oder schlicht und einfach den Tatsachen zu widmen. In einer Welt, in welcher *„Fake News"* (unglaubwürdige und nicht der Wahrheit entsprechende Nachrichten) aktueller denn je sind, wird der Ruf nach seriösen Berichten laut, welche sich den Fakten widmen und für den Leser von Nutzen sind.

—

✓ XI – Kaufen Sie nicht in der Hoffnung auf morgen

Das Wichtigste ist nicht die Zukunft zu kennen – am wichtigsten ist, zu wissen, wie man angemessen auf Informationen reagiert, die zum jeweiligen Zeitpunkt verfügbar sind.

– Ray Dalio

Den Ausführungen ist in erster Linie eines zu entnehmen: Prognosen sind schwierig, vor allem wenn sie die Zukunft betreffen. Dabei werden Prognosen an den „*Mann*" gebracht, *(1)* im Wissen um deren mangelnder Verwertbarkeit (bewusst) oder *(2)* die Verkäufer dieser Vorhersagen glauben wirklich daran (unbewusst – es mangelt folglich an nötigen Kenntnissen). Letztendlich muss es sich gut verkaufen und das ist es was zählt. Marktvorhersagen sind allgemein ebenso sinnlos und unglaubwürdig, wie der Verkauf von Fonds oder anderen Produkten durch Vermögensberater und Investmentmanager, die Ihnen „*weismachen*" wollen, sie hätten eine Strategie im Angebot, wie man Marktkorrekturen und Börseneinbrüche vermeidet oder umgeht. Unterm Strich verursacht das lediglich Mehrkosten für Sie. Dabei handelt es sich um nichts anderes als eine Market-Timing-Strategie, welche gerne unter verschiedenen Deckmänteln, wie „*dynamische Asset-Allokation*", „*Rotations-Strategie*", „*Golden-Hedge*", „*Absolute-Return*", „*dynamische Asset-Allokation*", „*Rotations-Strategie*" oder ähnlichem verkauft wird. Kurzfristig ist es völlig unmöglich vorherzusagen, wann die Märkte fallen werden. Märkte sind *volatil*: Sie schwanken mit der Zeit auf und ab – sind aber nicht gänzlich zufällig. Die Schwierigkeit besteht darin die Ein- und Ausstiegszeitpunkte korrekt „*festzunageln*" und dies immer wieder zum richtigen Zeitpunkt zu tun. Es mag verführerisch sein dies zu versuchen, da damit hohe Belohnungen einhergehen. Für die überwiegende Anzahl der Börsenteilnehmer führt dies jedoch zu bösen Überraschungen. Diese Form des aktiven Investierens mündet in unterdurchschnittlichen Renditen, da *Einstiegskurse*, *Zinsen*, *Dividenden* und *Verkaufskurse* von vielen Unsicherheitsfaktoren abhängig sind.

Da Medien, Marktkommentatoren und vermeintliche Börsenexperten mit ihren Prognosen in der überwiegenden Mehrzahl der Fälle falsch liegen, haben Sie dies bei Ihren Investmententscheidungen zu berücksichtigen. Es gibt folglich eine zuverlässigere und einfachere Möglichkeit, Investitionsentscheidungen zu treffen, die nicht auf mutmaßlichen Prognosen beruhen. Sie basieren stattdessen auf langfristig historischen Daten über die Renditen an den Finanz- und Kapitalmärkten (u.a. der Aktien- und Rentenmärkte). Sie zeigen, dass Aktien über längere Zeiträume besser abschneiden als Anleihen, aber dass Aktien weitaus volatiler (schwankender) sind als Anleihen. Sowohl Aktien als auch Anleihen zu halten ist sinnvoll, da diese wechselseitig *„harmonieren"*. Unter Einbezug anderer Anlageklassen, kann eine breitere Risikostreuung vorgenommen werden.

Es ist wahr, dass sich die Geschichte nicht wiederholt. Es ist aber auch wahr, dass sich die Geschichte an den Finanz- und Kapitalmärkten ähnlich ist (sie *„reimt"* sich). Marktkorrekturen, Börsenkrisen und -einbrüche hat es immer schon gegeben und diese werden auch immer wiederkehren. Im Durchschnitt ziehen an den Finanz- und Kapitalmärkten alle 4 bis 6 Jahre *„Gewitterwolken"* auf. Das ist ganz normal und das Wissen um die langfristig positiven Renditen an den Börsen sollte Sie beruhigen. Es kann Ihnen jedoch niemand vorhersagen, wann diese Korrekturen wieder eintreten werden, wie hoch sie sein werden und wann sich die Börsen wieder erholen. Was man jedoch sagen kann, ist, dass auf jeden Börsenabschwung wieder eine Erholung folgte. Jedes Mal und ohne Ausnahme. Die Erfahrung hat dabei auch gezeigt, dass *Diversifizierung* schützt und Risiken abfedert. Wenn Sie hohe Renditen erzielen wollen, bei gleichzeitiger Kontrolle des Risikos, kommen Sie um den Wert der *Risikostreuung* nicht herum.

√ Prinzip XII: Trauen Sie glaubhaften Analysen und Beratern – hüten Sie sich vor vermeintlich sicheren Anlageklassen

Investmentmöglichkeiten ändern sich über langfristige Zeiträume. Sie möchten einen Piloten, der auch bei Wetteränderungen fliegen kann.

– Shelby White

Fokussieren auf das was wir wissen

Wie bereits erläutert wurde, ist es für den langfristigen Vermögensaufbau sehr klug, in den *Aktienmärkten* investiert zu sein (und dies, wie wir bereits gehört haben, breit gestreut und unter Berücksichtigung von *„Rebalancing"* usw...). Der Grund dafür ist relativ simpel: Über einen langfristigen Zeitraum sind die Aktienmärkte gestiegen und das eine ganze Menge (im Durchschnitt an die 8 Prozent pro Jahr). Anleger und Investoren haben sich jedoch daran zu gewöhnen, dass diese Renditen nicht einen linearen, stressfreien und reibungslosen Verlauf nehmen. Jahren mit hohen Renditen können Jahre mit niedrigen Renditen folgen. Der langfristige Anleger weiß um diese Schwankungen Bescheid, wird dafür *„belohnt"* und trägt so seine *„Früchte"* in Form von durchschnittlichen 8 Prozent an Rendite pro Jahr davon.

Sie können folglich davon ausgehen, dass Aktien langfristig höhere Renditen erzielen als sicherere (*weniger schwankende*) Vermögenswerte, aber niemand kann dies garantieren. An den Finanz- und Kapitalmärkten gibt es generell keine Gewissheit. <u>Kurzfristig</u> können Aktien starken Schwankungen unterliegen, folglich sollten Sie <u>kurzfristig</u> nicht viel Geld in Aktien stecken. Im *Umkehrschluss* bedeutet dies, wenn Sie einen sehr langen Zeithorizont haben und Ihr Vermögen dazwischen nicht benötigen, können Sie eine langfristige Perspektive einnehmen und so an attraktiven Renditen teilhaben.

Die Lücke zwischen der erwarteten Aktienrendite und dem, was Sie erhalten würden, wenn Sie Ihr Geld in Spareinlagen (sichere Alternative) belassen, wird als Aktienrisikoprämie bezeichnet. Dies ist die *„Prämie"*, die Sie für das *Aktienrisiko* erhalten. Sie setzen im Wesentlichen darauf, dass Aktien über einen sehr langen Zeitraum bessere Resultate erbringen. Wenn Sie jedoch die *Auf* und *Abs* an den Finanz- und Kapitalmärkten nicht ertragen können, sollten Sie nicht zu viel in Aktien investieren. Demnach empfiehlt sich eine Hinzunahme von anderen *Anlageklassen*, wie beispielsweise Anleihen oder Rohstoffen.

Die bereits aufgezeigte Festlegung eines Investment-Plans und eine angepasste Aufteilung des jeweiligen Investment-Portfolios (mittels der unterschiedlichen *Anlageklassen*; bei geringen Kosten und Steuern) sind nicht nur wesentliche Eckpfeiler bei der Anpassung an die individuellen Umstände der Anleger und wichtig für den materiellen Wohlstand der jeweiligen Investoren, sondern können allgemein zu einer höheren Lebenszufriedenheit und -qualität beitragen. *Aktienrisiken* können vor allem kurzfristig schmerzhaft sein. Folglich gilt es sich darauf zu fokussieren, was Sie wissen und nachhaltig dem Erfolg dienlich ist. Und das ist, wie bereits erläutert, einen langfristigen Investitionsansatz zu favorisieren, günstiges Nachkaufen, „*Rebalancing*" und passives Investieren. Wesentlich dabei auch: Das Unwesentliche („*Lärm*", „*Fake News*") an den Märkten zu ignorieren, richtig zu filtern und ein disziplinierter, geduldiger und langfristiger Investor zu sein, welcher auch in unruhigen Zeiten an seinen durchdachten Plänen festhält. Um *Fehler* und *Risiken* zu vermeiden bzw. dieser „*Herr*" zu werden, ist es manchmal notwendig einen Schritt zurück zu machen, einen kühlen Kopf zu bewahren und die angeführten Verhaltensweisen (*Verzerrungen*) zu identifizieren, um sich an die erläuterten Prinzipien entsprechend halten zu können.

Herausragende Investment-Resultate durch eine optimale Aufteilung der Anlageklassen erreichen

Wie bereits erläutert wurde, hat die Aufteilung der Vermögenswerte auf die unterschiedlichen Anlageklassen sowohl auf die kurzfristigen als auch langfristigen Ziele Ihres Portfolios abgestimmt zu sein. Die Vermögensaufteilung ist letztendlich für über 90 Prozent der Renditen verantwortlich. Dabei stellt sich die Frage, wie eine Zusammenstellung aus Aktien und konservativeren Anlagen, beispielsweise hochwertige Anleihen, Geldmarktfonds u.ä., aussehen sollte?

Die daraus resultierenden Erfahrungen und Beobachtungen zeigen, je länger Ihr Zeithorizont ist, desto höher die Wahrscheinlichkeit für nachhaltige wirtschaftliche Erträge. Es sind jedoch nicht die einzelnen Strategien der Anlageklassen (beispielsweise bei Aktien oder Anleihen – wie Wachstumsstrategien oder werthaltige Strategien) oder einzelne spezifische Wertpapiere, Aktien oder Fonds für nachhaltige Leistungen verantwortlich. Dieses „*Timing*" macht die Selektion geeigneter Aktien für aktive Manager und Fonds so schwer. Niemand weiß, ob die hohen Gewinnerwartungen, welche die Spekulationen zusätzlich anfachen, erfüllt werden können und wie lange sich die neuen Höchststände der Aktien fortsetzen. Hinzu kommt die Ungewissheit gesellschaftspolitischer und geopolitischer Ereignisse. Der Preis der Rohstoffe, demographische Entwicklungen und das Konsumverhalten sind zusätzliche Unsicherheitsfaktoren, um nur einige wenige aufzuzählen. Dies alles verweist auf die Vorteile des passiven Investierens, welches zwar ebenso nicht erlaubt in die Zukunft zu blicken, jedoch einen guten Ausgangspunkt darstellt, um Risiken zu minimieren und am zukünftigen Wachstum zu partizipieren. Die *Diversifikation* (Risikostreuung durch das Halten einer Vielzahl von Aktien), welche durch passives Investieren ermöglicht wird, verhilft uns jedoch am Wachstum aufstrebender Sektoren teilzuhaben, ohne auf einzelne Aktien setzten zu müssen, welche ihre Erwartungen zumeist ohnehin nicht erfüllen. Gerade hier wird eine Reihe von Fehlern der Anleger begangen. Vergessen Sie den Versuch, die nächste hochfliegende oder wachstumsgetriebene Aktie zu kaufen und außerordentlich gutlaufende Investmentfonds zu erwerben. Der Weg zum Erfolg kann hingegen einfacher sein, nämlich nicht nur durch eine breite Streuung und die richtigen Anlageklassen, sondern auch durch die Vermeidung von aktiven Anlageprodukten.

Renditen steigern – unter Vorbehalt

Menschen fragen mich häufig, wie es an den Finanz- und Kapitalmärkten weitergehen wird. Ich teile ihnen dann mit, dass man dies kurzfristig nicht sagen kann. Meist schauen sie mich enttäuscht an, da sie mit einer aufregenderen Antwort gerechnet hätten. Man kann mit Marktvorhersagen (Market-Timing) vielleicht mehr Aufmerksamkeit auf sich ziehen und schneller Klienten gewinnen. Nachhaltig sinnvoll ist dies aber nicht – dabei wird gerade diese Art der Fehlinformation von der Finanzindustrie, wie in keinem anderen Sektor der Wirtschaft *honoriert*. Was man jedoch sagen kann, ist, dass noch auf jeden *Bärenmarkt* ein *Bullenmarkt* folgte und auf jeden Kurssturz wieder eine Erholung. Und so verhält es sich an den Finanz- und Kapitalmärkten schon seit Jahrhunderten. Letztendlich sind es robuste Geschäftsmodelle der Unternehmen und die daraus resultierenden Gewinne, die dafür verantwortlich sind, dass die Wirtschaft wieder auf die Beine findet. Und das tut sie auch. Jedes Mal. Das ist den meisten Anlegern und Investoren jedoch nicht bewusst. Viele Menschen kommen an die Börse, da sie ihr Glück versuchen wollen. Tatsächlich sollten sie dann jedoch besser gleich in Spielstätten oder Casinos gehen. Um an den Märkten erfolgreich zu sein, braucht es vor allem Disziplin, an welcher Sie und Ihr Finanzberater in jeglichen Umfeldern (Bullen- und Bärenmärkten) festzuhalten haben. Dies hilft Ihnen nicht nur finanziell, sondern bereitet Ihnen auch weniger Stress und steigert so Ihre allgemeine Lebensqualität.

Erfolg bedingt zusätzlich sich bewusst zu sein, warum Aktienmärkte steigen (oder fallen) und welche Faktoren dafür verantwortlich sind. Der einfachste Weg die *Gesamt-Rendite* Ihres Portfolios zu steigern ist die Erhöhung des Aktienanteils. Das würde die zu erwartenden Resultate für Ihre Vermögens-werte erhöhen. Jedoch ist dies vor dem Hintergrund etwaiger *Risiken* zu beleuchten. So können dennoch unterdurchschnittliche Renditen erzielt werden, wenn Sie auf einzelne (*schlechte*) Aktien setzen – sprich aktiv investieren. Dem kann allerdings durch passives Investieren (breite Streuung mittels Indizes) entgegengewirkt werden. Es wurde bereits darauf verwiesen, dass passives Investieren nicht lediglich zu durchschnittlichen Renditen führt, sondern überdurchschnittliche Leistungen und Anlageerfolge damit erzielt werden. Es sind damit bessere Renditen als mit 96 Prozent der übrigen aktiven Fonds zu erwirtschaften und es ist ein Renditevorsprung von durchschnittlich 4,6 Prozent pro Jahr zu erzielen. Diese Zahlen veranschaulichen, dass damit eben nicht durchschnittliche Resultate erwirtschaftet werden. Schon eine einfache Rechnung erklärt, dass aktive Manager (seien dies Investmentfonds, Hedgefonds oder ähnliche) nach Gebühren, Transaktionskosten und Steuern unterdurchschnittliche Renditen erzielen müssen. Ein weiteres *Risiko* besteht darin, dass es keine Garantien dafür gibt, dass Aktien auch in Zukunft bessere Resultate als konservativere Anlageklassen (wie Anleihen) erzielen werden. Die höheren Schwankungsbreiten von Aktien sprechen zwar für höhere zukünftige Renditen dieser Anlageklasse. Dies ist jedoch nicht garantiert und wäre dies so, wäre kein Risiko damit verbunden. Folglich sei noch auf ein drittes *Risiko* hingewiesen: Die Erhöhung der Aktienquote bringt mit sich, dass es für den einzelnen Anleger und Investor schwer sein kann, die leidvolle Erfahrung von Abschwüngen (*Bärenmärkten*) an den Finanz- und Kapital-märkten angemessen zu verkraften. Wenn Ihr Portfolio *vollständig* aus Aktien besteht, können Sie ebenso nicht von Umschichtungen Ihrer Vermögenswerte profitieren. Wenn es zu Einbrüchen an den Börsen kommt und Sie Anleihen besitzen, so können Sie jedoch Ihre Aktienquote erhöhen und Anleihen etwas zurückfahren. Die Erfahrung zeigt, dass der Anteil anderer Anlageklassen (zusätzlich zu Aktien) das Risiko senkt und die Renditen des gesamten Portfolios lediglich etwas beeinträchtigt. Dies hilft Ihnen nicht nur von günstigen Nachkaufmöglichkeiten Gebrauch zu machen, sondern auch während Marktabschwüngen keine (*psychologischen*) Fehler zu begehen (auf *Verhaltensverzerrungen* wurde bereits hingewiesen). Bedenken Sie jedoch, dass Sie keine aktienähnlichen Renditen von Anleihen mit bester Bonität oder anderen konservativeren Investments erwarten können. Rufen Sie sich immer in Erinnerung, dass die Aufteilung Ihrer Vermögenswerte auf die unterschiedlichen Anlageklassen weitreichende Auswirkungen auf Ihre zu erwartenden Renditen hat.

Sach-, Realwerte und Immobilien

Wir haben über alle in diesem Buch enthaltenen Prinzipien hinweg Investments, Investmentstrategien und deren Ausgestaltungs-Varianten in den Mittelpunkt gestellt. Immobilien, Sach-, Realwerte, Rohstoffe und die Anschaffung eines Eigenheims sind gesondert zu betrachten.

Finanzskandale und erlittene Vertrauensverluste auf nationaler und internationaler Ebene tragen zu einer allgemein gedämpften Stimmung unter Anlegern und Investoren bei. Dabei zeigt sich, dass im historischen Vergleich Investitionen in Wertpapiere (Aktien, Anleihen u.Ä.) die beste Möglichkeit darstellten, um Kapital und Vermögen langfristig zu schützen, zu mehren und nachhaltiges Wachstum sicherzustellen. Unternehmen erzielen in ihrer Gesamtheit als Gruppe (Aktienindizes) erstaunliche Erträge und zahlen ebenso Dividenden an ihre Besitzer. Dies ist auch dem langfristigen Wachstum unserer Wirtschaft zu verdanken.

Es stimmt, dass Unternehmen (so auch Aktien) immer wieder scheitern und anderen Unternehmen aufgrund eines intensiven Wettbewerbs zum Opfer fallen (jedoch nicht Aktien in der Gesamtheit als Gruppe in Aktienindizes). Es stimmt aber auch, dass Anleger und Investoren sodann in vermeintlich *„sicheren"* Alternativen wie Immobilien, Investmentfonds, Zertifikate oder Hedgefonds Zuflucht suchen, ohne die damit verbundenen Konsequenzen zu berücksichtigen (werden in der Folge näher erläutert). Gleichzeitig gilt es aber zu bedenken, dass in den vergangenen 100 Jahren Anleger und Investoren von Aktien ein Kapitalwachstum von etwa 8 Prozent pro Jahr (vor Inflation) erzielt haben. Keine andere Anlageklasse bzw. Anlageform – ob nun Immobilien, Anleihen, Gold oder Bargeld – bietet ein vergleichbares Renditepotenzial. Es zeigt sich immer wieder, dass auch scheinbar sichere Anlageformen, wie Immobilien zum *„Stillstand"* kommen und von herben Verlusten gekennzeichnet sind. Darüber hinaus sind diese Anlageformen zumeist illiquide. Das heißt, dass Einbrüche und Preisverfälle am Immobilienmarkt dazu führen, dass Immobilien nur mehr schwer oder mit erheblichen Abschlägen zu verkaufen sind (anderes als beispielsweise Aktien, welche ständig ge- oder verkauft werden können).

Aber auch in meinem Freundes- und Bekanntenkreis erlebe ich immer wieder, wie leichtfertig Gelder in Beton „*gegossen*" werden. Wir erleben derzeit (2019/20) eine Situation in Teilen Europas, wo Vermögenswerte in Immobilien gesteckt werden, ohne nähere Überlegungen zu den Bewertungen dieser anzustellen. Zinshäuser, Eigentumswohnungen und andere Immobilien werden um die 1 Prozent Rendite gehandelt (wenn keine weiteren überhitzten Preissteigerungen mehr unterstellt werden). Gemeinhin werden Gelder trotzdem in diese Projekte gesteckt, da man vom scheinbar sicheren „*Betongold*" ausgeht. Dies trotz der Tatsache, dass *(1)* aufgrund der gestiegenen Immobilienpreise die Renditen nicht mit der Inflation mithalten und *(2)* die Erträge auch nicht mit Hebel (Einsatz von Kredit) gesteigert werden können, da die wirtschaftlichen Renditen unterhalb der Kreditzinsen liegen (geht man von keinen überhitzten Preissteigerungen der Vergangenheit aus). Anleger und Investoren können solche *Fehler* und *Risiken* vermeiden und dabei kein ansehnliches Geld auf der Straße liegen lassen, indem sie **Opportunitätskosten** berücksichtigen („*Kosten entgangener Gewinne*" – gerade das tun sie jedoch zumeist nicht – diese wurden bereits erläutert). Hinterlassenschaften werden übernommen, Unternehmen veräußert, erarbeitete Vermögenswerte angespart, jedoch wird die Möglichkeit des Vergleiches zwischen den Veranlagungsformen nicht entsprechend wahrgenommen. Werden diese Gelder dann fehlerhaft veranlagt (u.a. aufgrund der vorherrschenden zu hohen Bewertungen von Immobilien, welche zu weiterführend geringeren Renditen führen; Kosten in Form der Illiquidität von Immobilien können ebenso angeführt werden), sind dies die „*Kosten entgangener Gewinne*" für Anleger und Investoren.

Der Besitz einer eigenen Immobilie stellt für viele Menschen eine der größten Investitionen in ihrem Leben dar. Mitunter kann diese Sicherheit und einen gewissen Stolz für denjenigen bieten, der diese sein Eigen nennt. Jedoch ist ein Haus kein eigentlicher Teil der Wirtschaft. Ein Eigenheim bietet keine Einnahmen, wie beispielsweise Unternehmen, wenn Sie es nicht gerade an jemand anderen vermieten. Es stellt keine Dienstleistungen oder Produkte der Gesellschaft zur Verfügung und verursacht Kosten in Form von Erhaltung der Immobilie, Verbesserungsmaßnahmen und Steuern. Selbst angesichts der anzutreffenden Preisschwankungen und hoher Verschuldungsraten auf dem Immobilienmarkt sind viele Leute davon überzeugt, dass der Kauf eines Eigenheims die beste Investition darstellt, welche sie tätigen können. Tatsächlich sind Immobilien und Eigenheime so beliebt, dass Menschen, die das Pensionsalter erreichen, in der Regel die Hälfte ihrer Vermögenswerte in Realwerte veranlagt haben. Wenn Sie sich jedoch mit den Zahlen befassen, stellen Sie fest, dass Häuser normalerweise keine großartige Möglichkeit sind, um Geld zu verdienen. Aber verzweifeln Sie nicht: Sie können immer noch eine gute Investition sein. Erwarten Sie keine beeindruckenden Preissteigerungen von Ihrem Haus, insbesondere wenn Sie die hohen Kosten für Wohneigentum berücksichtigen.

In Zeiten hoher Inflation können Sach-, Realwerte und Immobilien ein lohnendes Investment darstellen, wohingegen finanzielle Vermögenswerte zumeist magere Renditen erzielen. Berücksichtigt man Kaufkraftverluste für diese harten Vermögenswerte über einen langen Zeitraum, fallen die Renditen allerdings bescheiden aus. Da jedoch harte Vermögenswerte ihren Wert im Verhältnis zur Inflation sehr gut erhalten können, tendieren Anleger dazu, in Zeiten rasch steigender Verbraucherpreise zu ihnen zu strömen. Auf lange Sicht steigt der Wert Ihres Eigenheims um durchschnittlich etwa 2 Prozentpunkte höher pro Jahr als die Inflation (hier muss differenziert werden welche Art der Immobilie und nach der jeweiligen Region – städtischer oder ländlicher Raum). Wenn die Inflation in den nächsten 7 Jahren bei 2 Prozent pro Jahr liegt, können Sie vernünftigerweise damit rechnen, 2 Prozent nach Abzug der Inflation zu verdienen. Dies mag mager erscheinen, ist jedoch Realität und steht damit in Verbindung, dass hohe Ausgaben und große Renovierungsarbeiten keine wirklichen Investitionen darstellen, sondern Aufwendungen. Das ist auch völlig gerechtfertigt, wenn Sie Freude an den Verbesserungen Ihrer Immobilie haben. Aber investieren Sie keine Vermögenswerte für zusätzliche Überarbeitungen des Ist-Zustandes Ihrer Immobilie im Glauben, dass dies ein gutes Investment darstellt. Das ist in der überwiegenden Mehrzahl der Fälle nicht so. Der wesentliche Grund, warum der Wert Ihres Eigenheims schneller steigt als die Inflation, sind nicht von Ihnen durchgeführte Verbesserungsmaßnahmen an Ihrer Immobile, sondern die Wertsteigerungen Ihres Grund und Bodens. Ländereien und Grundstücke sind begrenzt und eine wachsende an Wohlstand gewinnende Bevölkerung verspürt den Wunsch Immobilien Ihr Eigen zu nennen. Zusammengenommen resultiert dies darin, mit Immobilien Kaufkraftverlusten vorzubeugen und tendenziell etwas höhere Wertsteigerungen als die Inflation zu erzielen.

Immobilien, Sachwerte, Betongold, oder wie immer man es auch nennen möchte, sind „*greifbar*". Die Schwankungen nimmt man also nicht so stark wahr, wie beispielsweise bei Aktien oder Anleihen. Es ist jedoch eine falsche Annahme, dass Immobilien sicherer seien als andere Anlagen. Viele glauben, das Reihenhaus um den „*Speckgürtel*" großer Städte sei sicherer als Staatsanleihen von Staaten mit hoher Bonität. Das hat mit der Realität nichts zu tun und ist absurd. Man hat vielleicht einen Bezug zur Stadt, jedoch sind viele reale Risiken vorhanden. So z.B. Immobilienbetrug, der real vorhanden ist. Habe ich die jeweilige Immobile wirklich gekauft? Habe ich die richtigen Verträge unterschrieben? Sind Erdbeben versichert? Wie steht es um immer wiederkehrende Immobilienkrisen? Leerstand von Immobilien? Gibt es technische Probleme, wie beispielsweise Baustatik-Probleme? Baufertigstellungsrisiken? Die Immobilie kann abbrennen nur um dann festzustellen, dass gar keine Versicherung vorhanden gewesen ist. Häufig werden Risiken auch nicht gestreut und man setzt alles auf eine Karte mit Immobilien (darüber hinaus hängt der Wert von Immobilien außerordentlich stark von der Bevölkerungsentwicklung, der Inflation und der gesetzlichen Gestaltung des Mietrechts ab). Die Beimischung von Sach- bzw. Realwerten und Immobilien betreffend Ihres frei verfügbaren Vermögens oder in Ihrem Portfolio kann dennoch bedeutender Bestandteil sein, soll Kaufkraftverlusten vorgebeugt werden. Sinnvoll für die Anleger kann es sein, mittels passiver Indizes (ETFs) in Immobilien oder Rohstoffe zu investieren. Neben einer breiteren *Diversifikation*, die mit diesen Vermögensklassen erreicht werden kann, ist auf den potenziellen Schutz vor unerwarteten wirtschaftlichen Umfeldern (Zeiten hoher *Inflation*) zu verweisen.

Arbeiten mit den richtigen Investmentberatern

Die Wahl einer geeigneten Vermögensveranlagung und Anlagestrategie kann Anleger vor Herausforderungen stellen. Einen guten Investmentberater auf seiner Seite zu haben, birgt viele Vorteile in sich. Schon geringe Verbesserungen auf Seiten der Veranlagungsstrategie können sich enorm positiv auf Nachsteuererträge auswirken. Es sollte bei der Auswahl eines Vermögensberaters jedoch unbedingt auf dessen freie und ungebundene Handlungsweisen (Unabhängigkeit) geachtet werden. Die Anreizgestaltung im wirtschaftlichen Zusammenleben stellt einen ausschlaggebenden Punkt für den Erfolg dar (in jeglicher Form der Zusammenarbeit), wird aber dennoch häufig nicht beachtet. Vermögensberater und Klienten sind häufig nicht an die gleichen finanziellen Zielsetzungen gebunden. Dabei zeigen Studien, dass eine angemessene *Anreizgestaltung* (sprich wenn Investmentberater, Vermögensverwalter und Klient im selben „*Boot*" sitzen) bessere Leistungen erzielt. Das Unternehmen des Investmentberaters sollte keine eigenen Investment-Produkte (beispielsweise aktive Fonds) den Anlegern oder Investoren anbieten oder verkaufen (oder wenn dann lediglich sehr selektiv). Ebenso ist auf die Kompetenz und das Ausbildungsniveau des Beraters zu achten. Neben den erläuterten Unabhängigkeitserfordernissen ist es wichtig, das Konzept des Investmentberaters und seiner Firma zu verstehen, sodass er Ihnen und Ihrer Familie zur Erreichung Ihrer Ziele verhilft und Ihre Veranlagungen durch eine kontinuierliche Betreuung bessere Leistungen erzielen. Dabei kann eine partnerschaftliche Zusammenarbeit gerade in schwierigen Phasen (beispielsweise Ableben u.Ä.) eine Stütze für Sie, Ihre Familie oder Institution sein.

In den vielen Jahren, in denen ich mich auf dem Feld der Geldanlage und des Investierens bewege, bin ich immer wieder dubiosen Akteuren, Kollegen, Freunden und Bekannten begegnet, welchen misslungene Vermögensveranlagungen widerfuhren und deren Portfolio sich sprichwörtlich in „*Luft*" auflöste. Einen Berater an seiner Seite zu haben, welcher die Interessen der Klienten in den Vordergrund stellt, kann dabei als *Segen* für die betroffenen

Anleger und Investoren gewertet werden. Die Vermeidung von Anlageberatern und Vermögensverwaltern, die hauseigene Fonds absetzen, provisionspflichtige Produkte vertreiben oder solche, die unsinnige aktive Strategien forcieren, zu welchen auch *Market-Timing* zu zählen ist, gilt als essenziell, soll Vermögen langfristig gemehrt werden.

Anlageberater und Vermögensverwalter mit einem glasklaren Verständnis ihres Berufsethos können mittels kontinuierlicher Beratung Ihnen und auch Ihrer Familie auf Basis Ihrer individuellen Lebensumstände ein optimales Portfolio konzipieren und zu besseren finanziellen Entscheidungen, einem höheren materiellen Wohlstand und damit einer erhöhten Lebenszufriedenheit und -qualität beitragen.

Nicht wenige Vermögensverwalter und Investmentberater offerieren jedoch Produkte, in welche sie selbst nie investieren würden. Oder sie verkaufen Dinge, von welchen sie selber nicht wissen, wie sie eigentlich funktionieren. Folglich ist es wichtig sich zu vergewissern, ob die angebotenen Dienstleistungen und Produkte für einen selbst Sinn machen. Leider ist die Finanzindustrie sehr undurchsichtig und voller dubioser Akteure. Es ist wie in anderen Branchen auch, sobald jemand Lust verspürt etwas zu kaufen, ist jemand da es jemand anderem zu verkaufen. Dabei ist auch bei freien und ungebundenen Vermögensberatern Vorsicht geboten, da auch diese vor solchen Praktiken nicht zurückschrecken. Es ist einfach jemandem zu sagen, nur an Marktaufschwüngen zu partizipieren und nicht an Kursverlusten. Dies wird dann in den unterschiedlichsten Begriffen verpackt (*„Absicherung"*, *„Absolute-Return"* u.Ä.) und an die Frau oder den Mann gebracht. Fachlich kompetente Investmentberater wissen, dass dies nicht möglich ist, weisen die Klienten darauf hin und verkaufen dies nicht.

Nicht selten sind, wie in jeder anderen Branche auch, Interessenkonflikte in der Finanzindustrie anzutreffen. Aufgrund ihrer Undurchsichtigkeit kann die Finanzbranche sehr verwirrend für Außenstehende sein. Dies macht es für Vermögensberater leicht, nicht im besten Interesse für jemanden zu handeln.

Kunden wechseln häufig ihre Anlage- und Investmentberater aufgrund der ungenügenden Zufriedenheit mit der Beratertätigkeit, der mangelnden Aufmerksamkeit, die man ihnen schenkt oder weil man ihren Wünschen schlichtweg nicht entspricht. Noch schlimmer ist, wenn die gewünschten Resultate ausbleiben oder ein erheblicher Teil der Vermögenswerte der Kunden – entgegen deren Zielsetzungen – unnötigen Risiken ausgesetzt wird und der gewünschte Erfolg ausbleibt. Anlegern mag dies auf den ersten Blick nicht auffallen, bei genauerem Hinsehen vielleicht jedoch schon oder aber erst bei mangelnden Leistungen, die ihnen ihre Investmentberater eingebracht haben.

Aufgrund der bereits erläuterten und noch folgenden mangelnden Unabhängigkeitserfordernisse sind Investmentberater häufig nicht auf der Seite ihrer Klienten zu finden. Warum wird sich einer fragen, da es sich doch um Vermögen handelt, welches von erheblichem Interesse sein kann, nicht nur für zukünftige Lebensplanungen, sondern für die gesamte Lebenszufriedenheit der Anleger. Dies steht in Verbindung mit dem Verkauf der Produkte, mangelnder Verpflichtungen das beste Produkt anzubieten oder dem Verkauf von eigenen Fonds bzw. Investment-Produkten – die zumeist nicht die erhofften/ erwarteten Resultate erbringen. Da dies nicht zu Ihrem Vorteil sein kann, ist es besser von solchen Beratern bzw. Unternehmen Abstand zu nehmen.

Im Zuge unserer Veranlagungs- und Nachlassplanungen haben wir viele Situationen vorgefunden, die mit einem kritischen Blick zu betrachten sind. Häufig sind Interessenskonflikte anzutreffen, welche vermeidbar wären, jedoch nicht vermieden werden, da von den betroffenen Menschen oder Familien angeführt wird, es werden die Beratungen und Veranlagungsentscheidungen ohnehin wiederholt überprüft. Das mag sein, jedoch hat man zumeist *(1)* nicht immer die tiefgründigen Einblicke und das Wissen eines Investmentberaters und *(2)* man weiß nicht im Vorfeld, wie lange man selbst bei klarem Verstand ist oder überhaupt, wie sich im Falle des Ablebens (oder persönlicher und familiärer Schicksalsschläge) der Finanzberater verhält. Es sollten folglich keine Anreize vorhanden sein, nicht im besten Interesse eines Menschen oder einer Familie zu handeln.

–

✓ XII – Informationen richtig filtern

Risiken entstehen, wenn Sie nicht wissen was Sie tun.

– Warren Buffett

Es wurde bereits erläutert, dass mit Wertpapieren an den Finanz- und Kapitalmärkten Renditen weit über den jährlichen Kaufkraftverlusten zu erzielen sind. Dabei sind über einen langfristigen Zeitraum die Aktienmärkte gestiegen und das eine ganze Menge. Die jährlichen Zugewinne betragen demnach im Durchschnitt an die 8 Prozent. Anleger und Investoren haben sich jedoch daran zu gewöhnen, dass diesen Renditen Schwankungen unterliegen, sprich keinen stressfreien und reibungslosen Verlauf nehmen. Jahren mit hohen Renditen können Jahre mit niedrigen oder gar negativen Renditen folgen. Es handelt sich hier immer um Durchschnitte und mit Preis- schwankungen nach *oben* oder *unten* und über die Jahre hinweg. Diese Schwankungen können jedoch unter Hinzunahme von konservativeren Anlageklassen wie Anleihen reduziert werden. Neben Aktien und Anleihen zählen Sachwerte (Rohstoffe) und sehr kurzfristige Investments („*Cash*") zu den Anlageklassen. Alle verfügen in unterschiedlichen wirtschaftlichen Umfeldern über gewisse Risiken und Chancen. Durch die Erhöhung des Aktienanteils kann allgemein die *Gesamt-Rendite* Ihres Portfolios gesteigert werden. Jedoch geht dies mit etwaigen *Risiken* einher (u.a. mangelnde Gewissheit, dass Aktien auch in Zukunft bessere Resultate als konservativere Anlageklassen erzielen). Dabei gilt es zu beachten, dass nicht die Selektion bestimmter oder einzelner Anleihen oder Aktien für den Erfolg von Relevanz ist, sondern die *Vermögensaufteilung* letztendlich für den Großteil der Renditen Ihres Portfolios verantwortlich ist. Berücksichtigen Sie bei der Entscheidung, welchen Teil Ihres Portfolios Sie in Aktien veranlagen möchten, wie viel Risiko Sie vernünftigerweise eingehen können – und wie viel an Schwankungsbreite Sie ertragen. Wenn Sie sich dem Ruhestand nähern, möchten Sie gegebenenfalls den Aktienanteil zurückfahren. Dennoch empfiehlt es sich den Aktienmarkt nicht gänzlich zu verlassen, um etwaige Kaufkraftverluste kompensieren zu können. Bedeutend dabei: Versuchen Sie jedes Jahr, das *Gleichgewicht* wieder herzustellen, indem Sie Ihre Aktien, Anleihen, „*harte*" Vermögenswerte (u.a. Sachwerte, Rohstoffe) und andere Geldanlagen wieder in Einklang mit Ihrer ursprünglichen Aufteilung bringen (beispielsweise festgelegt mit Zielprozentsätzen). Die erläuterten Sach-, Realwerte und Immobilien können sinnvoller Bestandteil eines Portfolios sein. Dabei sollte ein Haus zu kaufen nicht unser oberstes Ziel sein. Stattdessen sollte vielmehr der Ruhestand bzw. die Pensionsvorsorge ins Auge gefasst werden. Es kann Sie teuer zu stehen kommen, in den Ruhestand zu gehen und nicht bereits in Ihren 20ern oder 30ern eine bescheidene Summe angespart zu haben. Der erläuterte Zinseszins ist dafür verantwortlich zu machen. Wichtig ist ebenso sich nicht auf Investmentberater zu fokussieren, welche aktive Strategien oder lediglich Renditen verkaufen wollen. Stattdessen sollten solche ins Auge gefasst werden, welche sich auf einen disziplinierten Investment-Ansatz fokussiert haben, der wiederholbar ist und verhaltenswissenschaftliche Fallstricke vermeidet (beispielsweise falsche Handlungen aufgrund von *Angst* und *Gier*).

Zusammenfassend

Es sind stets die am höchsten gewachsenen Blumen auf dem Feld, denen am ehesten der Kopf abgerissen wird.

– Australisches Sprichwort

Durch finanzielle Prinzipien das Leben führen, das wir wollen

Die geschilderten 12 zeitlosen und universellen *Investment-Prinzipien* zeigen vor allem, welche Prinzipien sich über Jahrzehnte an den Kapitalmärkten bewährt haben und wie diese Ihnen dabei helfen, Schutz und Wachstum für Ihre Vermögensveranlagungen und Vermögenswerte sicherzustellen – bei gleichzeitiger Vermeidung von *Fehlern* und *Risiken*.

Dabei gilt es in erster Linie genauer darüber nachzudenken, was wir wollen. Wir stellen uns zumeist vor, dass sich unser Leben zu unseren Gunsten verändern wird, wenn wir die nächste Beförderung gewinnen, ein größeres Eigenheim anschaffen oder sonstige materielle Bedürfnisse befriedigen. Wenn wir uns um das Gegenwärtige kümmern und uns auf das Zukünftige vorbereiten, müssen wir viel genauer darüber nachdenken, wie wir unsere Gelder ausgeben und wie und mit wem wir unsere begrenzte Zeit verbringen. Aber selbst wenn wir all unsere materiellen Wünsche stillen, entgeht uns dabei unser Verlangen nach einer tief sitzenden Befriedigung. Wenn Sie das Bedürfnis verspüren, mehr Zeit mit Freunden und Ihrer Familie zu verbringen, sollten Sie sich vielleicht für ein kleineres Eigenheim entscheiden. Ein Lebensstil mit geringen Ausgaben spart hier nicht nur Geld, sondern auch Zeit. Das bedeutet, dass Sie genauer darüber nachdenken müssen, was Sie wirklich wollen. Sorgen um das Ansehen bzw. den Status verführen Menschen jedoch dazu ein zu großes Haus oder ein zu teures Auto zu kaufen und auf weitere materialistische Dinge Wert zu legen und diese in den Mittelpunkt zu stellen.

Daraus folgt, dass wir uns bemühen sollten sicherzustellen, dass Geld unser Leben verbessert, anstatt uns zum „*Sklaven*" dessen zu machen. Ich sage nicht, dass das einfach ist. Anleger und Investoren haben Schwierigkeiten regelmäßig zu sparen und es fällt uns zumeist schwer rational zu investieren. Finanziell *erfolgreiche* Menschen achten jedoch sehr wohl darauf, dass sich bei der Erhöhung ihres Einkommens nicht ihre Lebensstilkosten im gleichen Maße erhöhen. Sie sind sich der Risiken, unakzeptable Verluste hinnehmen zu müssen, bewusst. Jedoch wissen Sie auch, dass regelmäßiges Ansparen und Investments die Chancen für langfristiges Wachstum sicherstellen.

Turbulente Finanz- und Kapitalmärkte veranlassen uns dazu, panische nicht rationale Entscheidungen zu treffen. Impuls(ver)käufe können folglich unsere Sparpläne zum Scheitern bringen (sei dies an der Börse oder betreffend der Anschaffung von Gütern). Es gibt umsichtige, emotionslose Anlagestrategien. Und da ist die finanzielle Planung, mit der wir leben können und unsere Ziele erreichen. Wenn wir zufriedene Verwalter unseres Geldes sein wollen, müssen wir uns auf Strategien fokussieren, welche uns unseren Zielen näher bringen – und an denen wir auf dem Weg dorthin festhalten werden.

Anstatt Investments nach emotionalen Stimmungslagen oder aufgrund des Bauchgefühls zu kaufen oder zu verkaufen, treffen finanziell erfolgreiche Menschen bewusste Entscheidungen unter Berücksichtigung ihrer langfristigen Ziele und Strategien. Sie glauben daran einen umfassenden Plan zu erstellen und diesen Plan zu befolgen. Investieren in die neuesten *Trends*, *Modeerscheinungen* oder die *„Jagd"* nach den nächsten *„heißen Tipp"* führt demnach in den seltensten Fällen zum Erfolg. Verständlicherweise ist es nicht immer einfach, Ihre Emotionen in Bezug auf Geld beiseite zu legen.

Finanziell erfolgreiche Menschen spielen nicht mit ihrem Lebensunterhalt. Deshalb präferieren es auch eine große Anzahl von Investoren und Anlegern mit Veranlagungsberatern zusammenzuarbeiten. Mit anderen Worten suchen diese Rat, wie mit großen Veranlagungs- oder Geldentscheidungen um-zugehen ist. Dabei sind es zumeist eher wohlhabende Menschen, Familien und Haushalte, welche es vorziehen Leistungen von Investmentberatern in An-spruch zu nehmen. Viele warten bis sie ein beträchtliches Vermögen angehäuft haben. Es ist jedoch ein Fehler zu glauben, dass nur diejenigen mit hohen Vermögenswerten mit Veranlagungsberatern zusammenarbeiten soll-ten. Kompetente Vermögensberater können einen Plan für Ihren langfristigen

Erfolg ausarbeiten und Ihnen bei Problemstellungen zur Seite stehen. Viele vermögende Menschen ziehen auch schon alleine deshalb jemanden zurate, ganz einfach weil diese viel zu verlieren haben, wenn sie auch nur einen kleinen Fehler begehen. Die Unterstützung sollte dabei von einem vertrauenswürdigen Berater kommen, dessen Aufgabe es ist, Finanzpläne zu erstellen, die sich mitunter auch mit komplizierten Themen wie Steuern, Nachlassplanung und Einkommensverteilung im Ruhestand befassen. Allgemein kann auch sehr viel bei Themen wie Renditen nach Kosten, fortlaufender Beratung bei Erwerbsunfähigkeit oder Tod, Planungsagenden von Angelegenheiten, die vornehmlich nicht Investments berühren und bei laufenden Problemstellungen, bspw. die Familie betreffend, bewirkt werden. Wohlhabende Menschen – das konnte ich immer wieder beobachten – sind eher bereit und es gewohnt, sich dafür Zeit und die entsprechenden Dienstleistungen in Anspruch zu nehmen.

Bei *Planungsagenden* und auch bei *Investments* offenbart sich vor allem eines: Der Schlüssel für erfolgreiches Investieren und Anlegen liegt insbesondere nicht darin begründet die Zukunft vorherzusagen (denken wir an die vielen *Fondsmanger*, *Medien*, *populäre Börsengurus*, *Analysten* und *Experten* – welche alle damit falsch lagen), sondern im Lernen der Vergangenheit und im Verständnis der Gegenwart. Wie auch immer Sie gedenken Ihre Vermögenswerte zu investieren, rufen Sie sich in Erinnerung, die erläuterten *Fehler* und *Risiken* des Investierens nicht zu begehen und halten Sie sich an die erläuterten *Prinzipien*.

Allgemein gilt, dass das Hinzufügen von Anleihen und Bank- und Spareinlagen schlicht und einfach das Risiko Ihres Portfolios reduziert und Entnahmen erleichtert (Sie entnehmen folglich nicht zum schlechtesten Zeitpunkt – nämlich zu Tiefstständen). Dies ist auf deren geringeren Schwankungsbreiten zurückzuführen. *Investments* in *aktiv* gemanagte Aktienfonds (aktives Investieren) führen mit hoher Wahrscheinlichkeit zu geringeren Renditen auf Ihre Vermögenswerte (*passive Investments* sind sinnvoller, da der Gesamtmarkt eine höhere Rendite als *aktive Investments* – oder etwa aktive Fondsmanager – erbringt). Sollen langfristig hohe Rendite erzielt werden, ist ein entsprechender Anteil an Aktien zu halten und gleichzeitig sicherzustellen, dass Sie breit diversifiziert sind (unterschiedliche Anlage-klassen im Portfolio beibehalten). Eine verlässliche Bestandserhaltung und ein nachhaltiges Wachstum des Portfolios können folglich dann am besten erreicht werden, wenn das Verhältnis zwischen den Renditen der Anlage-klassen und den sich entwickelnden wirtschaftlichen Bedingungen berück-sichtigt wird. So kann eine Mischung von Vermögenswerten (*Anlageklassen*) zusammengestellt werden, welche ausgewogen genug ist, um sich mit der Zeit gut zu entwickeln und gleichzeitig vor unakzeptablen Verlusten schützt. Diese Strategie – verbunden mit der Verpflichtung regelmäßig zu sparen, einem langfristigen Zeithorizont, Geduld und Ausdauer – wird Sie zu ausreichendem *Wohlstand* führen.

Dennoch beachten dies die meisten Anleger und Investoren nicht. Bei der Zusammenstellung eines Portfolios begehen sie den Fehler und warten, bis die nächste Korrektur an den Börsen eintritt (sie *„timen"* den Markt) oder handeln ständig mit den falschen Finanzinstrumenten (aktives Handeln). Es stimmt, der nächste Markteinbruch kommt bestimmt, jedoch kann Ihnen niemand sagen, wann das der Fall sein wird [viele glauben dies jedoch (seien dies die Anleger oder die zuvor *genannten* Akteure) und versuchen dennoch den *Markt*/ die *Börse* vorherzusagen]. Die Wahrheit ist jedoch, dass durch diese Prognosen Milliarden von Euros jedes Jahr in den Sand gesetzt werden und es weitaus mehr *Verlierer* als *Gewinner* dadurch gibt (Sie erzielen damit schlechtere Renditen). Anleger und Investoren, welche sich dennoch diesen Versuchungen hingaben und diesen Ratschlägen zuwiderhandelten oder ihre Gelder auf Sparbüchern oder Sparkonten hatten, verpassten enorme Zuwachs-raten ihrer Vermögenswerte. Sie verloren unterm Strich Gelder, obwohl Sie durch die richtige Vermögensaufteilung in den vergangenen Jahren überdurchschnittlich gute reale Kapitalzuwächse verbuchen hätten können.

Ein wichtiger Punkt, welchen ich Ihnen noch auf den Weg mitgeben möchte. Die Generation der *Millennials* (auch *Gerneration Y*) hat es heute besonders schwer. Dabei handelt es sich um jüngere Geburtenjahrgänge, welche wirtschaftliche und gesellschaftspolitische Umstände erleben, die nicht mit jenen der Generation zuvor vergleichbar sind. Einst hoch gehaltene

Arbeitnehmer wurden zu immer mehr zeitlich befristeten Arbeitnehmern verbannt, prekäre Arbeitsverhältnisse, reale Netto-Einkommensverluste und keine Sicherheiten betreffend weiterer zukünftiger Anstellungsverhältnisse stehen an der Tagesordnung. Darüber hinaus kam es über die vergangenen Jahrzehnte zu Einschnitten in das staatliche Pensionssystem und auch Wohnen wird für viele dieser Generation kaum noch leistbar. Dies vor dem Hintergrund, dass wir immer länger leben. Deshalb gilt es auch für die Zukunft zu planen und entsprechend für den Ruhestand vorzusorgen. Damit geht einher, dass Anlegen und Investieren für jeden einzelnen von uns noch an Bedeutung gewinnen wird. Dabei ist zu beachten, dass vergangene und teils immer noch vorherrschende Krisen (Finanzkrise 2007/08, Eurokrise 2010, Coronakrise 2020) nicht den zukünftigen gleichen werden. Dennoch haben sie die Menschen, welche sie erlebt haben, immer noch fest in ihren Köpfen verankert. Denken wir an die *Große Depression* (1929 bis 1933). Viele Anleger und Investoren waren von den Einbrüchen an den Börsen zu dieser Zeit so geschockt, dass sie nicht mehr an den Finanz- und Kapitalmärkten investierten und sich von den Börsen gänzlich zurückzogen. Diese Anleger und Investoren waren es dann, welche am großen Wirtschaftsaufschwung und an den enormen Kurssteigerungen an den Finanz- und Kapitalmärkten nicht teilhatten. Das Problem ist, dass viele Menschen erst gar nicht so weit zurückdenken und in der Folge falsche Entscheidungen treffen. Deshalb ist es wichtig: *(1)* An Ersparnisse zu denken. Warum? Weil diese Sicherheit und Freiheit bedeuten. Sie sollten folglich wissen, wie hoch Ihre Ausgaben und Ihre Vermögenswerte sind, über welche Sie verfügen. Das heißt, sich die Frage zu stellen, wie lange Sie mit diesen Ersparnissen auch ohne weitere Einkommensquellen auskommen würden. *(2)* Ein weiterer wichtiger Punkt ist, wie Sie diese Ersparnisse veranlagen. Von der Perspektive des Risikos, gemessen an den Schwankungen (*Volatilität*), sind Bankeinlagen zu bevorzugen. Bankeinlagen sind jedoch das schlechteste Investment über die Zeit hinweg. Dies können Sie anhand der Inflation und der Erträge nach Steuern leicht feststellen (über die vergangenen Jahrzehnte hätten Sie damit reale Nettoverluste erzielt). Bei 2 oder 3 Prozent Inflation und Erträgen von 1 Prozent pro Jahr und noch zu bezahlenden Steuern, haben Sie ein Problem und erleiden unterm Strich Verluste. Deshalb müssen Sie in andere Vermögensklassen investieren, welche über die Zeit hinweg bessere Erträge erzielen. Ein weiterer wichtiger Aspekt dabei: *Diversifizieren* Sie. Streuen Sie Ihre Risiken, da eine der Vermögensklassen, in welche Sie an den Finanz- und Kapitalmärkten investieren, ziemlich sicher keine guten Erträge erzielen oder gar schlimme Verluste erleiden wird (ähnlich Aktien zwischen 1929 und 1933). Das Problem dabei: Sie werden jedoch im Vorfeld nicht wissen, welche Vermögensklasse Einbußen hinnehmen wird und auch nicht die Höhe dieser. Jedoch können Sie sich davor *schützen*, indem Sie in mehrere Vermögensklassen investieren (Sie diversifizieren) und so gleichzeitig bessere Leistungen erzielen. Wichtig dabei: In unterschiedliche Länder, Währungen und Wertpapiere (u.a. kleine und große Aktien, nationale und internationale) zu investieren, um an entsprechenden Renditen teilhaben zu können. *(3) Schulden* sind ebenso mit Vorsicht zu genießen. Dabei gilt es sich die Frage zu stellen, ob die jeweiligen Schulden sich positiv auf Ihre Ersparnisse auswirken werden und zusätzliche Einnahmen generieren, welche höher sind als die Kosten dieser Verbindlichkeiten (bspw. Kredit). Folglich sollten die mit Schulden finanzierten Vermögenswerte (also aufgeschobene Ersparnisse) zukünftig zu einem höheren Wohlstand für Sie beitragen. Wenn Sie Konsumausgaben mit Schulden finanzieren ist das in der Regel nicht der Fall. Somit gilt es deshalb dies zu vermeiden. *(4)* Auch wenn sich viele darüber erst gar nicht bewusst sind, erliegen die meisten Menschen *Verhaltensverzerrungen*. Das beginnt bereits beim Lesen von Magazinen oder Zeitungen, welche gerade in ihr wirtschaftliches und politisches Bild passen. Gegenteilige Auffassungen werden dabei zumeist durchwegs abgelehnt und solche Ansichten und Meinungen befurwortet, welche ihre derzeitige Einstellung bestätigen. Gerade solche Verhaltensweisen können Sie jedoch davon abhalten, ein besserer Anleger und Investor zu werden. Doch müssen Sie an den Börsen das Gegenteilige tun, was die Masse an den Finanz- und Kapitalmärkten tut und Ihre Instinkte Ihnen sagen. Das heißt, Sie sollten *Käufe* tätigen wenn niemand kaufen möchte und Sie sollten *Verkäufe* tätigen, wenn niemand verkaufen möchte. Dies deshalb, da die Börsen die Meinungen aller Marktteilnehmer bereits reflektieren (die Erwartungen der Anleger und

Investoren sind in den Kursen der Wertpapiere bereits „*eingepreist*"). Die meisten Anleger und Investoren tun gerade dies aber nicht und erleiden so *herbe* Verluste.

Vermeiden Sie deshalb die erläuterten *Fehler* und *Risiken* bei Veranlagungen und Investments und halten Sie an den geschilderten Prinzipien demütig fest. Dieses hört sich auf den ersten Blick etwas irritierend an, dennoch ist es sehr bedeutend für Sie. Es gibt wenig mächtigere Dinge als zu seinen Überzeugungen zu stehen, aber davon abzulassen, wenn diese überholt sind. Dies soll heißen, wenn sich Ihre finanziellen Umstände gewandelt haben, gilt es Veränderungen vorzunehmen, sofern dies notwendig ist. An Ihren grundlegenden Prinzipien und Überzeugungen, sollten sie aber nicht rütteln.

Leben ist mehr als finanzieller Wohlstand

Es wurde bereits erläutert, dass es sich bei der Aussage „die *Reichen werden immer reicher*" nicht immer ganz um die Wahrheit handelt. Blickt man etwas über den Tellerrand hinaus, so sieht man wie schnell Vermögen nach ein paar Generationen wieder weg sein können. Kriege, eine damit einhergehende hohe Inflation, hohe Steuern, politische Umbrüche negative Charaktereigenschaften von Nachkommen und eine falsche Vermögensveranlagung (die Missachtung der in diesem Buch geschilderten Prinzipien) können dafür verantwortlich gemacht werden. Wohlstand und Bedürftigkeit können schneller die Plätze wechseln als man denkt. Dabei gilt es festzuhalten, dass das Fehlen von materiellen Mitteln immer häufiger in entwickelten Ländern anzutreffen ist und auch immer mehr Europäer von Gehaltszettel zu Gehaltszettel leben und über nur sehr wenige Ersparnisse verfügen. Um dem abzuschwören und ein einigermaßen sorgenfreieres Leben zu führen, bedarf es eines durchdachten, sorgsam ausgearbeiteten finanziellen Planes, den es letztendlich auch diszipliniert umzusetzen gilt. Dazu sind Charaktereigenschaften wie Ausdauer und Selbstkontrolle vonnöten und das Wissen um Verhaltensverzerrungen („*Fallstricke*"), die viele von uns erst gar nicht bemerken, jedoch ehe man sich versieht, das Ihre zu mangelnden Resultaten beitragen. Dabei gibt es ausreichende Belege dafür, dass die in diesem Buch angeführten Methodiken und Investment-Ansätze bessere Leistungen (um die 2 bis 4 Prozent pro Jahr) für Sie erzielen können. Dies im Durchschnitt und mit entsprechenden Schwankungen nach oben oder unten und über die Jahre hinweg. Mit genügend Zeit wären wir mit den erläuterten *Prinzipien* und der geschilderten Veranlagungsstrategie vermögend und das mit ziemlich hoher Sicherheit (eine mehrfache Verdoppelung des eingesetzten Kapital wurde aufgezeigt). Die Wahrheit ist jedoch, dass die meisten Menschen keine 100 Jahre zum Investieren haben und häufig die in diesem Buch aufgezeigten *Prinzipien* nicht beachten und so folglich *Fehler* und *Risiken* begehen. Geld mag sich für Anleger als eine unserer knappsten Ressourcen anfühlen, insbesondere wenn wir jung und am Beginn unseres Erwerbslebens stehen. Aber in Wahrheit ist unsere endlichste Ressource die Zeit, das vergessen die meisten Menschen. Auch viele der sehr *klugen*, *umsichtigen* und *fleißigen* Menschen, welchen ich immer wieder begegnet bin, waren sich dessen nicht bewusst. Dabei *verlängert* sich die Zeit für diejenigen, die sie zu nutzen wissen. Viele Menschen wollen nicht denselben *Pfad* einschlagen und nehmen lieber eine Abkürzung. Ich finde, die beste Abkürzung ist der lange Weg, der sich im Grunde aus zwei Worten zusammensetzt: *Hart arbeiten.* Wenn Sie mehr Stunden als jemand anderer arbeiten, lernen Sie in diesen Stunden mehr über *sich selbst* und Ihr *Handwerk*. Das macht Sie effizienter, fähiger und glücklicher – und steigert so Ihre allgemeine Lebensqualität. *Harte Arbeit* ist wie der bereits mehrfach erläuterte *Zinseszins* des Investierens und Sparens. Die *Belohnungen* bauen sich anfangs langsam auf, nehmen aber in der Folge rasant zu. Die meisten der Menschen die ich kennenlernen durfte und dies beachteten häuften beträchtliche Vermögen an, machten zumeist wenige Fehler auf ihren *Wegen* und wenn, dann lernten sie zumindest eine Menge daraus.

Einer der Bausteine des *Glücks* sind starke persönliche Beziehungen. Sinnerfüllte zwischenmenschliche Beziehungen machen uns glücklicher, produktiver und gesünder. Eine Vielzahl von Studien zeigen, dass soziale Beziehungen für die Gesundheit und das Glücksempfinden wichtiger als alles andere um Sie herum sind. Dies zeigt auch die „*Grant and Glueck Study*" der

Harvard Universität, welche bereits seit über 80 Jahren durchgeführt wird. Auch aus dieser geht hervor, dass einem alles Geld der Welt nichts nützt, wenn keine liebevollen Beziehungen vorhanden sind. Kernaussage dieser Studie ist, dass *Glück* und ein *gutes Leben* aus *guten Beziehungen* resultieren. Doch die häufigste Ursache für Beziehungskonflikte oder gar -abbrüche ist der Kampf ums Geld. Geld macht Sie vielleicht nicht glücklich, aber Untersuchungen haben ergeben, dass Sie sehr unglücklich sind, wenn Sie nicht die Kontrolle über Ihre Finanzen haben. Ferner zeigt die Forschung, dass finanzielle Unsicherheit ähnliche Gefühle wie körperliche Folter hervorruft.

Wenn Sie jedoch finanzielle Unsicherheiten überwinden und erste Erfolge erzielen, gilt es sich bewusst zu machen, dass man sich auch als reicher Mensch sehr arm fühlen kann. Es gibt ebenso unter wohlhabenden Menschen, die Vermögenswerte im Überfluss haben, „*arme Wichte*". Reichtum kann jedoch ebenso bei armen Menschen vorhanden sein, wie reich an Erfahrung und reich an Begegnungen. Es wurde im vorliegenden Buch bereits darauf verwiesen, dass das regelmäßige Zusammenkommen mit guten Freunden der Gesundheit dienlicher ist als der Besitz materieller Dinge. Das soll uns nicht vergessen lassen, dass Großzügigkeit und Rücksichtnahme in sinnerfüllten Beziehungen wichtiger sind als Geld. Auch hier gilt: Jener mit wenig Besitz, der wenig gibt, kann großzügiger als ein wohlhabender sein, der im Übermaß und noch so viel von seinen Besitztümern gibt. Dabei sollten Sie daran denken, dass manche Menschen der Großzügigkeit mehr Raum in ihren Leben einräumen und andere Besitztümern. In sinnerfüllten Beziehungen ist ersteres (*Großzügigkeit*) wichtiger, weshalb Sie solche Partnerschaften mehr wertschätzen sollten.

Die Frage dreht sich letztendlich darum, ein gutes Leben zu führen und dabei soll im Mittelpunkt stehen, Menschen zu einem erfüllten Leben zu verhelfen. Meine Erfahrungen bestätigen auch, dass man schon reich ist, wenn man etwas *nicht* hat. Wenn Sie jemanden *nichts* schulden, sind Sie bereits reich. Ich kann das aus eigener Erfahrung nur unterstreichen. Wenn Sie abends mit großer Sorge zu Bett gehen, mit Gedanken daran wie Sie Menschen ihr Geld zurückbezahlen und morgens dies immer noch nicht wissen, bereitet das großes Kopfzerbrechen. Verstehen Sie mich nicht falsch, Geld im Überfluss macht nicht glücklich. Schulden und Mangel an Geld jedoch auch nicht. Letztendlich ist es für Sie entscheidend davon so viel zu haben, wie Sie auch benötigen. <u>Dabei gilt es sich in *Erinnerung* zu rufen:</u> Der *reichste* Mensch ist nicht der, der am meisten besitzt, sondern der, der am wenigsten benötigt. Anders ausgedrückt ist nicht der *arm*, der wenig hat, sondern der, der nicht genug bekommen kann. Haben Sie ein bisschen mehr als Sie brauchen und sind Sie dann noch imstande von dem zu teilen, was Sie haben – dann sind Sie dem „*Geheimnis*" des *Glücks* schon sehr nahe gekommen...

Literaturverzeichnis und wichtigste Quellen

Es finden sich in der Folge zumeist Quellen zu Inhalten, welche nicht in Standardlehrbüchern und ähnlicher Literatur zu finden sind.

Abarbanell, J./ Bernard, V. (1992). Tests of Analysts' Overreaction/ Under-reaction to Earnings Information as an Explanation for Anomalous Stock Price Behavior, in: Journal of Finance, 47/ 3/ 1181–1206.

Alexander, M. (2000). Stock Cycles. Why Stocks won't beat Money Markets over the next twenty years. Lincoln: iUniverse.

Altucher, J. (2005). Trade like Warren Buffett. Hoboken: John Wiley & Sons.

Antonacci, G. (2015). Dual Momentum Investing. An Innovative Strategy for Higher Returns with Lower Risk. New York: McGraw-Hill Education Ltd.

APA (2018). Stress in America. Generation Z. American Psychological Association.

Arnold, T./ Earl, J./ North, D. (2007). Are Cover Stories Effective Contrarian Indicators, in: Financial Analysts Journal, Vol. 63, Nr. 2.

Ball, R./ Brown, P. (1968). An Empirical Evaluation of Accounting Income Numbers, in: Journal of Accounting Research, 6/ 2/ 159−178.

Barber, B./ Odean, T. (2000). Trading Is Hazardous to Your Wealth: The Common Stock Investment Performance of Individual Investors, in: The Journal of finance, Vol. 2.

Barberis, N./ Thaler, R. (2002). A Survey of Behavioral Finance, verfügbar unter: http://papers.ssrn.com/sol3/Delivery.cfm/nber_w9222.pdf?abstractid= 332266&mirid=1.

Barrett, A./ Brent B. (2006). Survivor bias and improper measurement. How the mutual fund industry inflates actively managed fund performance. Research Paper, March 2006.

Bauer, R./ Dahlquist, J. (2001). Market Timing and Roulette Wheels, in: Financial Analysts Journal, Vol. 57, No. 1.

Benartzi, S./ Thaler, R. (1995). Myopic Loss Aversion and the Equity Premium Puzzle, in: Quarterly Journal of Economics, 110/ 1/ 73–92.

Berkowitz, S./ Finney, L./ Logue, D. (1988). The Investment Performance of Corporate Pension Plans – Why They Do Not Beat the Market Regularly. New York: Quorum Books.

Bernard, V./ Thomas, J. (1990). Evidence That Stock Prices Do Not Fully Reflect the Implications of Current Earnings for Future Earnings, in: Journal of Accounting & Economics, 13/ 4/ 305–340.

Bernstein, W. (2010). The Four Pillars of Investing. Lessons for Building a Winning Portfolio. New York: McGraw-Hill.

Bessembinder, H. (2017). Do Stocks Outperform Treasury Bills, in: Journal of Financial Economics, 129/ 3/ 440–457.

Bevelin, P./ Warren B. (2012). A Few Lessons for Investors and Managers From Warren Buffett. Marceline: PCA Publications.

Black, F. (1973). Yes Virginia, There Is Hope: Tests of the Value Line Ranking System, in: Financial Analysts Journal, 29/ 5/ 10–14.

Bogle, J. (2007). Keine Investment Zauberformel. Börsengewinne mit gesundem Menschenverstand. Kulmbach: Börsenmedien.

Brandes, C. (2004). Value Investing Today. 3. Auflage. New York: McGraw-Hill.

Brandes, C. (2008). Value vs. Glamour. A Global Phenomenon, verfügbar unter: http://www.brandes.com/Institute/Documents/ValuevsGlamourGlobal Phenomenon0808.pdf.

Brealey, R./ Myers, S. (2001). Principles of Corporate Finance. New York: McGraw-Hill.

Brian, B. (2011). The Small-Cap Advantage: How Top Endowments and Foundations Turn Small Stocks into Big Returns. Hoboken: John Wiley & Sons.

Bruner, R. (2005). Deals from Hell. M&A Lessons that Rise Above the Ashes. Hoboken: Wiley.

Buffett, W./ Cunningham, L. (2001). The Essays of Warren Buffett. Lessons for Corporate America. New York: The Cunningham Group.

Buzzel, R./ Gale, B. (1987). The PIMS Principle. Linking Strategy to Performance. New York: The Free Press.

Calandro, J. (2009). Applied Value Investing: The Practical Application of Benjamin Graham and Warren Buffett's Valuation Principles to Acquisitions, Catastrophe Pricing and Business Execution. New York: McGraw-Hill.

Carhart, M. (1997). On Persistence in Mutual Fund Performance, in: The Journal of Finance, 52/ 1/ 57–82.

Casaccia, M. (2009). Performance analysis of investment funds. A study in Brazilian stocks from January 2004 to august 2009, in: Revista Organizações em Contexto, 7/ 13/ 1–30.

Cassidy, J. (1996). The Decline of Economics, in: New Yorker, 02.12.1996.

Chandni G. (2011). Market Timing and Selectivity. Evaluating both contributions towards the performance of Portuguese Equity Funds. ISCTE – University Institute of Lisbon.

Chomsky, N. (2017). Requiem für den amerikanischen Traum. Die 10 Prinzipien der Konzentration von Reichtum und Macht. München: Kunstmann.

Christopher, P. (2008). The Active-Passive Debate. Bear Market Performance. Vanguard Investment Counseling & Research.

Christopher, P./ Kinniry, F./ Schlanger, T./ Hirt, J. (2014). The Case for Index-Fund Investing, The Vanguard Group.

Christopherson, J./ Ding, Z./ Greenwood, P. (2002). The Perils of Success. The Impact of Asset Growth on Small-Capitalization Investment Manager Performance, in: The Journal of Portfolio Management, 28/ 2/ 41–53.

Clason, G. (2001). Der reichste Mann von Babylon. Die Erfolgsgeheimnisse der Antike. Der erste Schritt in die finanzielle Freiheit. Zürich: Oesch Verlag.

Clements, J. (1999). 25 myths You've Got to Avoid - If You Want to Manage Your Money Right. The New Rules for Financial Success. New York: Simon and Schuster.

Clements, J. (2009). The Little Book of Main Street Money. 21 Simple Truths that Help Real People Make Real Money. Hoboken: Wiley.

Clements, J. (2018). How to Think About Money. Make smarter financial choices and squeeze more happiness out of your cash. Petersfield: Harriman House Publishing.

Clements, J. (2018). From Here to Financial Happiness. Enrich Your Life in Just 77 Days. Hoboken: Wiley.

Cohen, R./ Polk, C./ Silli, B. (2009). Best Ideas, verfügbar unter: http://personal.lse.ac.uk/polk/research/bestideas.pdf.

Cowles, A. (1932). Can stock market forecasters forecast, in: Econometrica, Jul 1933, Vol. 1, Is. 3.

Currier, Ch. (1994). Value Managers on a Roll, in: Associated Press, 22.03.1994.

Dalio, R. (2017). Principles. Life and Work. New York: Simon & Schuster.

Darst, D. (2003). The Art of Asset Allocation. Asset Allocation Principles and Investment Strategies for Any Market. New York: McGraw-Hill Publ. Comp.

De Bondt, W./ Thaler, R. (1985). Does the Stock Market Overreact?, in: The Journal of Finance, 40/ 3/ 793–805.

Dimson E./ Marsh, P./ Staunton, M. (2014). Emerging markets revisited, in: Research Institute Thought leadership from Credit Suisse Research and the world's foremost experts. Credit Suisse Global Investment Returns Yearbook 2014.

Dorsey, P. (2008). The Little Book That Builds Wealth. The Knockout Formula for Finding Great Investments. Hoboken: Wiley.

Dreman, D. (1993). Chronically Clouded Crystal Balls, in: Forbes, 11.10.1993.

Dreman, D./ Berry, M. (1995). Overreaction, Underreaction, and the Low-P/E Effect, in: Financial Analysts Journal, 51/ 4/ 21–30.

Dreman, D. (1998). Contrarian Investment Strategies. The Next Generation. Beat the Market by going against the crowd. New York: Simon & Schuster.

Dunn, E./ Norton, M. (2014). Happy Money. The Science of Happier Spending. New York: Simon & Schuster.

Ellis, C./ Vertin, J. (1989). Classics. An Investors Anthology. Homewood: Richard D Irwin.

Fama, E. (1970). Efficient Capital Markets: A Review of Theory and Empirical Work, in: The Journal of Finance, 25/ 2/ 383–417.

Fama, E. (1991). Efficient Capital Markets: II, The Journal of Finance, 46/ 5/ 1575–1617.

Fama, E./ French, K. (1992). The Cross-Section of Expected Stock Return, in: The Journal of Finance, 47/ 2/ 427–465.

Fama, E./ French, K. (2006). Migration. CRSP Working Paper No. 614, verfügbar unter: SSRN: https://ssrn.com/abstract=926556, http://dx.doi.org/ 10.2139/ssrn.926556.

Fearon, S. (2015). Dead Companies Walking. How a Hedge Fund Manager Finds Opportunity in Unexpected Places. New York: St. Martin's Press.

Ferguson, C. (2012). Inside Job. The Financiers Who Pulled Off the Heist of the Century. London: Oneworld Publications.

Ferri, R. (2010). All about asset allocation. New York: McGraw-Hill.

Fesenmaier, J./ Smith, G. (2002). The Nifty-Fifty Re-Revisited, in: The Journal of Investing, 11/ 3/ 86–90.

Frey, A. (2013). A beginner's guide to investing. Scotts Valley: CreateSpace Independent Publishing Platform.

Friend, I./ Blume, M./ Crockett, J. (1971). Mutual Funds and Other Institutional Investors: A New Perspective, a Twentieth Century Fund Study. New York: McGraw-Hill.

Gladwell, M. (2019). Talking to Strangers. What We Should Know about the People We Don't Know. London: Allen Lane.

Goldberg, J./ Nitzsch, R. (2004). Behavioral Finance. Gewinnen mit Kompetenz. München: FinanzBuch Verlag.

Goldie, D./ Murray, G. (2011). The Investment Answer. Learn to Manage Your Money & Protect Your Financial Future. New York: Business Plus.

Gosselin, P. (1996). Jobless rate up; stocks skyrocket, in: Boston Globe, 05.10.1996.

Graham, B./ Dodd, D. (1940). Security Analysis. 2. Auflage. New York: McGraw-Hill.

Graham, B. (1960). Stock Market Warning: Danger Ahead!, in: California Management Review, 2/ 3/ 34–61.

Graham, B./ Dodd, D. (2008). Security Analysis. Sixth Edition, Foreword by Warren Buffett. New York: McGraw-Hill.

Grant, J. (1992). Testimony Before the House Banking Committee, in: The Wall Street Journal, 30.07.1992.

Gray, W. (2013). Quantitative Value. A Practitioner's Guide to Automating Intelligent Investment and Eliminating Behavioral Errors. Hoboken: John Wiley & Sons.

Grennwald, B./ Kahn, J./ Sonkin, P./ Biema, M. (2001). Value Investing: From Graham to Buffett and Beyond. Hoboken: Wiley.

Greenwald, B./ Kahn, J. (2007). Competition Demystified. A Radically Simplified Approach to Business Strategy. New York: Portfolio.

Harari, Y. (2015). Eine kurze Geschichte der Menschheit. München: Pantheon Verlag.

Hasler, P. (2018). Reich werden an der Börse. 100 Weisheiten für Ihr Geld. Kulmbach: Börsenbuchverlag.

Henderson, B. (1984). Die Erfahrungskurve in der Unternehmensstrategie. Frankfurt: Campus Verlag.

Hermann, S. / Bilstein, F./ Luby, F. (2006). Der gewinnorientierte Manager. Abschied vom Marktanteilsdenken. Frankfurt: Campus Verlag.

Huberman, G./ Kandel, S. (1990). Market Efficiency and Value Line's Record, in: The Journal of Business, 63/ 2/ 187–216.

Ippolito, R. (1989). Efficiency with Costly Information: A Study of Mutual Fund Performance, 1965–1984, in: Quarterly Journal of Economics, 104/ 1/ 1–23.

Ip, G. (1998). Abreast of the market, in: The Wall Street Journal, 14. September 1998.

iShares (2012). Unternehmens-Website, verfügbar unter: http://de.ishares. com.

Jacques, J. (2003). The 5 Keys to Value Investing. New York: McGraw-Hill.

Janis, I. (1981). Victims of Groupthink. A psychological study of foreign-policy decisions and fiascoes. Boston: Houghton Mifflin.

Jegadeesh, N./ Titman, S. (1993). Returns to Buying Winners and Selling Losers. Implications for Stock Market Efficiency, in: The Journal of Finance, 48/ 1/ 65–91.

Jenkinson, T./ Jones, H./ Martinez, J. (2014). Picking Winners? Investment Consultants' Recommendations of Fund Managers, in: Journal of Finance, 71/ 57/ 2333–2370.

Jensen, M. (1968). The Performance of Mutual Funds in the Period 1945–1964. Papers and Proceedings of the Twenty-Sixth Annual Meeting of the American Finance Association. Washington, D.C., December 28–30, 1967. Also in Journal of Finance, 23/ 2/ 389–416.

Jungblut, M. (2000). Börsen-Buch. Von Aktie bis Zinsswaps. 2. aktualisierte und erweiterte Auflage. Wien/ Frankfurt: Ueberreuter.

Kahneman, D./ Knetsch, J./ Thaler, R. (1990). Experimental Test of the endowment effect and the Coase Theorem. Journal of Political Economy, 98/ 6/ 1325–1348.

Kahneman, D./ Riepe, M. (1998). Aspects of investor psychology, in: The Journal of Portfolio Management, 24/ 4/ 52–65.

Kaplan, S./ Sensoy, B. (2009). Should Investors Bet on the Jockey or the Horse? Evidence from the Evolution of Firms from Early Business Plans to Public Companies, in: The Journal of Finance, 64/ 1/ 75 115.

Katsenelson, V. (2007). Active Value Investing. Making Money in Range-Bound Markets. Hoboken: John Wiley & Sons.

Khorana, A./ Servaes, H./ Tufano, P. (2008). Mutual Fund Fees Around the World, in: Review of Financial Studies, 22/ 3/ 1279–1310.

King, M./ Maier, P. (2009). Hedge funds and financial stability. Regulating prime brokers will mitigate systemic risks, in: Journal of Financial Stability, 5/ 3/ 283–297.

Klarman, S. (1991). Margin of Safety. Risk-Averse Value Investing Strategies for the Thoughtful Investor. New York: HarperCollins.

Klement, J. (2018). Analyst Forecasts: Lessons in Futility, verfügbar unter: https://blogs.cfainstitute.org/investor/2018/12/21/analyst-forecasts-lessons-in-futility.

Kommer, G. (2007). Souverän investieren mit Indexfonds, Indexzertifikaten und ETFs. Wie Privatanleger das Spiel gegen die Finanzbranche gewinnen. 2. komplett aktualisierte und überarbeitete Auflage Frankfurt/ Main: Campus Verlag.

Kotler, P. (2002). Grundlagen des Marketing. München: Pearson Studium.

Kovats, M. (2010). Die Sowjets hatten recht. 62 Thesen eines Querdenkers. Wien: Edition a.

Lack, S. (2012). The Hedge Fund Mirage. The Illusion of Big Money and Why It's Too Good to Be True. Hoboken: New York.

Lakonishok, J./ Shleifer, A./ Vishny, R. (1994). Contrarian Investment, Extrapolation, and Risk, in: The Journal of Finance, 49/ 5/ 1541–1578.

LeBon, G. (1925). The Crowd. New York: The Macmillan Co.

LeBon, G. (1973). Psychologie der Massen. Stuttgart: Kröner.

Lee, C./ Park, H. (1987). Value Line Investment Survey Rank Changes and Beta Coefficients, in: Financial Analysts Journal, 43/5/ 70–72.

Lhabitant, F. (2001). On Swiss Timing and Selectivity. In the Quest of Alpha, Research paper n° 27, HEC-Universtity of Lausanne and Thunderbird.

Little, I./ Rayner, A. (1966). Higgledy Piggledy Growth Again. Oxford: Basil Blackwell.

Lowenstein, R. (1995). Buffet. The Making of an American Capitalist. New York: Broadway Books.

Lynch, P. (1989). One Up On Wall Street. How To Use What You Already Know To Make Money In The Market. New York: Simon & Schuster.

MacGregor, D./ Slovic, P./ Dreman, D./ Berry, M. (2000). Imagery, Affect, and Financial Judgement, in: The Journal of Psychology and Financial Markets, 1/ 2/ 104–110.

Mackay, C. (1995). Extraordinary Popular Delusions and the Madness of Crowds. Ware: Wordsworth Editions.

Malkiel, B. (1995). Returns from Investing in Equity Mutual Funds 1971 to 1991, in: The Journal of Finance, 50/ 2/ 549–572.

Malkiel, B. (2003). A Random Walk Down Wall Street: The Time-Tested Strategy for Successful Investing. New York: W. W. Norton & Company.

Mallouk, P. (2014). The 5 mistakes every investor makes and how to avoid them. Hoboken: Wiley.

Mauboussin, M. (2007). Mehr, als man denkt: Finanzwissen, wo man es nicht vermutet. München: FinanzBuch Verlag.

Mayer, C. (2015). 100 Baggers. Stocks that Return 100-to-1 and How to Find Them. Baltimore: Laossez-Faire Books.

Mcauliffe, G. (2014). Wealth & Wisdom. Timeless Quotations and Comments About Money and Investing. New York: Milico Press.

Mehta, R. (2012). The Emotionally Intelligent Investor. How self-awareness, empathy and intuition drive performance. Scottsdale: LES Publishing.

Michaely, R./ Thaler, R./ Womackm, K. (1995). Price Reactions to Dividend Initiations and Ommissions: Overreaction or Drift?, in: The Journal of Finance, 50/ 2/ 573–608.

Milgram. S. (1983). Obedience to Authority. New York: Harper Perennial.

Mischel, W. (2016). Der Marshmallow-Effekt. Wie Willensstärke unsere Persönlichkeit prägt. München: Pantheon Verlag.

Mises, L. (1949). Human action. A treatise on economics. New Haven: Yale Univ. Press.

Montier, J. (2007). Behavioral Finance. Insights into Irrational Minds and Markets. Hoboken: Wiley.

Montier, J. (2009a). Value Investing. Tools and Techniques for Intelligent Investment. Chichester: Wiley.

Montier, J. (2009b). Die Psychologie der Börse: Der Praxisleitfaden Behavioral Finance. München: FinanzBuch Verlag.

Morris, C. (1993). It's not the economy, stupid, in Atlantic Monthly, 01.07.1993.

Mula, S./ Olson, B./ Forman, D. (2001). Index or Actively Managed Equity Funds: Which way to go in a down market. Schwab Center for Investment Research.

Murhadi, W. (2010). Performance Evaluation Of Mutual Funds In Indonesia. Universitas Surabaya. Nubich Personal RePEc Archive.

Murray, G./ Goldie, D. (2012). The Investment Answer. Learn to manage your money and protect your financial future. New York: Piatkus.

Neff, J./ Mintz, S. (1999). John Neff on Investing. New York: Wiley.

Neill, H. (1954). The Art of Contrary Thinking. Caldwell: The Caxton Printers.

Niederhoffer, V./ Lorie, J. (1968). Predictive and Statistical Properties of Insider Trading, in: Journal of Law and Economics, 11/ 1/ 35–53.

Otte, M. (2000). Investieren statt sparen. Wie man mit Aktien ein Vermögen aufbaut. München: Econ.

Otte, M. (2006). Der Crash kommt. Die neue Weltwirtschaftskrise und wie Sie sich darauf vorbereiten. Berlin: Econ.

Otte, M./ Castner, J. (2007). Deutsche Super Investoren aus Graham- und Doddsville. Erfolgsgeheimnisse der besten Value-Investoren. München: FinanzBuch Verlag.

Palepu, H. (1997). Introduction to Business Analysis & Valuation. Cincinnati: South-Western Publishing Company.

Pare, T. (1992). The Solomon of Stocks Finds a Better Way to Pick Them, in: Fortune, 01.06.1992.

Paul, J./ Moynihan, B. (2000). Was Gewinner von Verlierern unterscheidet. Vierte Auflage. München: Finanzbuch Verlag.

Phelps, T. (1972). 100 to 1 in the Stock Market. A distinguished security analyst tells how to make more of your investment opportunities. New York: McGraw-Hill Book Company.

Porter, M. (1998a). Competitive Advantage. Creating and Sustaining Superior Performance. New York: Free Press.

Porter, M. (1998b). Competitive strategy. Techniques for Analyzing Industries and Competitors. New York: Free Press.

Rapp, N./ Leaf, C. (2018). Investing For Upside, Without Much Downside. Over the past 20 years, which investment portfolio has produced the most gain for the least pain? You may well be surprised. Fortune, November 2018.

Ritter, J. (1984). The "Hot Issue" Market of 1980, in: Journal of Business, 57/ 2/ 215–240.

Ritzau, M. (2016). Die große Fondslüge. Falsch beraten von Finanztest, Sparkassen, Banken und Co. Marburg: Tectum.

Roll, R. (2002). Rational infinitely lived asset prices must be non-stationary, in: Journal of banking & finance, 26/ 6/ 1093–1097.

Rosenberg, B./ Reid, K./ Lanstein, R. (1985). Persuasive Evidence of Market Inefficiency, in: The Journal of Portfolio Management, 11/ 3/ 9–16.

Rothbard, M. (2004). Man, Economy, and State with Power and Market. Auburn: Ludwig von Mises Institute.

Russo, E. (1989). Decision Traps. The Ten Barriers to Decision-Making and How to Overcome Them. New York: Doubleday.

Salovey, P. (2001). Applied Emotional Intelligence. Regulating Emotions to Become Healthy, Wealthy and Wise, in: Emotional Intelligence in Everyday Life. A Scientific Inquiry. Edited by J Ciarrochi, J.P. Forgas, and J.D. Mayer. New York: Psychology Press.

Seligman, D. (1983). Can you beat the stock market?, in: Fortune, 26.12.1983.

Sharpe, W. (1966). Mutual Fund Performance, in: Journal of Business 39 (1, Part 2: Supplement on Security Prices), p. 119–38.

Sharpe, W. (1991). The Arithmetic of Active Management, in: The Financial Analysts' Journal, 47/ 1/ 7–9.

Shefrin, H. (2000). Beyond Greed and Fear. Finance and the Psychology of Investing. Boston: Harvard Business School Press.

Sherden, W. (1998). The Fortune Sellers. The Big Business of buying and selling predictions. New York: John Wiley & Sons.

Shiller, R. (1981). Do Stock Prices Move Too Much to be Justifies by Subsequent Changes in Dividends?, in: American Economic Review, 71/ 3/ 421–436.

Shleifer, A./ Vishny, R. (1990). Equilibrium Short Horizons of Investors and Firms, in: American Economic Review, 80/ 2/ 148–153.

Shleifer, A. (2000). Inefficient Markets. An Introduction to Behavioral Finance. New York: Oxford University Press.

Siegel, J. (2005). The Future for Investors. Why the Tried and the True Triumph Over the Bold and the New. New York: Crown Business.

Soros, G. (1994). The Alchemy of Finance. Reading the Mind of the Market. New York: Wiley.

Soros, G. (1995). Soros on Soros: Staying Ahead of the Curve. New York: Wiley.

Soros, G. (2003). The Alchemy of Finance. Reading the Mind of the Market. New York: Wiley.

Spier, G. (2014). The Education of a Value Investor. My Transformative Quest for Wealth, Wisdom, and Enlightenment. New York: Macmillan Education.

Stattman, D. (1980). Book Values and Stock Returns, in: The Chicago MBA, A journal of Selected Papers, 4/ 1/ 25–45.

Steinhardt, M. (2001). No Bull. My Life In and Out of Markets. New York: Wiley.

Swedroe, L. (2001). What Wall Street Doesn't Want You to Know. How You Can Build Real Wealth Investing in Index Funds. New York: St. Martin's Griffin.

Swedroe, L. (2004). What Wall Street Doesn't Want You to Know. How You Can Build Real Wealth Investing in Index Funds. New York: St. Martin's Griffin.

Taleb, N. (2007). Der Schwarze Schwan. Die Macht höchst unwahrscheinlicher Ereignisse. München: Carl Hanser Verlag.

Technical Note (1992). Calculation of Forecasting Accuracy, SEI Corporation position paper, April 1992.

Thaler, R. (1985). Mental accounting and consumer choice, Marketing Science, 4, p. 199–214.

Tripathy, N. (2006). Market Timing Abilities and Mutual Fund Performance. An Empirical Investigation into Equity Linked Saving Schemes. Vilakshan, XIMB Journal of Management, p. 127–138.

Tversky A./ Kahneman D. (1974). Judgment under Uncertainty. Heuristics and Biases. Science. 1974 Sep 27; 185 (4157): 1124-31.

Walsh, J./ Woolfrey, A./ Coughlan S. (2011). The Coca-Cola Company. Lausanne: International Institute for Management Development.

Weaver, W. (1963). Lady Luck. The Theory of Probability. Garden City: Anchor Books.

Wetjen, B. (2006). Renditeschwaches Einerlei, in: Forum – MLP Magazin für Private Finanzen, Heft 2, Juni.

Whitman, M. (2000). Value Investing. A Balanced Approach. Hoboken: Wiley.

Wilcox, C. (2018). Managed Futures. Buy, Sell or Hold. Longboard.

Williams, J. (1964). The theory of investment value. Amsterdam: North-Holland Publ. Co.

Yoffie, D. (2004). Cola Wars Continue. Coke and Pepsi in the Twenty-First Century. Boston: Harvard Business School Publishing.

Zweig, J. (2009). The Little Book of Safe Money: How to Conquer Killer Markets, Con Artists, and Yourself. Hoboken: Wiley.

Autor

Bernhard Führer ist Gründer der unabhängigen Vermögensveranlagungs- und Planungsgesellschaft „Strategy & plan". Nach seinem wirtschafts-wissenschaftlichen Studium in Wien, London und Helsinki sowie mehreren Jahren Erfahrung in der Vermögensveranlagung, der Finanzindustrie und Tätigkeiten in nationalen und internationalen Finanzinstitutionen ist er mit der Vermögensveranlagung sowie der Analyse und Konzeption beständiger, nachhaltiger Portfolios vertraut. In der Folge legte er den Grundstein für die heutige Gesellschaft, schreibt regelmäßig für Finanzmedien und vertritt die Investmentstrategie gegenüber Investoren und Kunden. Er ist Windhag-Leistungsstipendiat, Stipendiat der Michael-von-Zoller-Stiftung, der Karl-Seitz- sowie der Julius-Raab-Stiftung und seit jeher stark in verschiedenen Freiwilligenorganisationen, im sozialen Bereich und in der Hilfe für den Nächsten engagiert.